·物流·供应链创新与发展丛书

供应链主体质量行为协调

BEHAVIOR COORDINATION OF DAIRY SUPPLY
CHAIN BASED ON QUALITY SAFETY

——基于乳制品质量安全的研究

张　莉◎著

本书得到北京物资学院专项资金资助。

经济管理出版社
ECONOMY & MANAGEMENT PUBLISHING HOUSE

图书在版编目（CIP）数据

供应链主体质量行为协调——基于乳制品质量安全的研究/张莉著．—北京：经济管理出版社，2019.12
ISBN 978 - 7 - 5096 - 5623 - 5

Ⅰ.①供⋯　Ⅱ.①张⋯　Ⅲ.①乳制品—食品安全—供应链管理—研究　Ⅳ.①F407.82

中国版本图书馆 CIP 数据核字（2020）第 015953 号

组稿编辑：王光艳
责任编辑：任爱清
责任印制：黄章平
责任校对：陈晓霞

出版发行：经济管理出版社
　　　　　（北京市海淀区北蜂窝 8 号中雅大厦 A 座 11 层　100038）
网　　址：www. E - mp. com. cn
电　　话：（010）51915602
印　　刷：北京晨旭印刷厂
经　　销：新华书店
开　　本：720mm×1000mm/16
印　　张：16
字　　数：287 千字
版　　次：2020 年 8 月第 1 版　　2020 年 8 月第 1 次印刷
书　　号：ISBN 978 - 7 - 5096 - 5623 - 5
定　　价：68.00 元

前　言

民以食为天，食以安为先，食品的质量安全一直是民众关注的头等大事。随着经济发展水平的不断提高，消费观念不断更新，消费者对乳制品的要求已经从"喝上奶"上升到"喝好奶、喝安全奶"的消费阶段，因而乳制品的质量安全问题不仅备受消费者关注，同时也是反映消费者信心的"晴雨表"。"三聚氰胺"事件不仅使消费者对中国的乳制品的质量安全信心跌至谷底，而且也使我国乳制品行业遭受沉重打击。虽然我国乳制品质量安全状况总体向好，但形势不容乐观，乳制品质量安全隐患存在于多个环节。如何有效地保证乳制品质量安全，是政府、科研人员、乳制品供应链主体亟待解决的问题。

乳制品质量安全涉及供应链上的每一个环节，各环节的参与主体不规范的质量控制行为以及各主体之间行为关系不协调会严重制约乳制品质量水平的提高。因此，有必要基于供应链视角对乳制品质量安全问题进行研究。本书选择乳制品供应链主体质量行为协调问题进行研究，以期为乳制品核心企业以及政府协调不同主体之间行为关系提供理论依据和方法指导。

本书以乳制品供应链为研究对象，运用演化博弈理论、委托代理理论等方法，从供应链主体之间的行为关系的视角分析乳制品质量安全问题产生的深层原因，提出我国乳制品供应链质量行为协调的决策框架。在此基础上，系统地研究乳制品供应链养殖—投资环节、生鲜乳生产—检验环节、乳制品加工—消费环节以及乳制品供应链生鲜乳生产、检验、加工、消费环节主体质量行为协调问题，为乳制品核心企业和政府合理设计乳制品供应链不同主体之间的协调机制提供理论依据和方法，以确保在政府监管与协调机制的激励约束下，乳制品供应链各主体改善质量投入水平且消费者提高支付意愿，最终确保乳制品质量水平。

全书共分八章：第一章为引言，分析本书的研究背景与意义，从乳制品质量安全问题产生的原因、乳制品质量安全问题的规制、消费者对安全乳制品的认知及支付意愿三个方面总结国内外乳制品质量安全领域的研究现状，明确研究目标。第二章为供应链视角下乳制品质量安全问题的成因分析，基于对乳制品供应链、乳制品质量安全相关概念的界定，由浅入深地剖析乳制品质量安全问题产生的各层次原因，并提出我国乳制品供应链质量行为协调的决策框架。第三章为乳制品供应链养殖—投资环节质量行为协调，基于演化博弈理论，研究不同机制下养殖模式转变的演化博弈模型，分析影响均衡结果的因素，求解实现该环节质量行为协调的政府补贴额度，基于调研数据进行实例验证。第四章为乳制品供应链生鲜乳生产—检验环节质量行为协调，基于委托代理理论，研究双边道德风险下基于不同质量损失分担契约的协调模型，求解实现该环节质量行为协调的最优损失分担系数，对比不同契约的协调效果。第五章为乳制品供应链产品加工—消费环节质量行为协调，基于委托代理理论模型，研究单边道德风险下基于认证标准的质量控制模型，求解可以激励乳制品企业且为消费者传递信息的认证标准可行区间，基于调研数据进行实例验证。第六章为无认证情形下乳制品供应链整体质量行为协调，基于委托代理理论，建立无认证情形下基于内部损失分担契约的乳制品供应链质量协调模型，求解可实现乳制品供应链整体质量行为协调的最优损失分担系数。第七章为认证情形下乳制品供应链整体质量行为协调，基于委托代理理论，建立存在生鲜乳质量信息认证的基于收益分享损失分担契约的乳制品供应链质量协调模型，求解可实现乳制品供应链整体质量行为协调的最优损失分担系数以及收益分配系数，结合调研数据进行灵敏度分析，并比较两种情形下乳制品供应链的质量协调结果。第八章为研究结论与展望，本章结合我国的国情，从协调整个供应链主体行为关系的角度出发，提出保障乳制品的质量安全的相关建议及未来的研究方向。

在本书撰写过程中，中国农业大学侯云先教授对全书的框架结构提出了宝贵意见，在此致以诚挚的感谢。本书在编撰过程中参阅并借鉴了国内外大量的学术专著、文章和相关研究成果，在此一并向学术界师友和作者们表示衷心的感谢。

乳制品质量安全问题是一个需要多方共同努力方可解决的复杂问题。由于笔者学术水平有限，难免存在疏漏之处，恳请各位同行及广大读者批评指正！

张莉

2019 年 4 月

目　录

第一章

引言

第一节　研究背景

一、乳制品与乳业的重要性

作为大自然赋予人类最接近完美的食物，乳制品在改善居民膳食结构、增强国民体质等方面起到了重要的作用。随着经济的发展以及生活水平的提高，肉蛋奶等营养型食物的需求量以及消费量持续增长，乳制品已成为畜产品消费中增长最快的产品，是居民日常饮食中的重要组成部分，而世界卫生组织也把人均乳制品消费量作为衡量一个国家人民生活水平的重要指标之一。根据中国奶业协会2018 年发布的《中国奶业质量报告》显示，我国乳制品消费量从 2011 年的2480.5 万吨增至 2017 年的 3259.33 万吨，年均增长 4.66%；2017 年我国人均乳制品折合生鲜乳消费量为 36.9 千克，比 2008 年增加 6.7 千克。

乳业作为健康中国、强壮民族不可或缺的产业，是食品安全的代表性产业，是农业现代化标志性产业以及一二三产业协调发展的战略产业，对于改善居民膳食结构、增强国民体质、优化产业结构、增加农民收入、提高农村经济发展水平具有重要意义（韩长赋，2017）。2017 年 1 月，农业部、国家发改委等五部委联合印发的《全国奶业发展规划（2016－2020 年）》，不仅奠定了我国乳业今后五年发展的总体方向，更首次明确了乳业的国家战略地位。我国政府高度重视乳业的发展，尤其在"三聚氰胺"事件后，党中央、国务院多次就奶业问题作出重要指示和批示，各地区各部门按照中央部署，全面开展乳业整顿，制定一系列的乳业扶持政策推进乳业的生产与发展。2018 年 6 月，国务院办公厅出台《关于推进奶业振兴保障乳品质量安全的意见》，随后，农业农村部等九部委出台《关于进一步促进奶业振兴的若干意见》，部分省份也相继出台了相关具体实施意见，进一步加快推进奶业全面振兴。

二、乳制品质量安全的重要性

首先，民以食为天，食以安为先，食品的质量安全一直是民众关注的头等大事。作为居民日常饮食中的重要组成部分，乳制品是蛋白类营养的重要来源，且随着消费观念的不断更新，消费者对乳制品的要求已经从"喝上奶"，上升到"喝好奶、喝安全奶"的消费阶段（姜冰，2015），因而乳制品的质量安全问题不仅备受消费者关注，同时也是反映消费者信心的"晴雨表"。

其次，乳业作为食品安全代表性产业，其产业链条较长，保障乳制品质量安全是一项复杂的系统性工程，因而乳制品质量安全不仅在很大程度上反映了我国食品质量安全的整体状况，同时也是检验国家食品法规标准、质量监管、企业诚信等体系的试金石，是抓好我国食品质量安全工作的突破口。

然而，2004～2008 年，安徽阜阳大头娃娃劣质奶粉事件、雀巢碘超标事件、光明回炉奶事件、蒙牛黄曲霉毒素事件、三聚氰胺毒奶粉事件等一系列乳制品质量安全事件爆发（姜冰，2015）。其中，涉及三鹿、蒙牛、伊利、光明等乳制品加工龙头企业的三聚氰胺事件不仅使消费者对中国的乳制品的质量安全信心跌至谷底，而且波及奶牛养殖、乳制品加工、乳制品销售等各个环节，使我国乳制品行业遭受沉重打击。时至今日，消费者对国产乳制品的质量安全信心仍处在修复阶段，乳制品的质量安全能否得到保障不仅是人民群众普遍关心的突出问题，同时也是乳制品行业发展中的重点和难点。《全国奶业发展规划（2016－2020 年）》也提出，要把乳制品质量安全放在乳业发展的优先地位。由此可知，保障乳制品质量安全既是修复消费者信心的基础，也是提高乳业竞争力，促进乳业健康持续发展的重要手段。

三、我国乳制品质量安全现状

当 2008 年发生"三聚氰胺"事件后，政府对乳制品行业进行了大力整顿，陆续出台一系列针对乳制品质量安全的法律法规及政策条例，并逐渐加强乳制品供应链各环节的监管力度以及抽检强度，逐步完善乳制品质量安全的监督管理体系。2008 年农业部与国务院相继颁布《生鲜乳生产收购管理办法》与《乳品质量安全监督管理条例》，国家发改委等部门制定了《奶业整顿和振兴规划纲要》。2009 年国家工信部和发改委联合发布了《乳制品工业产业政策（2009 年修订）》。2010 年卫生部发布了《生乳》等 66 项食品安全国家标准。此外，从 2016 年 1 月开始，国家食品药品监督管理总局（以下简称食药监总局）对婴幼儿配方乳粉从 2015 年每个季度抽检公布一次变为"月月抽检，月月公开"，旨在进一步加强婴幼儿配方乳粉的质量监控。经过近十年的整顿，我国的乳制品质量安全水平确实有所提高，乳制品抽检不合格的数量和 2008 年之前相比较有所下降（姜冰和李翠霞，2016）。根据中国奶业协会 2018 年发布的《中国奶业质量报告》显示，2017 年我国生鲜乳抽检合格率为 99.8%，三聚氰胺等重点监控违禁添加物抽检合格率连续九年保持在 100%，乳制品抽检合格率为 99.2%，婴幼儿配方乳粉抽检合格率为 99.5%，在食品中保持领先。

尽管我国乳制品质量安全水平全面提升，但乳制品质量安全隐患依然存在。根据 2014~2018 年国家以及地方食药监总局组织的涉及液体乳与乳粉的常规抽查的检验结果来看，目前我国乳制品在卫生安全、产品品质、食品标签规范使用、食品添加剂规范使用方面均存在不同程度的问题，主要表现为大肠菌群、菌落总数、酵母、霉菌、金黄色葡萄球菌、阪崎肠杆菌等卫生安全指标超标；酸度、蛋白质、脂肪、非脂乳固体、维生素、矿物质等品质指标不达标；婴幼儿配方乳粉标签标识不规范使用现象十分突出。这些现象反映生鲜乳生产以及乳制品生产加工阶段的质量控制过程仍存在漏洞与安全隐患。

尽管我国乳制品行业在"三聚氰胺"事件之后从政策制定到执法力度都得到全面的加强，但涉及乳制品的质量安全事件仍时有发生。2015 年底至 2016 年 4 月，上海市公安机关陆续破获假冒"雅培""贝因美"品牌的婴幼儿乳粉案件，不法分子通过收购廉价乳粉和包装变形的乳粉加工罐装冒牌乳粉，导致 1.7 万罐假冒乳粉流入市场。2016 年 10 月，上海市食药监局执法检查时发现某食品公司使用已过期的新西兰"恒天然"烘焙用乳制品违法加工成小包装，通过批发和网店等方式，以明显低于市场价格销售过期奶粉共达276吨。2016年，爆红网络的"科迪"牛奶被爆出经检测不含乳脂，反而含有"三聚氰胺"，且透明塑料袋装的"巴氏奶"包装也引发专家学者的质疑。2017年5月，湖南展辉食品有限公司生产的"子怡"金装1段奶粉被查出含有阪崎肠杆菌，尽管涉事企业在第一时间召回存在质量风险的产品，但众多消费者对此仍然不放心。2019年3月，江苏太子乳业有限公司被爆出向当地部分学校供应过期学生奶，除了该事件之外，涉事的太子乳业更是在过去一年中，接连出现质量问题。这些频频发生的质量安全事件不仅引起消费者的恐慌，而且进一步打击了我国消费者对国产乳制品的信心，制约乳制品行业的发展。

综上所述，尽管我国乳制品质量安全状况总体稳定向好，但形势不容乐观，乳制品质量安全风险隐患仍存在于多个环节，如何有效保证乳制品质量安全是政府、科研人员、乳制品供应链主体亟待解决的问题。

四、从供应链视角研究乳制品质量安全的必要性

首先，乳制品的质量安全涉及奶牛养殖、生鲜乳生产、生鲜乳检验、产品加工、储藏、运输、销售等供应链上的每一个环节，任何一个环节的不规范操作都会导致最终的产品出现质量安全隐患，即每一环节都与最终产品质量安全水平密不可分。众多学者都选择从供应链视角分析乳制品的质量安全问题产生的原因以及影响因素（白宝光，2016）。由此可知，从供应链视角进行研究，可以全面完整地了解影响乳制品质量安全的所有环节，针对不同的环节采取相应的措施，更能有效地提高质量控制水平并保障最终产品的质量安全。

其次，我国乳制品质量安全问题产生的主要原因是各环节的参与主体不规范的质量控制行为，如何激励并约束质量控制行为是治理乳制品质量安全问题的关键。尽管政府监管可以有效约束相关主体的不道德行为，但这种外部市场干预手段在行政资源约束下，存在法不责众、资源配置低效等问题（全世文和曾寅初，2016；李新春，2013），甚至会出现因政策性负担导致的规制俘获现象（龚强等，2015）。更重要的是，政府监管既没有建立主体之间连接紧密的契约关系，也没有解决乳制品供应链存在的利益分配不均的问题。这些现象不仅会影响市场的公平竞争和效率（Caswell 和 Mojduszka，1996；郝妍，2016），而且也会进一步加重养殖户以及乳制品企业的投机倾向。

此外，在相关政策法律的约束监管下，目前我国乳制品供应链上的养殖户、

乳制品加工企业、消费者等主体之间通过非正式契约、利益驱动机制以及信任机制协调各方的利益（姜冰和李翠霞，2013）；养殖户和乳制品加工企业主要通过非正式契约以及利益驱动机制协调双方的利益，但这种非正式契约无法有效激励并约束养殖户和乳制品加工企业的行为或质量决策，养殖户以及企业为实现个体利益最大化可能会出现不规范的操作行为以及投机行为，降低质量控制水平，进而损害整个供应链的利益，致使乳制品质量安全无法得到保证；而消费者和企业之间通过信任机制协调并约束双方的隐性关系，在信息不对称且缺乏有效的信息传递机制的情况下，消费者为实现效用最大化可能会降低安全乳制品的支付意愿甚至在产生信任危机后拒绝与企业进行交易，进而导致企业缺乏质量改进的动力，致使乳制品质量安全水平无法提高。由此可见，乳制品供应链各主体的行为关系不协调就会制约质量安全水平的提高。通过设计合理的契约，信息传递机制以及监管机制，协调乳制品供应链上相关主体的质量控制行为，是保障乳制品质量安全的有效措施。

综上所述，政府监管作为一种外部调控手段不可长期依赖，保障乳制品的质量安全需要发挥市场资源配置作用，激励相关主体提高质量控制水平；但目前我国乳制品供应链各主体质量行为关系不协调，严重影响乳制品质量安全水平的提高，因而，有必要从供应链视角研究如何协调参与主体质量行为关系。

第二节　研究目的与意义

一、研究目标

本书以乳制品核心企业主导的，涉及奶牛养殖户（场）、乳制品核心企业和消费者等主体的，包括养殖、生鲜乳生产、检验、产品加工、消费等环节的，生产液态奶产品的乳制品供应链为研究对象，运用实地调研、专家访谈、演化博弈理论、委托代理理论、不完全信息动态博弈理论等，从供应链主体之间的行为关系的角度分析乳制品质量安全问题产生的深层原因，分别对乳制品供应链养殖—投资环节、生鲜乳生产—检验环节、乳制品加工—消费环节以及乳制品供应链生鲜乳生产、检验、加工、消费环节主体质量行为协调问题进行研究，为乳制品核心企业以及政府（相关部门）合理设计乳制品供应链不同主体之间质量协调机制提供理论依据和方法，以确保在政府监管与协调机制的激励约束下，乳制品供应链各主体改善质量投入水平且消费者提高支付意愿，实现不同主体之间质量行为协调，最终协同不同主体之间的利益并确保乳制品质量安全水平。

具体目标如下：

（1）分析乳制品质量安全问题种类、表层原因、深层原因，提出我国乳制品供应链质量行为协调的决策框架；

（2）构建不同信息结构与约束条件下的乳制品供应链养殖—投资环节、生鲜乳生产—检验环节、乳制品加工—消费环节以及乳制品供应链生鲜乳生产、检验、加工、消费环节的质量协调模型；

（3）求解并分析质量协调的实现条件，并结合实际数据对理论分析结果进行实例验证；

（4）从实现乳制品供应链主体质量行为协调的角度，提炼保障我国乳制品质量安全的政策建议。

二、研究意义

1. 理论意义

目前，基于供应链视角对乳制品质量安全问题的研究集中在以下三个方面：一是从乳制品供应链各环节入手，分析乳制品质量安全问题产生的原因；二是乳制品供应链各环节主体质量决策分析及乳制品供应链质量协调机制的研究；三是乳制品供应链组织模式及其利益分配机制的研究。但基于供应链主体之间行为关系视角分析乳制品质量安全问题产生的深层原因，设计包括政府补贴、质量损失分担、信任品特性、自愿认证标准、收益分配、政府监管等因素在内的不同环节的质量协调机制的研究还很少见。

首先，本书基于乳制品供应链各环节主体行为关系视角，分析乳制品质量安全问题产生的深层原因。其关键点在于从乳制品质量抽检结果中的不合格指标出发，保证原始数据的客观性，层层归因，剖析影响乳制品质量安全水平的深层原因，提出乳制品供应链质量行为协调的决策框架。

其次，考虑到现实中各主体很难具备完全理性的条件，本书将演化博弈理论运用于乳制品供应链养殖—投资环节质量协调机制的研究。基于有限理性的演化博弈理论，构建基于市场机制和政府补贴机制的养殖模式转变的非对称演化博弈模型，分析我国奶牛养殖模式转变过程中奶农与乳企的策略演化过程，系统考察两者策略行为及其影响因素，并采用实际调研数据进行实例验证。

再次，考虑乳制品质量安全的信任品属性，运用委托代理理论模型，从契约的角度构建单边道德风险下基于认证标准的产品加工—消费环节的质量控制模型。并进一步求解可以激励乳企且为消费者传递信息的认证标准可行区间，再分析确定实现加工—消费环节乳企与消费者质量行为协调的最优认证标准，最后基于实际调研数据进行实例验证。

最后，考虑到乳制品的信任品属性、政府监管以及收益分配的重要性，建立不同认证情形下基于不同协调契约的乳制品供应链质量控制模型。并进一步求解不同情形下外部损失、监管强度等参数对最优质量控制水平、最优系数、最大收益的影响作用，比较分析两类契约的质量协调结果，探讨契约的选择。

综上，本书的研究为丰富供应链视角下乳制品质量安全问题的研究提供新的研究思路，有一定的理论价值。

2. 实践价值

人为不道德因素是导致乳制品质量安全事件频发的主要原因，如何激励并约束乳制品供应链相关主体的质量控制行为是治理乳制品质量安全问题的关键。本书从乳制品质量抽检结果中的不合格指标出发，基于检验检疫学视角、供应链环节及主体之间的行为关系视角，层层归因，发现乳制品供应链各环节主体行为关系不协调是制约了乳制品质量水平提高的深层原因。

在规模养殖系统性成本高、风险大的背景下，我国乳制品供应链养殖—投资环节中奶牛养殖户和乳制品企业出于各自利益最大化的原则，产生不愿转变养殖模式或不愿在养殖环节进行投资的行为，导致双方行为关系协调不一致，从根本上制约了乳制品质量安全水平的提高。因此，通过构建考虑政策补贴的质量协调机制，为政府合理确定补贴额度，协调两者行为，推动规模化养殖模式的转变提供合理的方法与策略。

在信息不对称背景下，我国乳制品供应链生鲜乳生产—检验环节中奶牛养殖户和乳制品企业因缺乏有效的激励约束机制，追求各自利益最大化，产生降低质量控制水平和过度检验等行为，从而导致双方行为关系协调不一致，致使乳制品质量安全存在隐患。因此，通过构建基于质量损失分担契约的质量协调模型，为乳制品核心企业合理确定损失分担系数，协调两者行为提供方法策略。

在信息不对称背景下，我国乳制品供应链加工—消费环节中乳制品企业和消费者因缺乏有效的激励约束机制、信息传递机制以及信任机制，追求利益最大化和效用最大化，产生降低质量控制水平和降低支付意愿甚至拒绝购买的行为，从而导致双方行为关系协调不一致，严重影响乳制品质量安全水平的提高。因此，运用委托代理理论，通过构建基于自愿认证且考虑信任品属性的质量控制模型，为政府或相关部门合理确定既可制约企业投机行为也可为消费者传递信息的认证标准区间，协调两者的行为提供方法和策略。

在信息不对称背景下，我国乳制品供应链生产、检验、加工、消费环节中奶牛养殖户、乳制品企业、消费者因缺乏有效的激励约束机制、信息传递机制以及信任机制，追求利益最大化和效用最大化，产生降低质量控制水平和降低支付意愿甚至拒绝购买的行为，从而导致所有主体行为不能协调，严重影响乳制品质量安全水平的提高与产业的发展。因此，考虑乳制品质量安全的信任品属性以及利益分配机制对奶农的影响作用，运用委托代理理论，构建认证情形下基于收益分享损失分担契约的乳制品供应链质量协调模型，为乳制品核心企业合理确定损失分担系数、收益分配系数，协调乳制品供应链各主体的行为提供方法和策略。

更重要的是，本书分别建立无认证情形下基于内部损失分担契约的乳制品供应链质量协调模型以及认证情形下基于收益分享损失分担契约的乳制品供应链质量协调模型，基于实际调研数据比较两类契约的协调结果，证实了认证情形下的收益分享损失分担契约具有激励性、公平性和稳定性，可以更有效地协调乳制品供应链整体的主体行为关系并提高乳制品的质量安全水平。此外，基于实际调研数据求出的损失分担系数与收益分配系数具有重要的现实意义和应用前景。

第三节　国内外研究现状综述

本书主要基于供应链的视角研究乳制品质量安全问题。与本书直接相关的研究主题主要包括：乳制品质量安全问题的成因，乳制品质量安全问题的规制，消费者对乳制品质量安全的认知、支付意愿以及相关行为等。本书将围绕这三个方面对国内外文献进行梳理和评述。

一、乳制品质量安全问题的成因

国内外学者从不同的角度剖析乳制品质量安全问题的成因：从经济学视角来看，乳制品质量安全问题的根源在于信息不对称与不完全所引致的市场失灵；从供应链视角来看，影响乳制品质量安全的因素存在于供应链的各个环节；从外部约束视角来看，政府监管有效是保证乳制品质量安全的必要条件。本书将从不同视角对乳制品质量安全问题成因进行总结。

1. 从经济学视角分析

有关乳制品质量安全问题的研究归属于食品质量安全研究领域，而这方面的研究始于 Akerlof（1970）针对二手车市场中因信息不对称所导致的"劣币驱逐良币"的逆向选择现象的研究。随后，Nelson（1970）以及 Darby 和 Karni（1973）根据消费者获取商品质量信息的难易程度，将商品分为"搜寻品""经验品"以及"信任品"。搜寻品，是指消费者在购买前，可以通过包装、生产日期、产地等信息充分了解该产品的质量；经验品，是指消费者在购买使用后，可以通过口感、味道以及多次重复购买经验来评价和验证其质量；信任品，是指消费者即使在购买使用之后也无法了解或需要付出高成本才能了解该产品的真实质量水平。大多数产品不能按此标准简单归类，因为大多数产品一般都同时具有以上三种特性（Tirole，1988）。作为一种食品的乳制品就兼具"搜寻品""经验品"以及"信任品"的特征，且消费者对于乳制品质量安全的判断止于产品的外包装以及口感上，很难获得乳制品质量的准确信息。因此，乳制品质量安全状况具备典型"信任品"属性（王威和杨敏杰，2009a；杨炫，2014），这种特性导致乳制品在交易过程中存在严重的信息不对称甚至不完美的现象，一方面，这种现象会使处于信息劣势的消费者根据平均质量支付价格，致使交易过程出现"逆向选择"；另一方面，会使具有信息优势的以利润最大化为目标的企业在生产加工过程中出现"道德风险"，最终导致市场失灵，乳制品质量安全事件频发。此外，部分学者指出，除消费者和乳制品生产企业之间的市场交易过程外，奶农、奶站、乳品企业、政府之间亦存在信息不对称的现象，导致生鲜乳和最终乳制品的质量安全水平无法得到基本保障（姜冰和李翠霞，2013；钱贵霞等，2010；孙晓媛，2015）。

2. 从供应链视角分析

从检疫学角度来说，影响乳制品质量安全的因素主要包括生物性污染、化学性污染与物理性污染，这些影响质量安全的因素存在于众多环节，任何一个环节的不规范操作都会导致最终的产品出现质量安全隐患。鉴于此，众多学者基于供应链管理理论，以奶牛养殖、生鲜乳供应、乳制品加工、贮藏、流通运输、销售等环节为切入点，剖析乳制品出现质量安全问题的原因（樊斌和李翠霞，2012；姜冰，2015；白世贞和刘忠刚，2013；钱贵霞和解晶，2009）；部分学者采取实地调研或统计官方数据等方式对以上各环节的质量安全现状进行调查，对乳制品质量安全事件进行归因分析（姜冰和李翠霞，2016a）；众多研究结果表明，生鲜乳供应环节以及乳制品加工环节是影响乳制品质量安全的关键环节（张娜，2015；Valeeva 等，2005；Ivano，2004）。

作为乳制品供应链的基础与起点环节，保障生鲜乳质量的供应环节尤为令人关注。生鲜乳供应链环节包括奶牛养殖、生鲜乳生产以及检验收购等过程（樊斌和李翠霞，2012），涉及奶农、奶站、乳制品企业以及监管者等主体。Helen（2006）针对乳制品供应链的相关研究结果显示，生鲜乳供应环节在整个乳制品供应链中存在的质量安全风险最高，而作为乳制品生产加工原料的生鲜乳的质量水平对最终乳制品的质量安全水平的影响最大（乔光华和郝娟娟，2004；沈伟平等，2009；王加启，2009）。

首先，大量的研究表明，养殖规模是影响生鲜乳质量水平的关键因素。研究发现，规模化、集约化、规范化程度越高，奶牛繁育、饲养管理、牛乳生产等诸多方面优势越明显，生鲜乳品质指标以及安全指标越好（王加启，2009；樊斌和李翠霞，2012）。目前我国奶牛养殖模式主要分为三种：散养、养殖小区或奶站模式以及牧场模式（李栋，2013b；杨建青，2009；孔祥智，2009），与规模化养殖模式①相比，尽管散养模式因较低的成本投入带来较高的利润率，但因散养模式下饲养技术、疾病防治、环境卫生以及管理手段等方面仍较为落后，且这种模式下的养殖户在受教育水平、质量安全意识以及养殖经验方面都非常缺乏（王云梓，2013），因而散养模式下生鲜乳不仅单产水平与品质指标较低，且安全指标易超标（郜亮亮等，2015；马恒运等，2011；钟真，2011）。在一系列乳制品质量安全事件发生后，我国规模化牧场模式建设速度逐渐加快，由于散户数量众多，且分布广，我国奶牛养殖平均规模仍较低，总体上呈现"规模小，饲养分散"的特点（李翠霞和葛娅男，2012），严重制约生鲜乳质量水平的提高。

---

① 中国奶业协会将奶牛养殖模式分为：大规模（大于 500 头）、中等规模（50～500 头）、小规模（10～50 头）、散养（小于 10 头）。

其次，部分学者指出，生鲜乳的质量安全水平与乳制品供应链上游生鲜乳供应阶段的组织模式或产业链组织模式有紧密的联系（汪普庆等，2009；钟真和孔祥智，2010），其中组织模式涵盖了奶牛养殖模式以及生鲜乳交易模式。钟真和孔祥智（2012）从生产和交易两个维度构建了乳业上游产业组织模式，通过对抽样数据的实证分析表明，尽管生产模式和交易模式对生鲜乳的品质和安全都具有显著影响，但是在控制其他条件的情况下，生产模式更为显著地影响了生鲜乳的品质，而交易模式更为显著地影响了生鲜乳的安全。如果说不同的奶牛养殖模式体现了乳制品供应链同一类主体之间的横向联合状况，那么不同的交易模式就体现了上下游不同主体之间的纵向联合状况。在散养以及小规模养殖仍大量存在的情况下，散户本身难以形成规模且不具备谈判能力，若交易关系松散且不确定，则会进一步降低散养奶农的议价地位，损害其正常利益，致使奶农滋生投机行为倾向（白宝光，2016；道日娜，2008；郝妍，2016），降低生产成本以保障利益最大化，从而严重制约生鲜乳质量水平的提高。

此外，奶农和乳制品企业之间利益联结机制或乳制品供应链的利润分配方式是影响生鲜乳质量安全水平的最根本因素（道日娜和乔光华，2009；肖兴志和王雅洁，2011）。尽管目前我国乳制品行业中存在"企业＋奶农""企业＋奶业合作组织＋奶农""企业＋奶联社＋奶农""企业＋规模牧场""企业＋养殖小区＋奶农"等众多组织模式（孔祥智，2009），但乳制品供应链上下游之间仅依靠随机市场契约、限于生鲜乳购销的商品合同契约、松散要素契约联结（李晶，2012；道日娜，2008），仍缺乏合理的利益联结机制或利益分配方式（白宝光，2009）。这种仅限于生鲜乳收售的松散利益联结方式致使我国乳制品供应链生产、加工和销售环节脱节，利益分配呈现极度不均衡的倒金字塔模式，即投入成本最高的养殖环节得到的利润最低（钱贵霞等，2010；高晓鸥，2010），不仅直接影响奶农的生产积极性，而且会增加奶农掺假掺杂的投机倾向，致使生鲜乳供应环节的质量安全问题无法得到保障。

3. 从外部约束视角分析

面对乳制品质量安全的"信任品"属性以及乳制品供应链各环节存在的信息不对称现象所引发的市场失灵的情况，仅依靠各市场机制规范主体行为显然是不现实的。为保障乳制品质量安全，维系消费者信任，必须依靠合理的法律机制与监管机制，以及政府有效的规制行为（王威和杨敏杰，2009a；Merrill 和 Francer，2000；刘呈庆等，2009）。国内众多学者认为，我国乳制品行业危机根源在于乳制品质量安全规制方面的监管失效，这种失效主要体现在监管主体职能分散不清晰、行业检验标准不同且落后、相关的法律法规体系不健全等方面（钱贵霞等，2010；樊斌和李翠霞，2012）。姜冰和李翠霞（2013）通过定性分析认为，目前我国乳制品监管缺失主要体现在监管缺位、监管失范以及监管低效三个方面，其中监管缺位主要指监管部门职能分散且交叉所导致的责任推诿现象和监管漏洞；监管失范指乳制品质量安全事件发生后，"以罚代刑"的法律威慑力不足所导致的相关约束不足；监管低效表现在质量标准体系以及相关认证体系落后，且缺乏普及性和公正性。Lankveld（2004）通过对比不同国家在加入欧盟前后的乳制品质量的相关数据，从定量的角度验证了欧盟关于乳制品的严格的法规制度以及标准有助于乳制品质量水平的改善。

二、乳制品质量安全问题的治理

基于乳制品质量安全问题产生的原因，如何解决乳制品质量安全问题是这一研究领域的主要研究课题。国内外学者基于不同的视角提出相关的解决方法与治理途径：从微观视角来看，如何影响和激励质量安全行为主体的行为与决策，是解决乳制品质量安全问题的核心内容；从中观视角来看，乳制品质量安全的保障涉及供应链的每一个环节，如何运用供应链管理的理论与方法，对整个链条进行有效的质量控制与管理，是解决乳制品质量安全问题的重要途径；从宏观视角来看，如何构建规范合理的乳制品质量安全监管体系，提升政府的监管效率，是解决乳制品质量安全问题的外部保障。本书将从这三个方面展开介绍。

1. 基于个体视角激励和影响乳制品质量安全主体的行为决策

从微观视角来看，所有的食品质量安全问题的研究落脚点都是影响或激励质量行为主体改变质量决策。欧美等国家乳制品产业一体化程度较高，具备成熟的发展模式以及完善的质量管理体系，乳制品质量水平较高，其质量安全事件诱因主要为环境污染以及新技术的不确定性所带来的风险（王常伟，2014），因而近年来，国外学者的研究主要集中在可追溯技术的运用以及乳制品供应链质量控制方法的改进（孙晓媛，2015）。我国乳制品行业正处于发展阶段，在可追溯技术水平较低且监管不力的条件下，包括乳制品在内的各类食品安全事件的诱因主要是乳制品质量安全主体的隐蔽投机行为（尹巍巍等，2009；孔祥智和钟真，2009；王常伟和顾海英，2013；樊斌和李翠霞，2012）。因此，解决我国乳制品质量安全问题的关键在于如何影响或改变包括奶农、奶站以及乳制品企业在内的各行为主体的质量决策。

目前这方面研究又可以分为两条主线：一方面，是基于委托代理理论的乳制品质量安全主体行为激励研究；另一方面，是基于信号博弈模型的乳制品质量安全主体行为决策研究。

（1）基于委托代理模型的主体质量行为激励研究。在国内外食品质量安全研究领域中有关基于委托代理模型的主体质量行为激励方面的研究成果较多（Hirschauer 和 Musshoff，2007），但具体针对乳制品质量安全的研究较少。在信息不对称的条件下，有关乳制品质量安全的研究中，通常将拥有更多信息的乳制品质量安全行为主体视为代理人，信息相对缺乏的主体视为委托人，委托人的目的就是设计合理的机制促使代理人提高质量投入水平。例如，奶站相比乳制品企业拥有更多的生鲜乳质量信息，因而乳企是委托人，奶站是代理人，学者在考虑众多条件的基础上，通过建立两者之间的委托代理模型，考察激励相容实现的条件，进而分析相关变量的变动对奶站质量安全行为决策激励的影响（郭森媛，2013；郭文博，2013）。道日娜（2012）基于多任务委托代理模型，揭示奶站激励相容条件，并深入探讨了奶站最优激励机制设计问题，研究结果表明，乳企对奶站"数量激励的偏重"，致使奶站用数量性努力替代质量性努力，从而容易产生掺假等机会主义行为。王常伟和顾海英（2013）基于委托代理理论，在比较信息对称、基于价格激励机制的激励相容条件和信息不对称时引入监管者介入变量的激励相容条件，探讨了监管者监管频率选择对食品企业质量决策的影响作用，同时对食品质量安全网格化监管进行了一定的理论解释。

（2）基于信号传递模型的主体质量行为激励研究。对于信任品，最重要的问题是改善消费者信息不利的地位，避免生产者或服务提供者的欺骗行为。信息经济学家提出，通过信号发送和信息甄别两种抵消性机制，解决逆向选择问题，进而可以缓解交易过程中信息不对称的现象（Spence，1973；Rothschild 和 Stiglitz，1976；汪鸿昌等，2013）。食品的质量信号是传递质量高低的信息载体，具体形式包括价格、销量、声誉、企业的质量承诺、广告宣传、认证、标签等（Caldieraro 和 Stivers，2011；Fernqvist 和 Ekelund，2014），通过构建基于不同质量信号的信号传递模型，考察分离均衡以及可能存在的混同均衡的实现条件，进一步考虑消费者异质性（李想，2011）、市场竞争环境（李想和石磊，2011）、认证系统的可追溯性（莫家颖等，2016）以及监管强度（谢康等，2015）等因素对企业质量决策的影响。

实际中，包括乳制品在内的大部分食品的质量安全所具有的信任品特性，一方面①，导致消费者很难完全凭借口感、味道或之前的购买经验准确评估食品质量，因而质量承诺、重复购买以及声誉机制等信号在信任品市场中存在不同程度的信号失灵现象（杨炫，2014；Caswell 和 Mojduszka，1996）；另一方面②，导致消费者即使在企业向消费者提供了产品质量的相关信息后，也难以识别其真实性，因而价格、销量、广告等信号也无法很好地解决信任品市场中的信息不对称现象（汪鸿昌等，2013）。因此，需要一个值得信任的权威第三方（例如，政府、有公信力的机构或协会等）介入市场，设计一些包括质量标准、标识、规范准则等强制性或自愿性的制度，帮助消费者辨识产品的优劣，并将甄别结果转译为通俗易懂的可置信的"质量信息"传递给消费者，从而把信任品转化为搜寻品（Golan 等，2001）。这种信息甄别机制或政策工具即为质量认证（Caswell 和 Mojduszka，1996；Hobbs，2003）。认证制度在很大程度上确保了市场信息的公开透明③，所以消费者更容易维持对认证食品的高质量预期，并愿意支付高价或增加购买（Auriol，2015；Dhar 和 Foltz，2005），因此，认证制度能在国际范围得到消费者的认可和信赖（Ortega 等，2012），且众多理论和实践研究都证明这是一项保障食品质量安全、保障消费者利益、提高消费者信心、促进食品生产过程规范化（Hatanaka 等，2005）的重要信号机制。

学者主要从三个角度对认证的有效性进行分析：认证作为质量信号的引入，对市场均衡的影响，实现有效分离均衡的条件与额外收益、认证成本、企业资源禀赋（高敏蕙，2016；王常伟和顾海英，2012）、有限理性消费者的比例（路璐，2015；蒲徐进，2014）、政府监督和惩罚力度（包含，2015）、认证系统的追溯性以及认证食品的性价比有关（莫佳颖，2016；McCluskey，2000）；认证标准的实施对于企业利润、消费者剩余以及社会福利的影响，其中消费者的类型（陆晓博，2016；Baksi 等，2012）以及认证标准的类型（龚强和成酩，2014）对于认证标准的社会效应有影响；消费者认知以及信任度对于认证有效性的影响，即消费者对于认证产品的支付意愿、支付溢价的变化（Holland，2016；王小楠，2016），消费者对于认证的接受度越低，则认证制度失效的可能性越大（Lee 和 Hwang，2016）。此外，认证机构"交钱认证"等违规行为，以及认证企业"以次充好"或"没有按照认证标准和规范要求生产"等违规行为也会导致

---

① 消费几乎不能在短期内发现食品存在的质量问题，即使出现了身体不适也难以归因。
② 由于甄别信息成本高而且难以实现，消费者对于此类食品特性无法甄别。
③ 许多国家的认证体系配有相应的信息系统平台，可以查询相关信息，例如我国的国家认证认可监督管理委员会网站。

认证信号发送失真,影响认证制度的有效性和可靠性(王常伟和顾海英,2012;Ginaanks,2002)。Holland(2016)对食品有机认证有效性的研究发现,认证标准不仅会影响消费者对于认证产品的信任程度,也会激励生产者生产有机食品,从而减少生产者的道德风险。

2. 基于供应链视角控制和管理乳制品质量安全

乳制品质量安全的保障涉及供应链的每一个环节,如何运用供应链管理的理论与方法,对整个链条进行有效的质量控制与管理是解决乳制品质量安全问题的重要途径。目前,从供应链视角出发解决乳制品质量安全问题的研究思路主要有基于质量安全的乳制品供应链协调研究和乳制品供应链质量管理方法与管理体系研究。

(1)乳制品供应链质量协调。供应链协调是指基于供应链物流、资金流和信息流,以及供应链主体的行为决策等要素设计合理的协调机制,通过控制序参数使供应链达到协同状态,实现供应链系统整体效益大于子系统效益的目的(庄品,2004)。通过各类契约协调供应链已成为供应链协调领域的研究热点,即在给定的信息结构下,以契约理论为基础,通过设计批发价格契约、回购契约、数量折扣契约、收益分享契约等,为供应链成员的合作提供某种制度安排,从而改善供应链整体和成员的绩效(刘小兰,2014;赵添花,2015)。基于契约的供应链协调已有大量的研究成果,不同学者在考虑供应链主体不同特质(刘云志和樊治平,2016)、市场需求条件(许民利和李舒颖,2016)、销售渠道(徐晓婷,2016)、消费者策略行为(申成霖和张新鑫,2016)、产品特质(杨亚等,2016)以及供应链形式(岳柳青等,2016)等情境下对这一领域的研究进行不同程度的深入和细化。

随着人们对质量安全问题的关注,考虑质量的供应链协调的研究日益增多。目前关于供应链质量协调的研究主要基于委托代理理论,针对代理人道德风险和逆向选择问题,设计能够约束或激励代理人行为的契约,从而达到保障质量水平的目的(Robinson 和 Malhotra,2005)。首先,在考虑信息不对称且供应链存在产品质量失误的情况下,较多研究基于委托代理理论,设计针对低质量投入行为造成的质量损失而进行惩罚,这种惩罚包括基于质量检测信息的内部惩罚和基于损失分担的外部质量惩罚,通过制定合理的内外部损失分配系数,选择最优质量控制水平和最优检测水平(Baiman 等,2001;Fixson,2005;刘恩辉,2010;朱立龙和尤建新,2010)。其次,还有一些学者基于斯坦克伯格模型或委托代理模型,设计激励合同,制定合理的激励报酬或激励强度系数,选择最优的质量控制水平。这些激励系数包括制造商与经销商之间延期支付和贷款首付比例（申强等，2016），价格折扣和延迟付款期限（朱立龙等，2012），供应链成员的风险规避程度（洪江涛和陈俊芳，2007；周薇，2014），固定支付和激励强度（朱立龙等，2012；洪江涛和陈俊芳，2007）以及最优收益共享比例和最优努力成本分担比例（胡本勇和王性玉，2010；El Ouardighi，2014）。最后，考虑到某些产品质量（农产品以及食品）存在动态变化的特点，基于演化博弈以及微分博弈等动态框架下的供应链质量协调问题的研究也越来越多（程琳和郑军，2014；夏兆敏和孙世民，2013）。

目前乳制品供应链协调问题的研究主要借鉴供应链协调领域的丰富研究成果，即在不同的信息结构下，以契约理论为基础，基于委托代理模型、斯坦克伯格模型等博弈模型，设计批发价格契约、回购契约、数量折扣契约、质量分担契约、收益分享契约等（胡军和张镓，2013），提高乳制品供应链的质量安全水平和供应链整体收益与成员的收益。赵艳波（2008）针对黑龙江省乳制品供应链的现行主流模式——核心企业型网链模式，结合主从博弈理论、收益共享契约、考虑补贴率的数量折扣契约，构建二阶层和三阶层乳制品供应链协调模型，求解乳企—零售商二阶层乳制品供应链协调时的最优补贴率、最优收益分配系数以及奶农、乳企、零售商三阶层乳制品供应链协调时的补贴率范围。游永海（2014）针对乳制品供应链传统零售和网络直销双渠道混合模式的特点，建立以生产商为主导的斯坦克伯格模型，通过实证分析表明，利益共享契约可以使混合渠道模式的双渠道乳制品供应链达到协调；针对乳制品供应链分离渠道模式的特点，建立包括生产商、零售商与电子商务运营商三方参与的两阶段伯特兰德模型，通过实证分析表明，定价契约可使分离渠道模式的乳制品供应链达到协调。

就乳制品供应链质量协调现有的研究成果来看，大部分研究都是在考虑质量失误的前提下，针对内部惩罚、外部损失分担以及组合惩罚方式，设计损失分担契约，通过制定合理的内外部损失分配系数，选择最优质量控制水平和最优检测水平并实现乳制品供应链的质量协调（张娜，2015）；少部分研究基于回购契约以及收益共享契约实现乳制品供应链的质量协调。徐红英（2012）在分别考虑零售商努力以及供应商努力的情形下，分别构建基于回馈与惩罚的回购契约的联合契约模型以及零售商承担供应商部分努力成本的契约模型，并对两类努力情形下的协调结果进行了比较分析。郭淼媛（2013）针对乳制品供应链下游的质量安全问题，基于收益共享契约构建乳企零售商的两阶质量协调模型，求解乳制品供应链协调时的收益分享因子范围，且通过数值仿真得到最优质量控制水平与消费者质量敏感系数、消费者投诉率、乳企因消费者维权产生的利益损失呈正相关，与乳企质量控制的成本系数呈负相关的结果。以上研究都是从静态角度分析乳制品供应链上的质量协调问题，考虑乳制品的质量安全动态变化特征明显，基于演化博弈等动态框架下的供应链质量协调问题的研究也越来越多（吴强等，2016；解东川，2015）。

（2）乳制品供应链质量管理方法与体系。在保证食品安全的管理方法中，HACCP 体系（危害分析与关键控制点）的应用较为普遍。美国、欧盟以及其他发达国家都基于 HACCP 原理颁布相应的食品安全法规或建立相应的控制体系，且国外较多的研究结果都证实了在奶牛养殖场、乳制品企业以及整个乳制品供应链中实施 HACCP 体系可有效提高乳制品质量安全水平（Laurian 和 Helen，1999；Noorfhuizen 和 Metz，2005；Todt 等，2007）。我国学者将 HACCP 体系运用于奶源质量管理体系以及乳制品供应链质量管理体系的构建中（乔光华和郝娟娟，2004；白宝光，2016；杨俊涛，2011），部分对 HACCP 体系有效性的实证分析发现，HACCP 认证在降低污染风险方面没有发挥应有的作用（刘呈庆等，2009）。

乳制品供应链中相关信息能否及时、全面地获取与传递对保证乳制品质量安全有重要意义（Stiglits，1989），建立一个包括乳制品生产全过程数据信息系统的可追溯管理体系，通过正向追踪和反向追溯平台，为乳制品供应链各主体提供所需的信息是确保乳制品质量安全的另一个有效途径（Robert 和 Smallwood，1991；白宝光，2016）。国外学者主要基于科学技术层面对乳制品可追溯问题进行研究，包括 RFID 技术（Kelepouris，2007）、网络技术（Zanasi 等，2008）、DNA 片段基因标记技术（Ponzoni 等，2009）、移动云计算技术（Teng 等，2012）在奶牛养殖环节以及整体乳制品供应链中的运用。国内学者一方面从经济学视角分析可追溯性对于供应链不同主体的利润、产品质量安全水平以及市场均衡的影响（汪鸿昌等，2013；龚强和陈丰，2012）；另一方面，对我国乳制品供应链可追溯体系存在的问题、体系构建以及运作模式进行分析（孙晓媛，2015；张煜和汪寿阳，2010）。

近年来，随着食品质量安全社会共治概念的提出，基于供应链视角的食品质量安全协同治理的研究受到越来越多的关注。质量协同社会共治的实现，一方面，取决于多主体协同管理需求及其激励机制设计；另一方面，取决于云计算环境下的可追溯信息系统的建立，且需要这两方面协同治理从而形成互补效应和同步效应（Chen，2014；谢康等，2015；肖静华等，2014）。

3. 基于外部监管视角保障乳制品质量安全

乳制品质量安全具有显著的"信任品"属性，且我国乳制品供应链链条长、环节多，加之涉及众多参与主体，致使各环节主体之间信息不对称现象明显，主体之间行为关系难以协调。在技术水平不高以及市场机制尚待完善的背景下，建立合理有效的监管体系是现阶段保障我国乳制品质量安全的重要手段（谢康等，2015；吴元元，2013）。大部分学者将政府视为唯一的监管主体，基于博弈论构建相关主体的监管模型，分析政府监管行为决策及其对其他主体质量行为决策的影响作用。研究发现，一方面，政府通过提高抽检频率和加大惩罚力度来约束生产者的隐匿投机行为（李想和石磊，2014）；另一方面，通过公布抽检结果或制定质量安全信息揭示机制，帮助消费者获得更多关于产品的信息，减少市场上信息不对称的现象（吴元元，2012）。此外，如何构建包括政府、行业协会、媒体等多主体在内的监管监督机制的研究受到越来越多的关注（Qin，2010；谢康等，2016）。周开国等（2016）基于2004年至2012年媒体曝光的食品安全事件，同时从媒体关注和资本市场两个视角出发，分短期和中长期，定量分析媒体、资本市场与政府对食品安全监督的有效性，并提出建立媒体、资本市场与政府共同监督、协同治理的长效机制。樊斌和李翠霞（2012）基于委托代理理论、演化博弈理论、管理激励理论，设计政府、行业协会和乳制品加工企业"三位一体"的监管体系框架，分别从生鲜乳供应环节和乳制品加工环节构建隐蔽违规行为监管机制，并提出相应的可操作监管对策。

作为一种治理乳制品质量安全问题的外部市场干预手段，政府监管在行政资源约束下，存在法不责众、资源配置低效等问题（李新春和陈斌，2013），甚至会出现因政策性负担导致的规制俘获现象（龚强等，2015）。此外，现行监管体制中的"结果考核制"和"检测权与处罚权合一"制度安排会导致监管者不作为、瞒报食品安全信息，甚至与生产者合谋（全世文和曾寅初，2016）。

三、消费者对乳制品质量安全的认知及行为研究

尽管消费者对食品质量安全的认知、支付意愿以及购买等行为不会直接影响食品质量安全，但这些行为会通过影响市场需求而间接影响食品安全主体进行质量行为改善的激励强度（王常伟，2014）。因此，消费者对食品质量安全认知、支付意愿以及其他相关行为的研究一直是重要研究领域之一。这方面的研究基于调研数据测度消费者对具有某种认证（Loureiro 和 Umberger，2007）、经过某种

检验（McCluskey 等，2005）、无农药残留以及可追溯食品的支付意愿（Mergenthaler 等，2009）；基于 Logit 模型等计量模型（刘增金等，2015）分析安全食品支付意愿的影响因素。基于食品安全认知及支付领域的研究成果，众多学者从乳制品质量安全支付意愿及其影响因素，质量安全事件发生后消费者需求及购买行为的变化，质量安全事件发生后乳制品质量安全信任及信任修复等方面对乳制品质量安全问题进行了深入的研究。

1. 乳制品质量安全的支付意愿及其影响因素

这方面的研究多属于实证研究，主要从以下两个方面展开。

首先，通过调研信息的搜集，基于条件价值评估法（CVM）（赵元凤，2011；戴晓武等，2017）、实验拍卖（王威和穆琳，2014）、选择实验（Ortega 等，2012；杨炫，2014）等方法对具有 HACCP 认证、有机认证等第三方认证以及某些品牌的液态奶等安全乳制品的支付意愿进行测度，研究发现，尽管我国消费者对有质量安全保障的乳制品的支付意愿非常显著且支付溢价为 30% 左右，但我国消费者对乳制品行业的第三方认证认知水平不高（戴晓武等，2017；王志刚和毛燕娜，2006），且部分学者指出，这种溢价不足以抵消安全乳制品和普通乳制品的价格差，因而这种支付意愿转化为实际的购买行为以及需求的过程仍存在障碍（戴晓武等，2017；王威和穆琳，2014）。

其次，通过调研数据的搜集，基于二元 Logit 模型（朱俊峰等，2011）、结构方程模型（陈宗霞，2013）分析安全食品支付意愿的影响因素。相关研究结果显示，诸如安全乳制品的价格、消费者风险感知、消费者对安全乳制品的认知以及信任程度、家庭收入、购买行为及经验等变量对支付意愿的影响作用具有普遍一致性，而诸如消费者年龄、受教育水平、家庭组成、性别等个体特征变量对安全乳制品支付意愿的影响作用存在争议。戴晓武等（2017）对 HACCP 认证乳制品的支付意愿进行实证研究发现，消费者年龄以及消费者受教育程度对购买 HACCP 认证乳制品的行为有显著的负向作用，且当消费者认为乳制品存在质量安全风险时，家庭孩子数量与支付意愿呈正相关。但赵元凤（2011）对呼和浩特消费者安全液态奶支付意愿的研究发现，消费者性别、年龄、受教育情况以及家庭孩子数对消费者是否购买安全液态奶没有影响，而家庭老人数则对购买意愿有显著的正向影响作用。此外，陈宗霞（2013）基于结构方程模型对消费者购买安全乳制品的意向的研究发现，乳制品企业社会责任不仅对消费者购买意向产生直接的正向影响，还通过消费者对于安全乳制品的信任以及感知乳制品质量这两个中介变量，对消费者购买意向产生间接的影响。

2. 乳制品质量安全的认知及行为变化

消费者对乳制品质量安全问题存在强烈的感知，突出表现在乳制品质量安全事件发生后，消费者需求、信任水平、偏好选择甚至购买行为的变化。这方面的研究主要从消费者对乳制品质量安全事件的反应，以及购买行为恢复及行为恢复的影响因素两个方面进行研究。

首先，"三聚氰胺"等一系列乳制品质量安全事件的发生不仅会产生传染效应，即引发消费者对国内乳制品行业的所有企业产生信任危机，导致国内生鲜乳产量增加滞缓、乳制品加工企业发展缓慢且受损（姜冰和李翠霞，2016；钱贵霞等，2010）；而且会产生竞争效应，即造成国内市场需求转向海外市场，导致乳制品消费外溢且进口乳制品大量涌入（王磊和李翠霞，2016；王永钦等，2014；柳思维和朱艳春，2013）。柳思维和朱艳春（2013）基于柯布—道格拉斯生产函数构造需求函数理论模型，分析质量安全事件以及产品需求价格弹性对乳制品消费需求的影响，并对属于刚性需求的婴幼儿奶粉的消费行为进行调查。结果表明，乳制品质量安全事件会对国产婴幼儿奶粉的总需求产生挤出效应，导致其他进口婴幼儿奶粉结构性替代国产婴幼儿奶粉，且进口婴幼儿奶粉价格上涨将加剧部分负面影响。

其次，尽管消费者的购买意向在乳制品质量安全事件发生后的短期内有大幅波动（李玉峰等，2015），但如何促进消费者购买意向及行为的恢复是研究关注的主要问题。这方面的研究多属于实证研究，通过问卷调查收集相关数据，采用似无关回归法（全世文等，2011a）、结构方程模型（李玉峰等，2015）、Heckit和 Double Hurdle 模型（全世文等，2011b）分析消费者在乳制品质量安全事件发生后的购买恢复阶段对乳制品的质量安全感知风险与风险态度及其影响因素。研究结果表明，消费者新知识的积累和了解、风险态度以及消费者对质量安全主体信息的信任程度，显著影响购买恢复阶段消费者对乳制品的感知风险以及购买恢复行为，政府监管力度以及企业及时正确的危机管理也能促进消费者购买意向的恢复。

3. 乳制品质量安全的信任及信任修复

这方面的研究主要从两个方面展开。

首先，基于食品质量安全信心以及信任领域的研究成果，构建理论研究框架，通过问卷调查搜集相关数据，了解消费者质量安全信任现状的评价，并在结构方程模型的基础上通过因子分析（荀娜，2011）以及路径系数分析方法（巩顺龙等，2012）对消费者质量安全信心以及信任的影响因素进行研究。研究结果显示，目前我国消费者对乳制品质量安全现状的信心不足且信任偏低（李翠霞和姜冰，2015；王旭等，2016），且消费者信任水平受众多因素影响。就影响乳制品质量安全信任水平的因素而言，消费者感知价值、对供应链主体和政府监管部门的信任程度、受教育水平、购买经历以及收入水平等变量都会对消费者的信任水平产生显著的影响作用。其中姜冰（2015）和施婧楠（2014）在进一步的归因分析中发现，奶牛养殖环节的规范生产水平及与相关主体的信息沟通程度是基于养殖户维度的显著性归因；乳制品生产和检测的规范水平、与消费者关系的处理以及关于产品质量信息的可追溯性是基于加工企业维度的显著性归因；监管部门信息质量公布、监管执行廉洁度以及对质量安全问题的关注度是基于政府维度的显著性归因。

其次，"三聚氰胺"等一系列乳制品质量安全事件的发生致使我国消费者对乳制品质量安全的信心严重受挫。因此，如何在乳制品质量安全事件后对消费者的信任进行修复也受到了越来越多学者的关注。这方面的研究主要采用实验方法，模拟不同情境，通过方差分析或因子分析方法对各类修复策略的补救效果进行分析。研究发现，及时传递相关信息的信息性修复以及补偿或赔偿损失等纠正性修复措施的补救效果好（青平等，2012；凌静，2012）。姜冰（2015）通过问卷调研收集消费者对不同受信主体信任评价的数据，构建最优尺度回归模型，对消费者乳制品质量安全信任进行归因分析，并最终提出综合使用包含考核策略和问责策略的不信任约束策略以及包含服务补救策略和风险交流策略的信任展示策略，以修复消费者的信任。

四、研究述评

总的来看，欧美等发达国家乳制品产业一体化程度较高，具备成熟的发展模式以及完善的质量管理体系，乳制品质量安全问题不是其面临的主要问题。因而国外学者的研究主要集中在可追溯技术的运用对于乳制品质量水平提升的作用，以及乳制品供应链质量控制方法的改进对于提高供应链效率、降低质量控制成本的作用（Valeeva等，2007；Faye，2006；Gerrit，2006）等方面。我国乳制品行业处于发展阶段，乳制品质量安全问题仍是学者们关注的焦点，且人为不道德因素是造成我国乳制品质量安全问题的主要诱因。因此，分析乳制品质量安全问题产生的原因，设计激励机制影响或改变乳制品质量安全主体行为决策，协调乳制品供应链主体间的行为关系，是解决我国乳制品质量安全问题的重要途径。有关学者已对乳制品质量安全问题进行了许多研究，且取得了一系列进展，但仍存在一些问题需进一步深入探究。

1. 乳制品质量安全问题产生原因的拓展

研究乳制品质量安全问题产生的原因是成功解决乳制品质量安全问题的基础。目前基于经济视角对乳制品质量安全问题产生的根本原因的研究已较为成熟，而基于乳制品供应链视角对奶牛养殖、生鲜乳生产、收购、乳制品加工、流通等每一个环节中可能影响乳制品质量安全的因素进行剖析是当前研究的主流。这方面的研究主要通过实地访谈或对消费者以及企业管理人员的认知进行问卷调研，基于质量管理理论或 HACCP 理论，对乳制品供应链不同环节的质量安全诱因进行定性分析或简单的统计分析。这种研究方式一方面缺乏客观性；另一方面，没有考虑乳制品供应链各主体之间因信息不对称而产生的不协调的行为对乳制品质量安全的影响。乳制品质量检测不合格指标是能够客观反映乳制品质量安全问题的直接诱因。因此，可以从抽检结果中的不合格指标出发，通过归因分析，基于供应链主体之间的行为关系视角研究乳制品质量安全问题。

2. 乳制品质量安全主体行为决策的拓展

总的来说，国外食品安全研究领域针对食品安全主体质量行为决策的研究普遍基于计量模型，考察其他变量对食品安全主体质量行为的激励影响作用；而国内针对乳制品主体质量行为决策的研究大多通过构建基于理性假设的经典博弈模型，求解最优质量决策或相关参数，使用随机数据进行算例分析，并对最优质量决策的影响因素进行分析。这种基于随机数据进行算例分析的研究方式，并不能从实际情况出发来验证理论模型的结论，因而不能帮助现实中的决策者进行决策。此外，考虑到现实中各主体很难具备完全理性的条件，其行为具有动态变化的过程，因此，有限理性假设条件下乳制品安全主体质量行为决策问题需进一步研究。

3. 乳制品供应链质量协调的拓展

尽管供应链协调领域的研究成果非常丰富，但具体针对乳制品供应链协调问题的研究以及针对乳制品供应链质量协调的研究仍需要进一步丰富。目前有关乳制品供应链质量协调的研究都是在考虑质量失误的前提下，基于委托代理理论，针对质量损失设计质量损失分担契约，通过制定合理的内外部损失分担系数，选择最优质量控制水平和最优检测水平并实现乳制品供应链的质量协调。然而该模型仍有不少需要结合实际情况进行拓展或完善的地方。例如，考虑加入政府监管行为以及利益分配等变量。

第四节　研究技术路线与方法

一、研究技术路线

本书在文献研究和实地调研的基础上，运用规范分析与模型化方法相结合等研究方法，从图 1-1 所示的三个步骤展开。

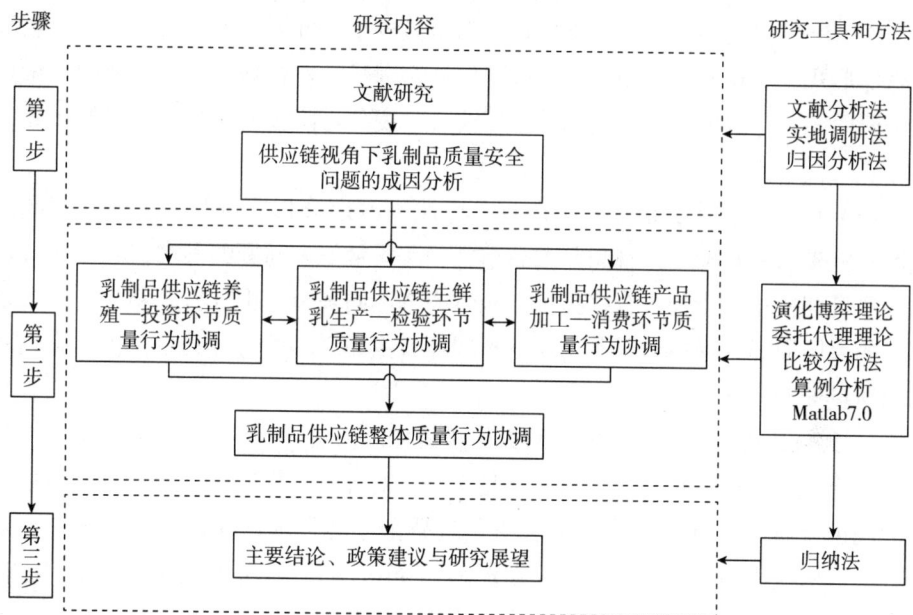

图 1-1　研究技术方案

二、研究方法和研究工具

1. 供应链视角下乳制品质量安全问题的成因分析

本部分主要在文献综述以及实地调研的基础上，归纳总结乳制品质量安全问题的种类，由浅入深地分析乳制品质量安全问题的表层原因和深层原因，提出基于协调乳制品供应链主体质量行为视角保障我国乳制品质量安全的决策框架。

（1）文献分析法。由于食品质量安全的研究成果较为丰富，本书的写作需通过大量搜集与阅读食品质量安全、食品供应链、乳制品质量安全、乳制品供应链问题研究的国内外相关文献资料，把握当前有关乳制品质量安全研究的未来趋势，并从中寻找写作理论的突破与创新点。

（2）实地调研法。运用实地访问、企业家访谈、问卷调查等方式，选择内蒙古自治区、河北省等乳业发展良好的地区进行实地调研，并选择国内大型乳制品企业以及养殖企业的管理人员、工作人员进行访谈。调研对象涉及调研地区的奶牛养殖户、乳制品加工企业。调研内容包括奶牛养殖环节的现状、具体的养殖规模、养殖成本、卫生条件、现场检验项目与程序、生鲜乳的收购价格、养殖收益、生鲜乳的追溯性；企业的检验指标与检验成本、乳制品加工成本、企业生鲜乳来源形式、企业质量控制成本、政府的监管现状等。根据研究中涉及的变量提出调研问题，为数值模拟、实例验证以及灵敏度分析阶段的参数估计提供实际的数据。

（3）归因分析法。依据归因原理，由浅入深地分析乳制品质量安全问题的成因：首先从检验检疫学视角归纳总结乳制品质量安全问题的种类；其次结合乳制品质量抽检结果中的不合格指标，从供应链不同环节入手分析乳制品质量安全问题的表层原因；最后着眼于供应链不同环节主体之间的行为关系，得出影响乳制品质量安全的深层原因。

2. 乳制品供应链不同环节之间主体质量行为协调

本部分主要运用规范分析与模型化方法，对乳制品供应链不同环节的质量协调问题进行研究。首先，考虑奶农和乳制品企业的有限理性，运用演化博弈理论，分别构建市场机制以及政府补贴机制下养殖—投资环节养殖模式转变的演化博弈模型，求解并进行实例验证与演化趋势模拟。其次，运用委托代理理论，分别构建双边道德风险下基于损失分担契约、外部损失分担契约、内外部损失共同分担契约的生鲜乳生产—检验环节的质量控制模型，求解并比较三个契约的协调结果，进行实例验证。再次，考虑乳制品质量安全的信任品属性，运用委托代理理论，从契约的角度构建单边道德风险下基于认证标准的产品加工—消费环节的质量控制模型，求解并进行实例验证。最后，考虑乳制品质量安全的信任品属性，运用委托代理理论，分别建立无认证情形下基于内部损失分担契约的乳制品供应链质量控制模型以及认证情形下基于收益分享损失分担契约的乳制品供应链质量控制模型，求解并进行实例验证，比较分析两种情形下乳制品供应链的质量协调结果，探讨不同质量契约的选择问题。综合来看，本部分运用的研究方法主要有：

（1）演化博弈理论、复制动态方程与相关分析方法。演化博弈理论较好地克服了经典博弈论关于博弈方完全理性的假设，通过策略互动的演化分析可以更好地解释个体到群体行为的形成机制以及群体行为变化趋势和稳定性（Xie，2001）。当有限理性的博弈方进行对称博弈时，要求两个博弈方群体相似；当有限理性博弈方进行非对称博弈时，大群体成员间随机配对反复博弈的分析框架不再适用，通过反复在两个有差别的群体中各随机抽取一个成员配对进行非对称博弈，双方的学习和策略模仿局限在其所在群体内部，策略调整机制为复制动态（谢识予，2007），且博弈方策略调整的速度可以用复制动态方程来表示。通过对复制动态方程进行求解可得到演化系统的若干平衡点，在稳定性分析的基础上，最终可以确定基于复制动态方程的演化博弈的演化稳定策略（ESS），即表示博弈最终收敛到一个稳定且不会轻易变动的状态。

（2）委托代理理论、委托代理模型与相关分析方法。委托代理理论是制度经济学契约理论的主要内容之一。该理论是建立在非对称信息博弈论基础上的，在相关文献中，通常将博弈中拥有私人信息的参与人定为"代理人"，不拥有私人信息的参与人定为"委托人"。委托代理理论试图模型化以下问题，即在利益相冲突和信息不对称的环境下，委托人如何设计最优契约激励代理人。目前已知的模型化方法主要有状态空间模型化方法、分布函数的参数化方法、一般化分布方法（张维迎，2016）。其中参数化方法已成为标准方法，据此建立的委托代理模型应用最为广泛。

（3）比较分析法。在第三章的研究中，本书基于委托代理理论，分别构建双边道德风险下基于损失分担契约、外部损失分担契约、内外部损失共同分担契约的生鲜乳生产—检验环节的质量控制模型，求解不同契约协调下的最优质量控制水平、最优损失分担系数与最优收益，并进行比较，说明不同契约的质量协调结果，探讨不同质量协调契约的选择问题。在第六章和第七章的研究中，分别建立无认证情形下基于内部损失分担契约的乳制品供应链质量控制模型以及认证情形下基于收益共享损失分担契约的乳制品供应链质量控制模型，求解不同契约协调下的最优质量控制水平、最优损失分担系数以及收益分配系数、收益等变量，并分析两种情形下不同契约协调下的乳制品供应链的质量协调结果，探讨不同质量协调契约的选择问题。

第二章
供应链视角下乳制品
质量安全问题的成因分析

为保证乳制品的质量安全，必须有效解决乳制品质量安全隐患，因此，剖析乳制品质量安全问题产生的原因是解决乳制品质量安全问题的前提。本章在对乳制品、乳制品供应链、乳制品质量安全等相关概念界定的基础上，由浅入深地分析乳制品质量安全问题的成因：从检验检疫学视角列举可能出现的乳制品质量安全隐患；从供应链不同环节入手并结合客观的统计数据，分析乳制品质量安全问题的表层原因；从供应链不同环节主体之间的行为关系入手，剖析乳制品质量安全问题的深层原因并界定本书的研究对象，最终提出我国乳制品供应链质量安全行为协调的决策框架。

第一节　乳制品质量安全及乳制品质量安全问题

一、乳制品

（1）乳。国际食品法典委员会（Codex Alimentarius Commission，CAC）将"乳"定义为：没有任何添加或提取，只限于从一种或几种哺乳动物中得到的正常乳腺的分泌物。而乳制品则是以乳为基本原料加工而成的食品。

（2）生乳，又称生鲜乳或生鲜奶。中国国家标准 GB 19301—2010《食品安全国家标准生乳》将"生乳"定义为：从符合国家有关要求的健康奶畜乳房中挤出的无任何成分改变的常乳。

（3）原料乳，又称为原料奶，是指供乳制品制造所用的原料，包括生鲜乳、复原乳、再制乳、混合乳、调制乳五种主要类别（顾佳升，2009）。由此可见，生鲜乳是乳制品生产原料的一种。目前我国使用最多的原料乳主要包括生鲜乳以及复原乳。

（4）乳制品。乳制品是乳类制品的简称，亦称为奶制品，是以乳为基本原料加工而成的食品。中国国家标准 GB 15091—95《食品工业基本术语》将"乳制品"定义为：以牛乳、羊乳等为主要原料加工制成的各种制品。根据国家食品药品监督管理总局关于公布食品生产许可分类目录的公告（2016 年第 23 号），乳制品可分为三个类别：液体乳（巴氏杀菌乳、灭菌乳、调制乳、发酵乳）；乳粉（全脂乳粉、脱脂乳粉、部分脱脂乳粉、调制乳粉、牛初乳粉、乳清粉）；其他乳制品（炼乳、奶油、稀奶油、无水奶油、干酪、再制干酪、特色乳制品）。由于在日常生活中，牛乳及其乳制品不仅是人类最为理想的天然食品，而且为大多数国家广泛供应，所以无特殊说明，本书所指的乳（奶）为牛乳(奶)。

（5）乳品，又称为乳及乳制品。根据我国 2008 年颁布的《乳品质量安全监督管理条例》中的规定，乳品包括生鲜乳和乳制品。

（6）乳制品加工企业，简称乳制品企业或乳品企业。

二、乳制品质量安全

目前关于乳制品质量安全的定义存在诸多争议。首先，需区分食品质量（Food Quality）、食品安全（Food Safety）两个关键概念。

1. 食品质量

国际标准化组织（ISO）2005 年颁布的 ISO 9000：2005《质量管理体系　基础和术语》中对质量的定义是：一组固有特性满足要求的程度。我国国家标准《食品工业基本术语》（GB 15091—95）规定，食品质量是指食品满足规定或潜在要求的特征和特性总和，反映食品品质的优劣。卿树涛（2014）将食品质量定义为，食品的内在属性以及这种属性为相关经济主体带来的效用。通过以上界定可知，食品质量的概念大于食品安全的概念，食品安全仅指食品中可能对人体健康造成损害的属性，是食品质量的一个组成部分（钟真，2013）。

2. 食品安全

世界卫生组织（World Health Organization，WHO）在 1996 年《确保食品安

全与质量：加强国家级食品安全性计划指南》的文件中，将食品安全定义为"对食品按照其原定的用途进行生产制作，且在食用过程中不会对消费者的健康造成损害的一种承诺"。这种承诺贯穿食品被最终消费食用前的各个阶段。2009年颁布的《中华人民共和国食品安全法》明确指出：食品安全指食品无毒、无害，符合应当有的营养要求，对人体健康不造成任何急性、亚急性或慢性危害，包括食品质量和食品卫生等内容。根据以上界定可知，食品安全概念大于食品质量。

3. 食品质量安全

目前学术界对于食品质量安全的定义存在争议。一部分学者认为，质量安全属于质量方面的安全，与"数量安全"相对应，更侧重食品安全的概念（白宝光，2016）；另一部分学者认为，食品质量安全不仅包括质量问题，还包括安全问题（卿树涛，2014）。我国食品行业法制化治理起步较晚，食品产业链运行管理水平较低，市场运行机制、监管机制不甚完善，发生的食品质量安全事件大多数为可能对消费者健康造成损害的事件，因此我国学者对于食品质量安全问题的研究，更多的是针对食品的安全问题。随着社会的进步，经济发展水平以及科学技术水平的提高，消费者需求升级，食品质量安全的内涵也在不断发展和丰富。在食品安全问题得到有效控制的基础上，随着收入水平的提高，消费者对于高端食品的需求日益增长。因此，食品质量安全问题应涵盖质量和安全两个方面。

以乳制品行业为例，我国学者对于乳制品质量安全问题的研究主要围绕乳制品行业发生的重大质量安全事件展开。因而国内学者对于乳制品质量安全的定义侧重于乳制品质量方面的安全问题，强调乳制品不能含有会对消费者人身健康造成危害的不良因素和有毒有害物质（樊斌和李翠霞，2012；白宝光，2016；白世贞，2013；姜冰，2015）。钟真（2013）认为，食品质量的概念大于食品安全的概念，结合现实的研究现状与使用情况，指出生乳质量安全是指代生乳质量的各种属性，特别是安全属性的一个统称，体现了全面的质量安全观。

基于此，本书认为，乳制品的质量概念大于乳制品的安全概念，其中乳制品的质量是指乳制品所固有的特性满足人们使用要求的程度，既包含了可被消费者观察到的颜色、口感、气味等显性特征，也包含了污染程度、加工方法、营养含量等难察觉的隐性特征；乳制品安全表示可能对人体健康造成损害的一种特别的质量属性。由于现阶段安全问题仍是乳制品质量安全管理工作中的重点和难点，因此，本书将乳制品质量安全定义为：乳制品的内在属性满足消费者的需要，尤其是乳制品中不含有任何可能损害或威胁人体健康的有害物质或因素，不应导致消费者急性或慢性的伤害或危及消费者后代健康的隐患。具体包含营养安全、卫生安全、包装安全及过程安全等（白宝光，2016）。

三、乳制品质量安全问题

世界卫生组织（WHO，2002）认为，食品安全问题产生的十大表征因素主要有微生物病原体、人畜共生疾病、寄生组织、天然毒素及过敏源、农药和兽药残留、持续性组织污染、重金属超标、物理污染与掺杂使假、转基因组织、由动物到人的病变与传染。本书结合乳制品特性，国家食药监总局对于乳制品进行的常规抽检所依据的国家相关标准与抽检项目指标，以及学者的相关研究成果（樊斌和李翠霞，2012；沈伟平等，2009），从检验检疫学角度出发，将乳制品质量安全问题总结为以下六类[①]：

1. 生物性因素污染或超标

这里的生物性因素是指混入乳制品中的各类微生物。乳因含有丰富的蛋白质和人体所需的多种营养成分，是天然的微生物培养剂。一般生乳中存在大量的微生物，其中包括各类腐败微生菌和致病菌，例如，大肠杆菌、肠炎沙门菌、金黄色葡萄球菌、炭疽杆菌、肉毒杆菌。若处理不当则会导致某些微生物超标或混入某些致病菌，不仅会破坏乳制品的营养结构，导致乳制品腐败变质或被污染，而且会对人体造成危害，严重的可导致食物中毒和消化性传染病。

一般情况下，生鲜乳及乳制品中的微生物来源于外界环境[②]，例如，奶畜体表的粪屑灰尘等、不清洁的容器用具中混有的细菌、水源中的细菌、蝇蚊体表携带的细菌病菌、挤乳员的手或服装上积聚的大量微生物致病菌等，即在挤奶、储存、运输和加工等过程中都有可能混入。混入的原因主要是挤奶过程中操作不规范不卫生、挤奶所使用的容器用具不清洁、奶牛饲养卫生环境较差、杀菌等生产加工工艺不达标、包装材料密封性差、贮运条件不规范等。

2. 化学性因素残留或污染

这里的化学性因素包括农兽药的残留，硝酸盐及重金属等环境污染物混入，天然毒素残留，不恰当的食品添加剂以及非法添加物的使用，且这些化学性影响因素可通过生鲜乳所处的环境或生产加工过程进入到乳制品中。下面分别对各化

---

① 乳业科学与技术丛书编委会，乳业生物技术国家重点实验室．乳品安全［M］．北京：化学工业出版社，2015.

② 特殊情况下，当奶牛患有口蹄疫、结核病等传染病时，微生物来源于动物乳房。

学因素进行详细介绍。

乳制品中的农兽药残留主要包括饲料中农药残留、抗生素和抗病毒药物残留，以及饲料添加剂中的激素残留。造成农兽药残留超标的主要原因是农药滥用，生产者对奶畜用药不当或不遵守休药期限，为预防奶畜生病而在饲料中添加抗生素等。其中诸如氯霉素、红霉素、青霉素等抗生素对热稳定，乳制品中残留的抗生素即使经过加工也不能完全破坏或降解，大多都随乳制品进入人体中，继而可能导致急性毒性反应、变态反应①，甚至会致突变、致畸及致癌，对人体健康危害非常严重。因此，抗生素残留是乳制品质量安全与检测的重点，欧盟国家对"无抗奶"的要求非常严格，一旦查出，相关养殖场要停场整顿（王海等，2011）。但我国乳制品现行的食品安全国家标准中并未对抗生素的检测以及含量做出强制的要求，仅在农业部发布的《无公害食品生鲜牛乳》行业标准中将抗生素不得检出作为推荐性检测标准。

引起人们关注的环境污染物主要有汞、铅、砷、铬、镉等重金属，硝酸盐及亚硝酸盐，二噁英等持续性有机污染物。造成环境污染物混入乳制品的原因是养殖场周围的环境受到污染。这类环境污染物在环境、生态系统以及食物链中不断留存和积累，污染持久，难以分解且生理毒性较强。它们通过污染土壤、水域、植物、饲料进入奶畜体内蓄积，不仅影响奶畜的健康，同时也通过乳制品对消费者的身体健康产生严重危害。

乳制品中的天然毒素主要包括真菌毒素、细菌毒素和其他天然毒素。造成真菌毒素残留的主要原因是不规范的操作、生鲜乳生产贮藏条件较差。目前预防真菌毒素中的黄曲霉毒素②的形成是预防天然毒素混入的主要任务。

食品添加剂是为了改善食品品质、色、香、味，为了防腐等加工工艺的需要而加入食品中的物质。食品添加剂的合理规范使用并不会对消费者的健康产生危害，如果不规范或超量使用，就可能造成危害。一些生产厂商为达到牟利的目的，在乳制品中添加过量的防腐剂、增稠剂、香精、色素、甜蜜素等，不仅破坏了乳制品的营养成分，同时还会危害消费者的身体健康。

近年来，一些生产厂商为了牟利，将非法添加物加入乳制品中，包括使用违禁药品（抗生素），掩盖生鲜乳变质酸败；为降低成本但保证乳品中的蛋白含量而添加"尿素""三聚氰胺"等物质。这些非法添加物的使用会在不同程度上危

---

① 表现多种多样，例如皮炎、发痒、关节肿痛、过敏性休克等。
② 黄曲霉毒素会造成肝损害及消化系统恶性肿瘤。

害人体健康。

3. 物理性因素的污染

物理性因素的污染包括在乳制品中混入不正常的、有潜在危险的外来物。这些外来物可能来自于牧场的木屑、泥等；可能来自于运输过程混入的昆虫、金属等；也可能来自于加工储存过程中混入的玻璃、木屑等。通过加强检验以及严格的生产过程管理可以在很大程度上控制物理性因素的混入。

4. 体细胞超标

体细胞是每毫升乳中的细胞总数，由白细胞（98%～99%）和乳腺组织上皮细胞组成，是反映牛乳产量、质量以及奶牛乳房健康状况的重要指标。奶牛乳腺炎，尤其是隐性乳腺炎作为危害世界奶业最严重的疾病之一，直接影响奶牛产奶量、牛奶品质等，间接危害人体健康。当奶牛乳房发炎后，体细胞数目上升；体细胞过高会造成生鲜乳产量以及品质下降，增加致病微生物入侵的概率，缩短乳制品存放时间。因此，通过检测体细胞数目，可以有效预防控制奶牛乳腺炎的发生，控制生鲜乳的质量。

5. 掺假掺杂导致的营养成分不达标

养殖户为降低成本提高收益，可能通过添加乳清粉、植脂末提高乳脂肪以及乳蛋白等理化指标，进而降低生鲜乳的质量水平。乳制品加工企业在利益的驱使下，可能使用劣质水解蛋白、劣质乳粉，添加过量的麦芽糊精、乳清粉、乳味香精、棕榈油等降低成本，降低生鲜乳的用量。这类掺假掺杂手段都会造成乳制品成分配比失调，降低优质蛋白质的含量，长期食用会对婴幼儿及青少年的生长发育造成不良影响。例如，生产厂商在制作婴幼儿配方乳粉时会使用乳糖、乳清粉（或脱脂奶粉）、植物油等原料，若过量使用劣质的氢化不完全的植物油则会产生反式脂肪酸，过多摄入反式脂肪酸会增加尚处于发育阶段的婴儿的肾脏压力。

此外，一些乳制品企业为降低成本，可能购买价格便宜但营养成分实际强化量不够的复合营养素或在生产加工过程中减少营养成分的加入量，从而导致乳制品中的营养成分或有效成分的含量不符合国家标准。在发生这类问题的乳制品中，以婴幼儿配方乳粉较为常见。根据食药监总局公布的 2014 年至 2016 年婴幼儿配方乳粉抽检情况，一些婴幼儿配方乳粉样品被检出维生素 C、维生素 B_1、亚油酸、牛磺酸、泛酸、氯、锰、硒、铜、铁、钙等营养素指标不符合食品安全国家标准。由于婴幼儿配方乳粉中的矿物质、维生素等营养成分含量指标是根据我国婴幼儿发育对营养素的需求量而制定的，长期食用营养成分含量指标不符合国家标准的婴幼儿配方乳粉，可能对婴幼儿的生长发育存在不良影响。

6. 包装标签标识不规范

标签标识是区别不同商品提供者的标志，是消费者选购商品的重要参考内容。尽管一些乳制品营养成分以及安全指标符合国家的规定，不存在食品安全风险，但不规范的标签标识，使消费者不能了解产品真实质量状况，给消费者选购产品造成困难，侵犯消费者的合法权益。例如，一些厂商使用复原乳为原料生产某些乳制品，但包装标识或配料表中没有注明；还有一些乳制品，尤其是婴幼儿配方乳粉中维生素、矿物质等营养素的真实含量，虽符合国家标准，但不符合包装标签明示值。

第二节　乳制品供应链的特点与运作模式

一、乳制品供应链

目前，学术界对于乳制品供应链没有明确的定义，主要根据供应链的相关定义来延伸乳制品供应链的内涵。根据供应链的定义，乳制品供应链是以乳制品为对象，围绕核心企业，通过对物流、资金流和信息流的控制，从原奶的生产、采购，经乳企生产加工，再到经销商、配送商，将乳制品运送到超市、商场等终端系统，最后卖给消费者，将奶农、乳企、经销商、配送商、零售商以及最终消费者连成一体的功能网链模型（白宝光，2016；赵艳波，2008；白世贞，2013）。乳制品供应链主要包括生鲜乳供应、乳制品生产加工、仓储流通、销售以及消费等环节；涉及的参与主体有奶牛养殖户（场）、奶站、乳制品加工企业、零售企业、最终消费者等；组织模式主要包括以乳制品加工企业为核心的模式、以奶牛养殖企业为核心的模式。

二、乳制品供应链的特点

根据乳制品供应链的定义可知，乳制品供应链主要包括生鲜乳供应、乳制品生产加工、仓储流通、销售以及消费等环节（樊斌和李翠霞，2012；郭文博，2013；姜冰和李翠霞，2013）。其中供应链上游的生鲜乳供应阶段，主要包括奶牛养殖、生鲜乳生产以及生鲜乳检验等环节，上接饲料种植与供给、奶牛繁育、兽药防疫等服务体系（樊斌和李翠霞，2012），其中奶牛养殖环节为核心（Vale-eva 等，2007）；供应链中游为乳制品生产加工阶段，乳制品加工企业将收购且检验合格的生鲜乳或其他合格的原料乳加工成各类乳制品，并进行包装贮存；供应链下游为流通消费阶段，主要包括配送、销售以及消费等环节。

乳制品供应链涉及的主要参与主体有奶牛养殖户（场）、奶站、乳制品加工企业、零售企业、最终消费者等。其中，连接着奶牛养殖户（场）、奶站以及零售企业与消费者的乳制品加工企业，在乳制品供应链中起主导作用，是乳制品供应链的核心企业（樊斌和李翠霞，2012）。乳制品供应链各个主体在政府行政约束下，通过正式或非正式契约和利益驱动机制互相协调，保障乳制品供应链顺畅运行（姜冰和李翠霞，2013；郭文博，2013）。

乳制品供应链中一直处于动态移动过程的生鲜乳或乳制品都具有鲜活性、保鲜期较短等基本特征，因而乳制品供应链对卫生保障条件、存储条件、运输时间、运输条件、保质期等都有极高的要求，即从奶牛养殖到消费的每一个环节，需要严格控制以保障产品质量。作为一种涉及一二三产业的复杂供应链网络，乳制品供应链链条长、环节多、参与主体复杂，存在众多影响质量安全的风险因素。因此，质量控制不仅是乳制品供应链管理中的重点，也是难点（郭文博，2013；赵艳波，2008；郭淼媛，2013）。

三、乳制品供应链运作模式

我国学者根据供应链主体所具备的市场力量的不同，将食品供应链分为以加工企业为核心的食品供应链、以物流中心为主导的食品供应链、以大型超市为主导的食品供应链（白宝光，2016）；我国的乳制品供应链最主要的运作模式是以乳制品加工企业为核心的模式（白宝光，2016；王爽，2008）。近年来，随着上游奶牛养殖企业规模的扩大，以养殖企业为核心的乳制品供应链动作模式也得到一定的发展。下面分别对两种模式进行介绍。

1. 以加工企业为核心的运作模式

从整体来看，乳制品供应链上游奶牛养殖户（场）生产规模较小、数量众多、分散经营、组织化程度较低，在供应链中处于弱势地位；而乳制品加工企业具备较强的市场力量，可以依靠自身的资金和技术条件组建配送体系，建立以乳制品加工企业为核心的供应链系统，如图 2 - 1 所示。在以加工企业为核心的乳制品供应链中，加工企业与农户可以通过契约来规定双方的权利和义务。

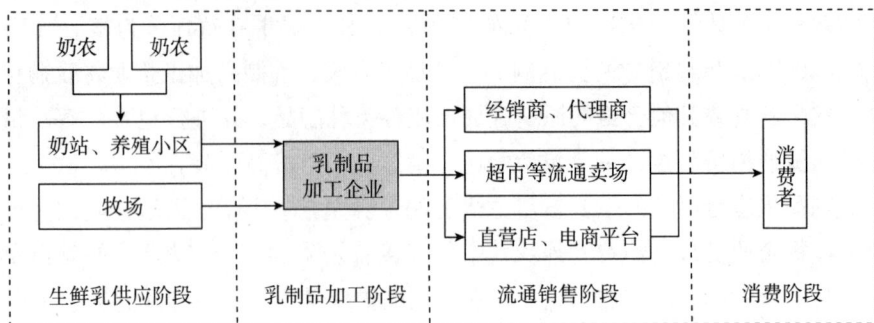

图 2 - 1　以加工企业为核心的乳制品供应链运作模式

乳制品加工企业从规模化养殖场、奶站或养殖小区获取生鲜乳，将生鲜乳生产加工为乳制品后，通过经销商或采用直销等方式，将乳制品传递到消费者处。下面主要对生鲜乳供应阶段以及流通销售阶段进行介绍。

（1）生鲜乳供应阶段。我国乳制品企业获取奶源的途径多样，根据我国不同的奶牛养殖模式以及生鲜乳交易模式，可以将我国生鲜乳供应模式分为"企业＋奶站＋奶农"模式、"企业＋养殖小区＋奶农"模式、"企业＋规模化牧场"模式（孔祥智等，2009；樊斌和李翠霞，2012；李栋，2013b）。

1）"企业＋奶站＋奶农"模式。

这里所指的"企业＋奶站＋奶农"的生鲜乳供应模式表示以家庭为基本生产单位，养殖规模在100头以下，养殖户自主经营，从饲料生产购买、奶牛饲养管理、挤奶以及疾病防治等独自完成（可能存在到奶站挤奶的情况），由生鲜乳收购站（奶站）收集、储运，将生鲜乳送往企业的模式（樊斌和李翠霞，2012）。根据投资主体的不同，奶站可以分为乳制品加工企业奶站、奶畜养殖场或养殖企业奶站、奶农专业生产合作社奶站。

"企业＋奶站＋奶农"的生鲜乳供应模式包括养殖规模20头以下的种养结合型奶户分散养殖（家庭散养）以及养殖规模20~100头的专业奶户养殖（包括养殖大户）。种养结合型奶户分散养殖情况（家庭散养）处于原始养殖阶段，养殖户受教育程度低、养殖经验匮乏，且参加良种技术、养殖技术、疾病防治技术等培训的比例较低；这种养殖模式饲料结构单一，饲养技术、疫病防治、科学喂养等方面较为落后；此外，一些地区（西藏、青海等地区）仍然存在非机械化挤奶的情况，且制冷条件比较差，可能引起生鲜乳二次甚至三次污染。因此，该养殖模式下的生鲜乳不仅单产低质量差，其微生物指标也严重超标。与前者相比，在专业奶户养殖（家庭牧场）的情况下，养殖户受教育程度较高，养殖管理经验丰富，参加培训的比例较高；这种养殖模式在饲养技术、疫病防治、科学喂养等方面有所改善；部分具备一定资金和条件的专业奶户会对相关设备进行投资，其机械化水平有所提高。因此，在该养殖模式下的生鲜乳单产和质量水平都有所提高。

在这种生鲜乳供应模式下，生鲜乳收购站的主要工作为聚集分散的奶农、统一挤奶或统一收集奶，保鲜储藏，并将其及时运往生产加工企业，并不包括其他的社会化服务。

2）"企业 + 养殖小区 + 奶农"模式。

内蒙古自治区《标准化奶牛养殖小区规范》将奶牛养殖小区明确定义为：采取各种投资形式建立而成的，统一规划、统一建设、分户饲养，将分散的养殖户适度地集中起来统一管理的规模化奶牛生产小区。养殖小区的饲养规模一般为200~300头奶牛，可达500~1000头，且每户饲养奶牛不少于30头（樊斌和李翠霞，2012；李栋，2013b）。养殖小区的特点可概括为"四统一分"：统一规模，对小区的布局、选址、规模和设施建设统一规划；统一挤奶，统一在小区内建设挤奶厅，实行集中机械化挤奶；统一售奶，统一与加工企业签订购销合同，建立稳固的购销关系；统一服务，对小区奶牛品种改良、疫病防治、饲料配置和饲养管理提供统一服务；分户单独饲养，所有权分属各户，充分调动养殖户的积极性和责任心（孔祥智，2009）。根据投资主体的不同，养殖小区可分为乳制品加工企业投资建设的养殖小区、奶农专业生产合作社养殖小区、政府扶持建设养殖小区、村集体投资建设养殖小区、养殖大户投资建设养殖小区。

"企业 + 养殖小区 + 奶农"的生鲜乳供应模式表示以养殖小区为基本生产单位，养殖规模在200头以上，养殖户接受统一管理、统一服务、统一挤奶，但分户独立饲养，由养殖小区收集、储运，将生鲜乳送往企业的模式。和"企业 + 奶站 + 奶农"模式相比，在"公司 + 养殖小区 + 奶农"模式下，养殖小区的集中养殖方式提高了奶牛养殖集约化、机械化和专业化水平，解决了养殖户单家力量不足的问题，且为养殖户提供了奶牛品质改良、饲料营养搭配、疫病防治、机械化挤奶、原奶销售以及技术培训等各项服务，不仅提高了生鲜乳质量以及产量，同时降低了风险，并促进养殖向标准化、科学化方向发展。

3）"企业 + 规模化牧场"模式。

牧场是经当地农业、工商等行政主管部门批准，具有法人资格且养殖规模在100头以上的规模化奶牛养殖场（樊斌和李翠霞，2012）。我国的规模化牧场主要有两种形式,一种是乳制品企业自己投资建设的奶源基地,将生鲜乳生产、流通和加工全部纳入内部控制范围;另一种是私人牧场主投资兴建的养殖场,即奶牛养殖专业户随规模扩大而逐渐发展起来的。其中大型乳企投资建设的奶源基地对生鲜乳的控制程度最高,奶源最有保障,但由于其养殖规模多在5000头甚至上万头以上,其投资成本以及管理成本都非常高。规模化牧场可能存在奶户入股、托管等产权形式,但总体来看,规模化牧场产权责任清晰,聘请专业人员对牧场全面统一管理;奶牛品种结构优良,设备先进,牛舍挤乳厅标准化程度高;推广使用无线电感应、粪便无害化处理等先进技术,最大限度发挥奶牛生产性能,提高牧场生产效率和生鲜乳质量水平。

"企业 + 规模化牧场"的生鲜乳供应模式以规模化为基本生产单位,养殖规模在100头以上,牧场全面统一管理,独立挤奶、收集、储运,将生鲜乳送往企业的模式。和"企业 + 养殖小区 + 奶农"模式相比,在"企业 + 规模化牧场"模式下,规模化牧场在奶牛繁育、饲养管理等方面可以做到真正的统筹安排与统一管理,且机械化水平更高,新技术的引用更加普遍,管理模式更加流程化、标准化、科学化,其生产效率和生鲜乳质量水平都得到显著提高。

(2)流通销售阶段。乳制品离开乳企会进入流通销售环节。目前我国乳制品供应链的销售渠道主要包括间接渠道和直接渠道(王爽,2008;沈笛,2012;游永海,2014):间接渠道包括经销代理以及流通卖场;直接渠道包括电商网络平台在内的直营模式。在传统销售模式下,一方面,乳制品加工企业将乳制品运往经销商,再由经销商运往零售商等分销网点;另一方面,乳制品企业会与大型超市、大卖场等建立合作关系,直接将乳制品送往超市、便利店,增加企业对市场需求的反应速度。在直营模式下,乳制品加工企业通过自营专卖店、送奶到户等形式与消费者直接建立联系;随着电子商务的迅速发展,通过电商网络平台进行直销也逐渐成为乳制品企业的新型销售方式,乳制品企业通过网络平台直接面对消费者,减少了中间的销售环节。

2. 以奶牛养殖企业为核心的运作模式

近年来,随着规模化养殖模式的发展,上游少数具备较强市场力量的大型奶牛养殖企业依靠政策支持以及自身的资金和技术条件积极扩展下游业务,建立以养殖企业为核心的供应链系统,生产并加工自主品牌的乳制品,并通过直接渠道与间接渠道销售自主加工生产的产品,提高上游企业对于乳制品供应链下游的控制力度以及利润分享水平,如图2-2所示。

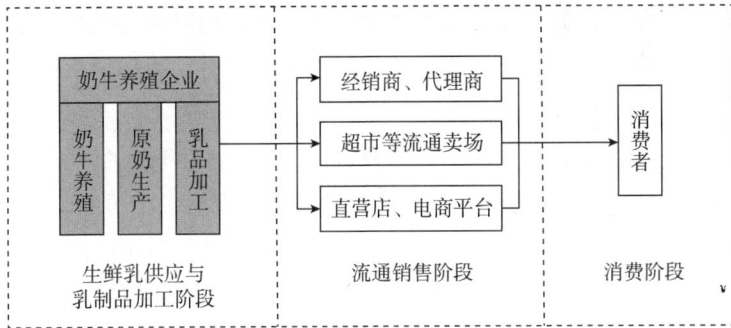

图 2－2 以奶牛养殖企业为核心的乳制品供应链运作模式

由于我国规模化养殖水平较低，上游奶牛养殖户（场）数量众多且经营分散，目前以奶牛养殖企业为核心的运作模式并不是主流。现代牧业、圣牧高科等奶牛养殖企业，是这种运作模式的代表。在上游奶牛养殖户（场）数量众多且经营分散的条件下，以加工企业为核心的乳制品供应链通过乳制品加工企业的协调控制，不仅可以使物流链更加畅通、便捷地运行，且可以通过签订合同或契约的形式将养殖户（场）和企业连接起来，增加供应链的稳定性。从整体来看，当前我国乳制品供应链的主要运作模式是以乳制品加工企业为核心的运作模式，例如，伊利、蒙牛、光明、三元等乳制品加工企业，都是这种运作模式的代表。因此，本书主要针对以乳制品加工企业为核心的供应链运作模式进行研究。

第三节 基于供应链环节的乳制品质量安全问题的表层原因

一、基于供应链视角的乳制品质量安全的影响因素

乳制品质量安全问题主要有微生物污染或超标，农兽药残留，硝酸盐及重金属等环境污染物混入，天然毒素残留，食品添加剂违规添加，非法添加物的使用，体细胞超标，营养成分不达标以及包装标识欺诈等。这些导致乳制品质量波动的表征因素存在于原料乳供应、乳制品加工、贮藏、流通运输、销售等乳制品

供应链的各个环节。因此，供应链各个环节的主要活动以及每一个活动都可能对乳制品的质量安全产生影响，即最终产品的质量水平由乳制品供应链各个环节共同决定。

有鉴于此，众多学者从供应链视角分析导致乳制品出现质量安全问题的原因（樊斌和李翠霞，2012；白世贞和刘忠刚，2013；白宝光，2016）。下面从生鲜乳供应、乳制品加工、乳制品流通销售以及消费四个阶段分析影响乳制品质量安全的因素（见表2-1）。

表2-1　基于供应链视角的乳制品质量安全的影响因素

阶段环节	过程	影响因素	可能发生的质量安全问题
生鲜乳供应阶段	养殖	养殖规模，奶牛品种 饲料配比，饲料质量安全 防疫措施，兽药使用 养殖环境卫生条件 使用违禁药物或不遵守休药期等不道德行为	微生物的污染或超标；农兽药残留；重金属、硝酸盐等环境污染物混入；天然毒素残留；体细胞超标以及人为掺假导致的营养成分不达标
	生鲜乳生产	挤乳消毒等操作规范性 卫生条件，存储条件 人为掺杂掺假等不道德行为	
	生鲜乳检验	检验设备 检验指标 检验操作过程规范性	
乳制品加工阶段	加工过程	加工工艺合规性，加工、杀菌、包装等设备运行状况 相关设备管道卫生状况，生产环境无菌 工作人员相关操作规范性 掺假掺杂、违规添加、使用不合格材料进行包装、标签标识欺诈等不道德行为	微生物的污染或超标；超量使用食品添加剂；非法添加物的使用；人为掺假掺杂以及偷工减料导致的营养成分不达标；包装标识不符合规定等

阶段环节	过程	影响因素	可能发生的质量安全问题
流通销售阶段	运输过程	冷链设备的使用 温度、时间、湿度以及光线等条件的合规性	微生物的污染或超标
	贮藏过程	冷链设备的使用 温度、时间、湿度以及光线等条件的合规性	
消费阶段	购买前	消费者安全意识	食用行为
	购买后	贮藏条件	微生物的污染或超标

1. 生鲜乳供应阶段对乳制品质量安全的影响

该阶段的养殖过程、生鲜乳生产过程以及检验过程中的操作是否符合规范、设备是否运行良好、管理是否科学合理、卫生条件是否符合要求、是否存在不道德行为等因素都会影响生鲜乳的质量水平（见表2-1）。这个阶段最可能发生的乳制品质量安全问题有：微生物的污染或超标、农兽药残留、重金属硝酸盐等环境污染物混入、天然毒素残留、体细胞超标以及人为掺杂掺假导致的营养成分不达标等。

2. 乳制品加工阶段对乳制品质量安全的影响

加工过程中的操作是否符合规范、设备是否运行良好、卫生条件是否符合无菌或其他规定标准、是否存在掺假掺杂、违规添加等不道德行为都会影响乳制品的质量水平（见表2-1）。这个阶段最可能发生的乳制品质量安全问题有：微生物的污染或超标，超量使用食品添加剂，非法添加物的使用，人为掺假掺杂以及偷工减料导致的营养成分不达标，包装标识不符合规定等。

3. 乳制品流通销售阶段对乳制品质量安全的影响

在该阶段中，运输以及贮藏的温度、时间、湿度以及光线等条件是否合规也会影响乳制品的质量水平，其中运输过程以及零售商销售贮藏过程中是否使用冷链设备，对流通销售阶段的乳制品质量安全的影响作用最显著。这个阶段最可能发生的乳制品质量安全问题是微生物的污染或超标。

4. 消费阶段对乳制品质量安全的影响

在该阶段中，消费者安全意识、购买后的贮藏条件、食用行为等也会影响乳制品的质量安全，即消费者购买后是否按要求冷藏、产品超过保质期后是否继续食用等。这个阶段最可能发生的乳制品质量安全问题是微生物的污染或超标。

二、乳制品质检不合格项目与乳制品质量安全问题的表层原因

综合表2-1内容可知，除环境污染等无法控制的因素之外，影响乳制品质量安全的主要原因还有乳制品供应链各个环节质量控制水平的高低，具体包括生鲜乳供应阶段的养殖环节、生鲜乳生产环节、检验环节的质量控制水平；乳制品生产加工阶段的加工以及包装环节的质量控制水平；流通销售阶段的运输以及贮藏环节的质量控制水平；消费阶段的贮藏、食用环节的质量控制水平。

众多的理论研究以及实证研究结果表明，生鲜乳供应阶段以及乳制品生产加工阶段不仅是影响乳制品质量安全的关键环节（王晓凤和张文胜，2012；高晓鸥，2010；郭淼媛，2013），也是影响消费者信心的主要因素（姜冰和李翠霞，2016）。作为乳制品的加工原料，生鲜乳的质量好坏是影响乳制品质量水平的关键，因此，生鲜乳的质量控制是保证乳制品质量安全最重要的基础环节。乳制品企业是供应链的核心，其质量控制行为是保证最终产品质量安全的关键。生鲜乳必须通过企业一系列复杂的加工流程才能进入市场，因而生鲜乳供应环节存在的质量安全隐患可以通过乳制品加工企业在生鲜乳收购初期严格的管控行为以及加工过程中的管控行为而规避（姜冰和李翠霞，2016；白宝光，2016），故乳制品生产加工过程的质量控制水平也是影响乳制品质量安全的主要原因。此外，考虑到我国供需最多的乳制品为各类液体乳以及乳粉，因此，流通销售阶段以及消费阶段发生质量安全问题的概率远远小于生鲜乳供应阶段以及乳制品加工阶段发生的概率。

1. 描述性统计分析

为更加契合我国的实际情况，本书以2014～2018年国家食品药品监督管理总局（2018年3月国家食品药品监督管理总局整合进国家市场监督管理总局）、国家市场监督管理总局、地方食药监局组织的涉及液体乳与乳粉的常规抽查的检验结果为依据，分析影响我国乳制品质量安全的主要原因，结果如表2-2所示。

表 2 - 2 2014～2018 年乳制品抽检不合格项目汇总 单位：个，次

年份	类别	液体乳		乳粉		其他	
		不合格项目	出现次数	不合格项目	出现次数	不合格项目	出现次数
2014～2018	卫生安全指标	5	64	5	33	2	11
	品质指标	5	53	19	41	1	1
	食品添加剂	0	0	0	0	1	2
	标签	3	5	3	56	0	0
	共计	13	122	27	130	4	14

资料来源：中国质量新闻网、国家食品药品监督管理总局、国家市场监督管理总局网站整理。

首先，根据表 2 - 2 所统计的 2014～2018 年全国各地的食药监局以及国家食药监总局进行的 66 次乳制品抽检中，122 批次的液体乳不合格，共计 13 个不合格项目，出现总频数 122 次，其中卫生安全指标不合格项目主要为大肠菌群、菌落总数、酵母、霉菌、金黄色葡萄球菌超出国家标准，出现次数为 64 次，占总频数的比例为 52.46%；品质指标不合格项目主要为非脂乳固体、乳酸菌数、蛋白质、脂肪含量没有达到国家标准，以及酸度值低于国家标准，出现次数为 53 次，占总频数的比例为 43.44%。

其次，共计有 130 批次乳粉不合格，其中不合格婴幼儿乳粉 116 批次，不合格项目共计 27 个，出现总频数 130 次，其中卫生安全指标不合格项目主要为阪崎肠杆菌、菌落总数、黄曲霉毒素、硝酸盐、重金属铬含量超过国家标准，出现次数为 33 次，占总频数的比例为 25.38%；品质指标不合格项目主要为脂肪（反式脂肪酸与总脂肪酸比值、亚油酸与 α - 亚麻酸比值）、维生素（泛酸、叶酸、烟氨酸、维生素 B_6、维生素 B_1、维生素 K_1、维生素 D、维生素 A、维生素 C）、矿物质（硒、碘、铁、钙、氯、锰）、可选择添加营养素（二十二碳六烯酸与二十碳四烯酸比值）含量低于国家标准，出现次数为 41 次，占总频数的比例为 31.54%；标签指标不合格项目主要为各营养素含量符合国家标准，但低于包装标签含量，标签指标不合格出现次数为 56 次，占总频数的比例为 43.08%。

最后，共有 14 批次其他乳制品被检出不合格，其中不合格干酪制品 10 批次，不合格奶油产品 3 批次，不合格炼乳 1 批次，总计不合格项目 4 个，出现总频数 14 次。卫生安全指标不合格项目主要为菌落总数、酵母含量超过国家标准，出现次数为 11 次，占总频数的比例为 78.57%；品质指标不合格项目主要为水分

含量超标,出现次数为 1 次;食品添加剂不合格项目主要为安赛蜜添加量超标,出现次数为 2,占总频数的比例为 14.29%。

2. 基于乳制品不合格项目指标的归因分析

(1) 液体乳质量安全问题及其成因。液体乳的质量安全问题主要表现在卫生安全指标和品质指标上。大肠菌群、菌落总数、酵母、霉菌等卫生安全指标超标,主要反映出液体乳在生产加工阶段的质量控制存在漏洞,例如,企业在生产加工过程中生产工艺条件控制不严、卫生条件控制不严,或包装容器清洗消毒不到位等。而金黄色葡萄球菌①超标,主要反映生鲜乳质量控制方面存在漏洞,例如,养殖环境的卫生条件控制不严、防疫不及时不到位、生鲜乳检验水平较低等。酸度、蛋白质、脂肪、非脂乳固体、乳酸菌数等品质指标不达标,反映养殖户在生产生鲜乳或企业在加工液体乳的过程中存在偷工减料、掺假掺杂等隐蔽的违规行为,例如,过量使用乳清粉、淀粉、麦芽糊精、棕榈油以降低成本。

(2) 乳粉质量安全问题及其成因。乳粉的质量安全隐患主要表现在卫生安全指标、品质指标以及标签的使用上。阪崎肠杆菌②、菌落总数指标超标,主要反映出乳粉生产加工阶段的质量控制存在漏洞,即生产加工过程环境及设施设备的卫生条件控制不严。黄曲霉毒素③、硝酸盐、重金属铬等指标超标,主要反映生鲜乳质量控制方面存在漏洞,例如,饲料管理不严格,导致奶牛摄入被黄曲霉毒素污染的饲料;养殖环境监控不到位,致使硝酸盐以及重金属等污染物通过水源、环境、饲料途径滞留在牛体中。脂肪、维生素、矿物质等营养素含量不达标,主要反映企业在加工乳粉的过程中存在偷工减料、掺假掺杂等不道德行为,例如企业为降低成本而过量使用劣质的氢化不完全的植物油,降低维生素、矿物质等营养素的添加量。此外,乳粉中的婴幼儿配方乳粉标签标识不规范使用现象十分突出,尽管标签标识不规范使用不存在食品安全风险,但会造成婴幼儿配方乳粉市场的混乱,也给消费者选购婴幼儿配方乳粉造成困难,侵犯消费者的合法权益。

---

① 金黄色葡萄球菌是主要的对牛致病的病菌之一,奶牛感染金黄色葡萄球菌后容易患化脓性乳腺炎或禽畜局部化脓。

② 阪崎肠杆菌是存在于环境中的一种致病菌,可能对 0~6 月龄婴儿,尤其是早产儿、出生低体重儿及免疫力缺陷婴儿存在健康风险。

③ 黄曲霉毒素是一种真菌毒素,其来源一般是由于奶牛摄入被黄曲霉毒素污染的饲料,经体内代谢所产生的。

　　综上所述，目前我国乳制品的质量安全问题的主要原因为生鲜乳供应阶段以及乳制品生产加工阶段存在的各类不规范操作以及不道德行为，因而生鲜乳供应阶段的质量控制水平以及乳制品加工环节的质量控制水平是影响最终产品质量安全的表层原因，其中生鲜乳供应阶段主要包括养殖环节、生产环节、检验环节。

第四节　基于供应链主体关系的乳制品质量安全问题的深层原因

　　通过上面的分析可知，影响乳制品质量安全的主要原因是生鲜乳供应阶段以及乳制品生产加工阶段的质量控制水平，即养殖户和乳制品企业的质量控制行为。需要特别说明的是，尽管消费者的行为不会直接影响乳制品的质量安全，但消费者购买优质安全乳制品的意愿以及行为直接影响优质安全乳制品的市场需求，同时也是激励企业提高质量控制水平，供给优质安全乳制品的基础条件。因此，消费者的购买交易行为也是影响乳制品质量安全的一个原因。那么影响这些主体质量控制行为的原因是什么？不规范的行为操作，甚至不道德的投机行为出现的原因是什么？消费者不愿购买优质安全产品的原因是什么？制约我国乳制品质量水平提高的根本原因是什么？

　　从供应链整体视角来看，一个合格的乳制品需要奶牛养殖、生鲜乳生产、生鲜乳检验、产品加工以及消费等各环节的主体之间（利益）协调一致。只有当各主体利益协调一致时，他们才会为了提高供应链整体绩效而共同提高质量控制水平，保证最终产品的质量安全；如果各环节主体之间目标或行为不能协调一致，则会存在各种潜在的冲突，从而影响各主体的质量控制行为，导致乳制品供应链运行不畅，提高乳制品质量安全的供应链整体目标无法实现。由此可见，乳制品供应链各主体行为关系不协调可能会制约质量安全水平的提高。因此，本书将从养殖环节、生鲜乳生产环节、检验环节、乳制品加工环节以及消费环节入手，分析不同环节各主体之间的行为关系，进一步总结制约我国乳制品质量安全水平提高的深层原因。

一、养殖—投资环节主体行为关系

作为乳制品生产加工的原料，生鲜乳的质量水平是影响乳制品质量水平的关键，而奶牛养殖模式是影响生鲜乳质量水平的关键环节，其中规模化、集约化的养殖模式是提高生鲜乳质量水平的必要条件。在国家相关政策的支持下，全国各地加快了规模化养殖的步伐，奶牛规模养殖比重不断提高。根据《中国奶业统计年鉴（2016）》数据显示，2015 年，全国存栏 100 头以上的奶牛规模养殖比例达到 48.3%，比 2002 年提高了 36.4 个百分点。

尽管我国奶牛养殖规模不断提高，但我国奶牛养殖平均规模较低，且养殖规模 20 头以下的养殖户（散户与小规模养殖户）数量较多，总体上仍呈现"规模小，饲养分散"的特点（李翠霞和葛娅男，2012）。根据表 2 - 3 和表 2 - 4 的数据可知：2015 年，我国奶牛养殖平均规模为 10 头，与之相比，荷兰的养殖平均规模为 94 头，美国为 214 头，新西兰为 419 头；2015 年，在我国 155.46 万个养殖场（户）中，养殖规模 20 头以下的养殖场（户）共 148.77 万户，占 95.7%。由此可见，我国奶牛养殖的规模化水平和发达国家相比仍有明显差距，且小规模奶牛养殖以及散养模式仍广泛分布于全国各地。这种现状不仅制约了奶牛养殖规模化进程，而且制约了我国乳制品整体质量水平的提高。

表 2 - 3 2015 年不同国家奶牛养殖规模情况

国家	奶牛存栏（头）	场数（万户）	养殖平均规模（头）
中国	1507.23	155.46	10
荷兰	162.2	1.62	94
美国	931.7	4.35	214
新西兰	501.8	1.2	419

资料来源：《中国奶业统计年鉴（2017）》。

表 2 - 4 2015 年中国奶牛规模养殖情况

养殖规模（头）	场数（万户）	场户数占比（%）	奶牛存栏占比（%）
1 ~ 4	120.39	77.44	20.3
5 ~ 19	28.38	18.26	17.16

续表

养殖规模（头）	场数（万户）	场户数占比（%）	奶牛存栏占比（%）
20~99	5.33	3.43	14.21
100~199	6167	0.40	6.06
200~499	3775	0.24	8.31
500~999	2171	0.14	10.33
≥1000	1478	0.10	23.62
总数	155.46	100	100

资料来源：《中国奶业统计年鉴（2016）》。

造成这种现象的主要原因是我国奶牛养殖行业规模养殖系统性成本高，即扩大养殖规模会显著增加成本，甚至出现收益降低的情况（尹春洋，2013；李栋，2013b）。在当前生鲜乳收购价格持续低迷、饲料价格升高的背景下，绝大部分缺乏资金实力的养殖户仍趋向于选择投资少、养殖成本低的小规模或散养模式，从而制约着我国奶牛养殖模式的转型升级，从根本上影响我国乳制品质量水平的提高。奶业发达的国家，如新西兰、荷兰，其土地成本以及养殖成本低廉，苜蓿等高蛋白饲料充足，管理经验丰富，且奶农和乳企有合理的利益联结机制，推行大型规模化牧场可以降低奶牛养殖成本，从而提高牧场效益。换言之，当自然资源丰富、配套设施完善时，随着养殖规模扩大，在生鲜乳产量以及质量水平都显著提高的同时，其成本不断降低，收益不断增加。而我国土地使用成本较高，优质的养殖饲料依赖进口，缺乏规模化牧场管理经验以及管理人才，且大型牧场环保以及防疫费用较高，奶农和乳企之间缺乏合理的利益联结机制，经营主体独自承担养殖及市场风险，这一系列因素致使我国规模化养殖系统性成本过高，收益较低[①]。

在我国奶业规模养殖成本收益率较低的情况下，乳企无法承担规模化养殖的投入，即使投资建成后，也难以消化高昂的成本。于是，很多大型乳制品企业为降低成本，纷纷到国外并购建厂。中投顾问食品行业研究员梁铭宣指出，若乳企一味盲目发展上游，没有将资金用于更擅长的乳制品加工领域和市场拓展方面，反而会违背了专业化生产原则，造成资金浪费。因此，包括大型乳制品企业在内

---

① 宋亮. 中国奶牛养殖业有三大误解［EB/OL］. http：//finance. sina. com. cn/zl/china/20150703/073622581431. shtml，2015 - 07 - 03.

的众多企业仍会选择和固定的奶站、养殖小区以及规模化养殖场建立合作关系，通过这些途径获取原料奶，不愿过多投资建设规模化牧场、养殖小区以及奶站。以内蒙古自治区为例，截至 2015 年 12 月，全区共有生鲜乳收购站 1492 个，其中乳制品加工企业开办 298 个，仅占 20%①。由此可见，尽管企业希望提高规模化养殖比例，但出于自身利益最大化的原则，不愿在奶源的质量控制环节上投入太多资金，从而导致上游养殖场（户）独自承受规模化养殖的风险和成本，严重影响养殖场（户）的收益。据定点监测数据显示，2016 年 3 月，我国奶牛养殖亏损面已达 51%，比 2015 年提高了 5.8%，且这种形势仍在蔓延。在收益持续受损的情况下，养殖户不仅失去了提高生鲜乳质量水平的动力，而且可能还会滋生掺假掺杂等违规行为，进而影响乳制品质量安全水平。

综上所述，在养殖环节系统性成本过高的情况下，一方面，养殖户基于利益最大化原则不愿转变养殖模式，制约规模化养殖比例的提高，从根本上影响我国乳制品整体质量安全水平；另一方面，企业基于利益最大化原则不愿在养殖环节进行投资，导致上游养殖户因独自承担规模化养殖成本而发生亏损，进而失去提高生鲜乳质量水平的动力，退出养殖业或滋生不道德的行为，影响乳制品质量安全水平的提高。由此可见，在养殖与投资环节，由于规模养殖成本收益率低而引起的养殖户和企业之间行为关系协调不一致，不仅制约着规模化养殖模式的发展，而且也从根本上影响了乳制品质量安全水平的提高（见图 2 - 3）。

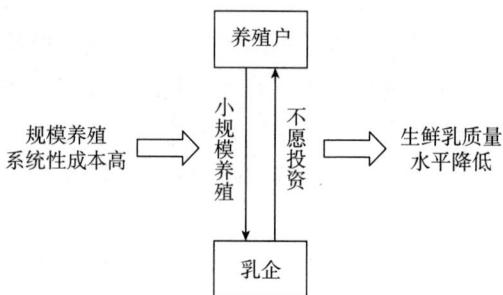

图 2 - 3   乳制品供应链养殖—投资环节主体行为关系对乳制品质量水平的影响作用

基于以上分析可知，需要设计合理的激励约束机制，或通过行政干预手段来协调两者的行为关系，从而推动我国乳制品行业养殖模式的转变，从根本上实现

①《中国奶业年鉴（2016）》。

乳制品整体质量安全水平的提高。

二、生鲜乳生产—检验环节主体行为关系

除了养殖模式以外，在生鲜乳生产过程中，上游养殖户的质量控制行为以及生鲜乳检验过程中企业的质量检验行为都是影响生鲜乳质量水平的重要因素。生鲜乳生产以及生鲜乳检验都属于乳制品供应链上游的生鲜乳供应阶段，其中，在生鲜乳生产过程中，养殖户应保证操作规范、卫生消毒条件符合要求、不存在掺杂掺假等投机行为；在生鲜乳检验过程中，企业应保证检验操作规范、检验指标全面合理、检验结果公正有效、不存在故意降低检验标准或抬高检验标准等投机行为。但根据表2-2的统计结果可知，目前我国乳制品在卫生安全以及产品品质方面仍存在质量安全隐患，部分卫生安全检验不合格项目以及品质检验不合格项目暴露了生鲜乳供应阶段仍存在各类不规范操作以及"偷工减料"等投机行为。这些行为产生的根本原因在于我国乳制品供应链生鲜乳生产环节与检验环节之间的信息不对称。

尽管我国乳制品供应链养殖环节规模化比重不断提高，但全国各地，除内蒙古自治区、河北省、上海市以外，都有小规模养殖以及散养模式的存在，且数量众多、分布广泛（樊斌和李翠霞，2012）。这种分布现状为生鲜乳检验环节的工作带来很大困难（钟真，2013）。在人、财、物等资源约束条件下，乳企不可能对每一户进行检测，为降低交易成本，养殖小区或奶站收集散户、小规模养殖户的生鲜乳，并对生鲜乳分户留样且进行初步的检测，企业对奶站交付的每一个批次的生鲜乳进行全面的检测。根据笔者前往内蒙古呼和浩特市和林格尔县盛乐镇某奶牛养殖小区、内蒙古呼和浩特某规模牧场、河北省滦南县某养殖小区实地调查的情况以及从蒙牛公司奶源管理负责人处了解到的情况来看，目前很多生鲜乳收购站以及养殖小区仅能做到分户检测抗生素以及乳房炎等情况，缺乏对于乳蛋白以及乳脂率等指标的检测；而包括品质指标在内的其他指标的检测由企业负责，但企业的检测结果是奶站或养殖小区层面的平均质量水平，不可能具体到每一个奶户。由此可知，尽管这种模式可以最大程度地保证生鲜乳安全的信息对称与可追溯，但企业与养殖户关于生鲜乳的品质信息依然存在不对称的现象（钟真，2013；白宝光，2016）。

这种信息不对称导致的结果是：一方面，部分趋利的养殖户为降低成本而掺假掺杂，降低生鲜乳的品质指标；另一方面，养殖户按照生鲜乳的平均质量获得

最终的价格，导致提供优质生鲜乳的养殖户无法获得与其高投入相适应的价格，产生懈怠情绪，逐步降低养殖投入，甚至退出交易，进而产生"低质生鲜乳驱逐优质生鲜乳"的逆向选择现象；此外，这种由企业说了算的"奶罐层次"的以质定价，无法激励养殖户提高生鲜乳质量控制水平。近年来，我国小规模养殖户和养殖小区的生鲜乳收购价维持在每公斤 3～3.2 元，而大中型养殖场的奶价维持在每公斤 3.8 元左右。这些数据也从侧面反映了我国奶站以及部分养殖小区提供的生鲜乳质量水平整体偏低。

针对养殖户存在降低质量控制水平甚至采取投机行为的现象，近年来，一些大型乳制品企业加大生鲜乳检验环节的投资，增加检验项目，提高检验设备的精确度，全面检测生鲜乳质量安全状况。据某大型乳制品企业管理人员介绍，近年来检验环节的费用快速上升，占总成本的比例已提升至 10% 左右；2015 年该企业在原奶收购环节的检测项目达到 147 项，全年检测费用投入达 2.85 亿元，累计在检测设备方面的配置投入 30 多亿元。

尽管乳制品企业和上游养殖户之间会签订购销合同，但这种非正式的契约关系非常不稳定。乳制品企业凭借在收购环节拥有的话语权，会随着市场供需状况的变化而调整生鲜乳收购量以及生鲜乳收购标准来保证自己的收益。在生鲜乳供不应求时，企业会降低收购标准、放宽检测要求来争夺奶源，从而导致部分不合格生鲜乳进入企业的生产加工车间；在生鲜乳供过于求时，乳制品企业会人为地限制生鲜乳收购量，提高收购标准，甚至在检验环节出现"过检"等隐匿行为，无故拒收养殖户的生鲜乳。此外，在实地调研访谈中，不少养殖户透露，企业会暗中抬高收购标准，拒收或降价收购生鲜乳，严重影响养殖户的收益。

综上所述，我国乳制品供应链生鲜乳生产—检验环节存在信息不对称现象，一方面，这种现象会导致趋利的养殖户在缺乏有效激励或约束的情况下，降低质量控制水平，甚至出现隐蔽的投机行为，从而影响生鲜乳质量水平的提高；另一方面，企业在生鲜乳供过于求的情况下，基于利益最大化原则会产生过度检验等隐蔽行为，降低养殖户的收益，影响养殖户提高生鲜乳质量水平的积极性，从而影响生鲜乳质量水平的提高。由此可见，在生鲜乳生产与检验环节，由于信息不对称而引起的养殖户和企业之间行为关系协调不一致，也会使乳制品质量安全存在隐患（见图 2－4）。

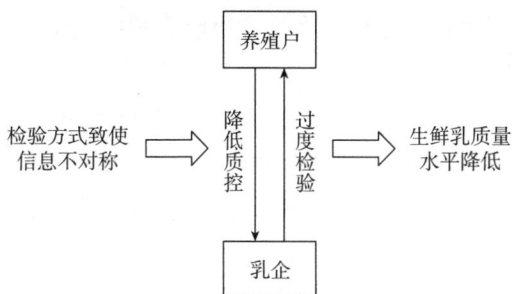

图 2 - 4 乳制品供应链生鲜乳生产—检验环节主体
行为关系对乳制品质量水平的影响作用

基于以上分析可知，需要进行合理的契约设计，协调两者的行为关系，从而在生鲜乳生产—检验环节上保证乳制品的质量安全。

三、乳制品加工—销售环节主体行为关系

在乳制品加工过程中，企业的质量控制行为是影响最终产品质量安全状况的重要因素。尽管消费者的行为不会直接影响乳制品的质量安全，但消费者购买优质安全乳制品的意愿以及行为直接影响企业提高质量控制水平的市场激励强度，进而在一定程度上会影响到乳制品质量安全状况。在乳制品加工过程中，企业应保证操作规范、加工工艺符合要求、设备运行良好、卫生消毒条件符合要求、不存在掺假掺杂等投机行为。但根据表 2 - 2 的统计结果可知，目前我国乳制品在卫生安全以及产品品质方面仍存在质量安全隐患，部分卫生安全检验不合格项目以及品质检验不合格项目暴露了乳制品生产加工阶段仍存在各类不规范操作以及"偷工减料"等投机行为。而我国消费者不仅对于具备认证标识的安全优质乳制品的认知以及信任程度不高（Yin 等，2016；戴晓武等，2017），且在"三聚氰胺"事件发生后，消费者信心严重受挫，致使乳制品消费外溢，进口乳制品大量涌入，国产乳制品消费增速放缓，企业产品大量积压、利益受损（王旭和方虹，2016；何忠伟等，2016）。乳制品加工环节和消费环节之间的信息不对称就是这些行为产生的根本原因。

乳制品具备的"信任品"属性导致乳制品加工以及消费环节存在严重的信息不对称现象，使交易过程中出现"道德风险"和"逆向选择"，致使市场陷入低质量的恶性循环。当影响恶劣的食品质量安全事件爆发后，消费者不仅会

拒绝购买，而且会产生信任危机，极其严重时会影响整个行业的发展。

首先，"三聚氰胺"事件涉及11省22家乳制品生产企业，其中包括不少国内的乳制品龙头企业，引发了消费者对乳品行业的信任危机（王威和杨敏杰，2009a；李翠霞和姜冰，2015）。由于消费者对乳制品真实的质量状况知之甚少，大部分消费者都会基于对企业品牌和监管机构的信任进行消费（Lassoued 和 Hobbs，2015），所以消费者和企业之间的交易关系是通过信任链维系的。当乳制品安全事件发生后，消费者和企业之间靠信任机制维系的隐性约束关系破裂，对国内知名品牌、免检认证、食品质量标签等信号传递或信号甄别制度也开始持怀疑态度（王永钦等，2014），进一步加剧了我国乳制品供应链加工与消费环节信息不对称的现象。

其次，这场信任危机以及由此产生的传染效应所造成的损失与负面影响难以估量，而信任的重建也是一个漫长的过程（雷宇，2016）。虽已时隔多年，但我国消费者对于国产乳制品消费信心还处于修复阶段，消费者对于国外品牌的追捧与信任较为普遍，代购、海淘国外乳制品的现象数见不鲜。2010年我国乳制品进口不到75万吨，随后逐年递增，2016年达195.56万吨，其中奶粉的进口量为60.42万吨，占国内奶粉产量的比重为43.36%，与2010年相比提高了近14个百分点（见表2-5）。其中液态奶进口来源地主要为德国、新西兰、法国；奶粉进口来源地主要为新西兰、澳大利亚和美国；婴幼儿奶粉进口主要来源地是荷兰、爱尔兰和新西兰。与之形成鲜明对比的是国产乳制品需求增速以及销量增速的变化。根据国家统计局数据，2015年全国液态奶销售总量2738.9万吨，比2014年增长了3.6%，但与"十一五"期间以及"十二五"期间11.1%以及5.1%的年平均增长率相比，增幅明显放缓。

表2-5 我国乳制品进口量及产量概况

年份	乳制品（万吨）			奶粉（万吨）			液态奶（万吨）		
	进口量	产量	进口占产量比（%）	进口量	产量	进口占产量比（%）	进口量	产量	进口占产量比（%）
2010	74.52	2159.6	3.45	41.4	140	29.57	1.71	1845.8	0.09
2016	195.56	2993.23	6.53	60.42	139.02	43.36	65.5	2737.17	2.39

资料来源：《中国奶业统计资料（2017）》。

　　由此可见，质量安全事件引发的信任危机致使乳制品消费外溢，需求从本土市场转向海外市场（柳思维和朱艳春，2013）。如果这种情况没有转变，即如果国内乳制品市场需求长期不振，我国乳制品企业终会因缺乏提高质量控制水平的市场激励强度而降低投入，甚至退出市场交易，最终危及整个产业的发展。

　　综上所述，乳制品信任品属性致使加工环节和消费环节存在信息不对称的现象，一方面，这种现象会导致趋利的企业，在乳制品生产加工过程中降低质量控制水平，甚至出现隐蔽的投机行为，从而影响乳制品质量水平的提高。另一方面，在缺乏有效信息传递机制的情况下，基于效用最大化目标的消费者可能会降低安全乳制品的支付意愿，影响企业提高生鲜乳质量水平的积极性，从而影响乳制品质量水平的提高。此外，食品质量安全事件的爆发会导致消费者和企业之间靠信任机制维系的隐性约束关系破裂，消费者对国内乳制品质量安全产生信任危机，致使乳制品消费外溢，国内乳制品市场需求不振，从而无法激励企业供给优质安全的乳制品。由此可见，在乳制品供应链产品加工与消费环节，由信息不对称引起的企业和消费者之间行为关系协调不一致，不仅影响乳制品质量安全水平的提高，同时也影响产业的发展前景（见图2-5）。

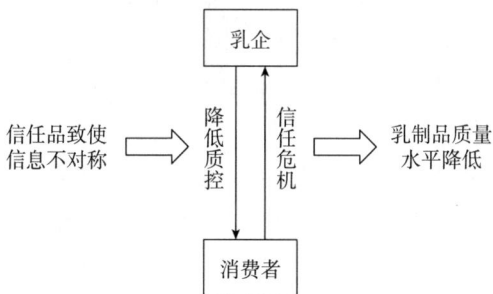

图2-5　乳制品供应链产品加工—消费环节主体
行为关系对乳制品质量水平的影响作用

　　基于以上分析可知，需要进行合理的契约设计，在传递信息的同时激励企业提高质量水平，协调两者的行为关系，从而在乳制品加工—消费环节上保证乳制品的质量安全。

四、整个供应链条主体行为关系

　　从整个乳制品供应链条来看，每个环节、每个主体的行为都会影响最终产品的质量水平，任何一个环节出问题都会使最终在市场上销售的乳制品出现质量隐患。在乳制品从原料生产到产品消费的全过程中，养殖户和企业要保证所有操作规范、卫生消毒条件符合要求、不存在隐匿的投机行为；消费者要愿意为优质安全的产品支付相应的价格，保证产品正常的市场需求量。但根据前文的理论分析部分以及表 2–2 的统计结果可知，目前乳制品供应链多个环节仍存在质量安全隐患。造成该现象的根本原因就是乳制品供应链各环节主体之间信息不对称。

我国乳制品供应链环节多、主体多，尤其是乳制品供应链上游养殖户、奶站以及养殖小区数量众多、分布广泛，在行政资源的约束下，政府监管的作用效果十分有限。因此，尽管我国乳制品行业在"三聚氰胺"事件之后从政策制定到执法力度都得到全面的加强，但涉及乳制品的质量安全事件仍屡禁不止。2015年底至 2016 年 4 月，上海市公安机关陆续破获假冒"雅培""贝因美"品牌的婴幼儿乳粉案件，但 1.7 万罐假冒乳粉已流入市场；同年 10 月，上海市食药监局执法检查时发现某食品公司使用已过期的乳制品，以明显低于市场价格销售过期奶粉共达 276 吨。

由此可知，在信息不对称以及监管机制不健全的情况下，"追求利益最大化"的"经济人"属性使各主体总会存在降低质量控制行为的不道德倾向，且缺乏合理有效的契约会进一步加重投机行为的发生。鉴于此，世界各国都采取不同的方式加强养殖户和乳制品企业之间的联结纽带，从根本上激励并约束其质量控制行为。

乳业发达国家诸如新西兰、荷兰、美国等，经长期发展，乳制品产业化程度较高，乳制品供应链原料生产、产品加工、产品销售等各阶段互为依存，各主体之间形成了非常紧密的利益联结关系。一方面，这些国家通过建立奶农和乳制品企业股份合作模式，完善奶业生产经营相关服务体系，实施市场化的生鲜乳以质定价体系，颁布价格补贴政策来保障上游奶农在产业链中的地位和收益，激励奶农提高生鲜乳质量安全水平。另一方面，通过对上游奶农实施严厉的惩罚约束奶农的投机行为，减少生鲜乳生产环节的质量安全隐患。例如，在意大利，对测出化学品以及抗生素残留的阳性奶，政府根据严重程度向奶农处以罚款（孙星和包魁，2009）。

而我国乳制品行业的饲料兽药供应商、养殖户、加工企业、市场等各主体分离，乳制品供应链上下游主体仅限于生鲜乳购销合同的契约联结方式。在这种原料生产、产品加工以及销售环节脱节的契约联结方式下，养殖户不仅无法分享加工以及销售环节的产品增值，也无法分担质量安全问题产生的风险损失。无法分担风险损失，就是缺乏有效的惩罚和约束，即在发生质量安全事件后，承担损失与风险的主要为乳制品企业，实施违规行为的养殖户无须向消费者支付任何赔偿，致使养殖户更容易产生投机行为；无法分享增值收益，就是缺乏有效的激励。目前，我国乳制品供应链绝大部分利润集中在零售环节，且奶牛养殖、乳品加工、乳品销售三个环节的利润分配比例大致为 1∶3.5∶5.5，而成本比例为 6∶3∶1（钱贵霞，2009；钱贵霞，2010；高晓鸥，2010）。这种倒金字塔的分配模式致使养殖户的利益无法得到保障，不仅直接影响养殖户的生产积极性，而且会增加养殖户掺假掺杂的投机倾向。

　　基于以上分析可知，乳制品供应链整个链条存在信息不对称现象，在缺乏合理的利益分享与风险共担契约的情况下，一方面，趋利的生产者在生鲜乳生产以及乳制品加工过程中降低质量控制水平，甚至出现隐蔽的投机行为，从而影响乳制品质量水平的提高；另一方面，在缺乏有效信息传递机制的情况下，基于效用最大化目标的消费者可能会降低安全乳制品的支付意愿，影响企业提高生鲜乳质量水平的积极性，从而影响乳制品质量水平的提高。由此可见，在乳制品供应链整个链条上，在信息不对称背景下因缺乏合理的契约联结机制以及信息传递机制而导致的供应链各主体之间行为关系协调不一致，不仅影响乳制品质量安全水平的提高，同时也影响产业的发展前景（见图 2 - 6）。

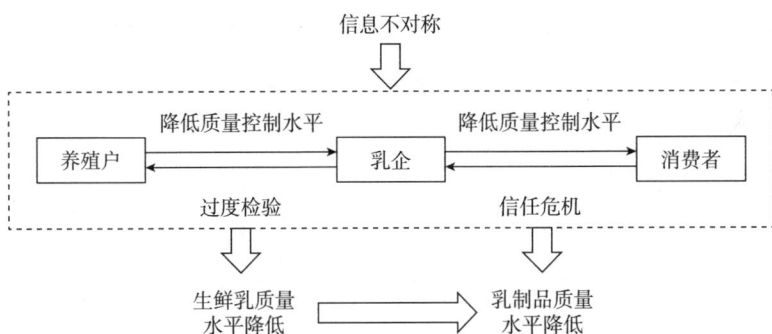

图 2 - 6　乳制品供应链主体行为关系对乳制品质量水平的影响作用

　　基于以上分析可知，需要设计合理的契约，在传递信息的同时激励并约束生产者的质量控制行为，实现乳制品供应链"风险共担，利益均沾"的目标，协调各主体的行为关系，从而在乳制品供应链整个链条上保证乳制品的质量安全。

第五节　乳制品供应链质量行为协调的决策框架

一、研究对象界定

在文献综述以及乳制品质量安全成因分析的基础上，本书将研究对象界定为：以乳制品核心企业为主导，涉及上游奶牛养殖户、中游乳制品核心企业以及下游消费者等主体，包括养殖、生鲜乳生产、检验、乳制品加工、消费等环节，生产液态奶产品的乳制品供应链。

首先，通过对乳制品质量安全问题的成因进行分析可知，乳制品质量安全问题产生的表层原因主要是生鲜乳供应阶段的质量控制水平以及乳制品加工环节的质量控制水平，其中生鲜乳供应阶段包括养殖、生鲜乳生产以及检验环节；深层原因是乳制品供应链各环节主体行为关系协调不一致；此外，消费者的购买行为通过影响优质安全乳制品的市场需求以及优质安全产品的激励强度来影响乳制品质量安全水平（见图2-7）。因此，本书研究对象涉及上游奶牛养殖户、中游乳制品核心企业以及下游消费者等主体，包括养殖、生鲜乳生产、检验、乳制品加工、消费等环节。

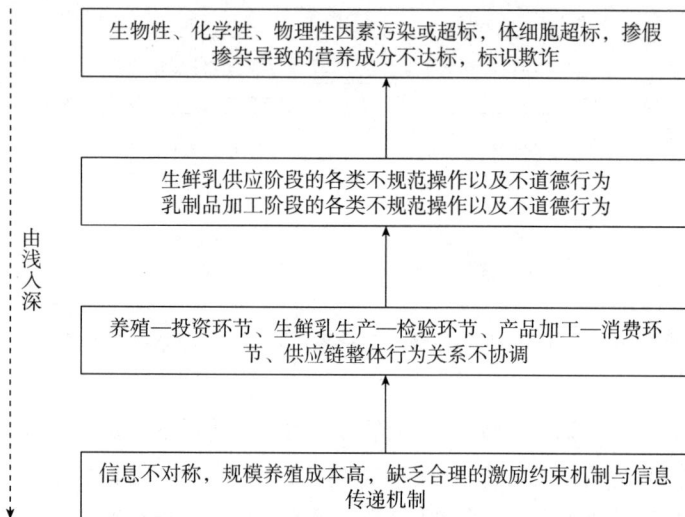

图2-7　供应链视角下乳制品质量安全问题因果关系

其次，无论从需求角度还是供应角度来讲，液态奶都是我国乳制品产业中非常重要的一类产品。根据 2016 年中国奶业统计报告显示，液态奶是我国主要的乳制品消费产品，占整体乳制品消费量的 86.6%；据国家统计局数据显示，2017年 3 月，我国乳制品产量为 246.9 万吨，其中液体乳产量为 223.2 万吨，占90.4%；根据伊利集团 2015 年年报数据显示，公司乳制品年产量 690.11 万吨，其中液态奶的产量为 639.67 万吨，液态奶收入占总收入的 81.72%，因此，本书主要讨论的供应链为生产液态奶的乳制品供应链。

二、乳制品供应链主体质量行为

在规模养殖系统性成本过高、信息不对称的背景下，因缺乏合理的激励约束机制以及信息传递机制，乳制品供应链各主体不仅存在各类不规范操作以及不道德行为，而且主体之间行为关系不协调。这种现状一方面影响乳制品质量安全水平的提高，另一方面制约产业的发展。

本书试图通过协调乳制品供应链各主体行为关系确保乳制品的质量安全水平得到保障。其中，各主体的质量行为指一切会对乳制品质量安全水平产生影响的行为，包括奶牛养殖户选择养殖规模的行为以及乳制品企业投资规模养殖的行为、奶牛养殖户以及乳制品企业为保障乳制品质量安全所实施的质量控制和质量检验行为、消费者购买优质乳制品的行为。

1. 奶牛养殖户选择养殖规模的行为以及乳制品企业投资规模养殖的行为

养殖户选择不同的养殖模式以及乳企相关的投资行为代表不同的养殖规模以及在养殖过程中不同程度的质量控制水平，涉及饲料配比、兽药使用、隐蔽违规行为，这些方面会从根本上影响乳制品的质量安全水平。

2. 奶牛养殖户以及乳制品企业的质量控制和质量检验行为

奶牛养殖户以及乳制品企业的质量控制和质量检验行为是影响乳制品质量安全的最重要的质量行为，指行为主体为保障生鲜乳以及乳制品的质量，根据一定标准所实施的一系列质量安全管理的行为活动的总称（孙世民和彭玉珊，2012），即养殖户和乳制品企业在生鲜乳供应阶段和生产加工阶段的质量投入水平。具体表现为奶牛养殖户在养殖、生产环节对生鲜乳的质量控制水平，涉及养殖投入、饲料配比、防疫管理、挤乳消毒操作、隐蔽违规行为等方面；乳制品企业在生鲜乳检验环节对生鲜乳的质量检验水平，涉及检验操作行为等方面；乳制品企业在产品加工环节对最终产品的质量控制水平，涉及加工消毒操作、隐蔽违规行为等方面。

3. 消费者购买优质乳制品的行为

消费者购买优质乳制品的行为代表优质乳制品的市场需求以及行为主体提供优质产品的激励强度，其通过影响奶牛养殖户和乳制品企业的质量投入水平来间接影响乳制品的质量安全水平。

三、我国乳制品供应链质量行为协调的决策框架

乳制品质量安全问题产生的深层原因是乳制品供应链各环节主体行为关系协调不一致，本书试图通过协调乳制品供应链各环节主体质量行为，确保乳制品的质量安全水平得到保障。

（1）在规模养殖系统性成本高的背景下，我国乳制品供应链养殖—投资环节中奶牛养殖户和乳制品企业基于各自利益最大化的原则产生不愿转变养殖模式和不愿在养殖环节进行投资的行为，从而导致双方行为关系协调不一致，从根本上制约了乳制品质量安全水平的提高。因此，在考虑决策主体广泛存在且有限理性的前提下，需要乳制品核心企业以及政府设计养殖—投资环节的质量行为协调机制，协调奶牛养殖户模式选择和乳制品企业的投资行为，从而推动规模化养殖模式的发展，提高乳制品在源头环节中的质量安全水平。

（2）在信息不对称背景下，我国乳制品供应链生鲜乳生产—检验环节中奶牛养殖户和乳制品企业因缺乏有效的激励约束机制，基于各自利益最大化的原则产生降低质量控制水平和过度检验等行为，从而导致双方行为关系协调不一致，致使乳制品质量安全存在隐患。因此，在考虑信息不对称和风险分担的前提下，需要乳制品核心企业设计生鲜乳生产—检验环节的质量行为协调机制，协调两者的生鲜乳生产质量控制行为和生鲜乳检验行为，保障乳制品在生鲜乳生产—检验过程中的质量安全水平。

（3）在信息不对称背景下，我国乳制品供应链加工—消费环节中乳制品企业和消费者因缺乏有效的激励约束和信息传递机制，基于利益最大化和效用最大化原则产生降低质量控制水平和降低支付意愿甚至拒绝购买的行为，从而导致双方行为关系协调不一致，严重影响乳制品质量安全水平的提高。因此，在考虑信息不对称、信任品属性以及存在政府监管的前提下，需要政府（相关部门）设计产品加工—消费环节的质量行为协调机制，协调企业产品加工质量控制行为和消费者购买优质乳制品的行为，保障乳制品在加工—消费过程中的质量安全水平。

（4）在信息不对称背景下，我国乳制品供应链养殖—生产—检验—加工—消

费环节中奶牛养殖户、乳制品企业、消费者因缺乏有效的激励约束机制、信息传递机制以及信任机制，基于利益最大化和效用最大化原则产生降低质量控制水平和降低支付意愿甚至拒绝购买的行为，从而导致所有主体行为关系协调不一致，严重影响乳制品质量安全水平的提高与产业的发展。因此，在考虑信息不对称、信任品属性、利益共享、风险分担且存在政府监管的前提下，需要乳制品核心企业设计乳制品供应链整体的质量协调机制，协调奶牛养殖户、乳制品核心企业以及消费者的行为，从供应链的每一个环节出发保障乳制品质量安全水平，并推动产业持续健康的发展。据此提出我国乳制品供应链质量行为协调的决策框架，如图2-8所示。

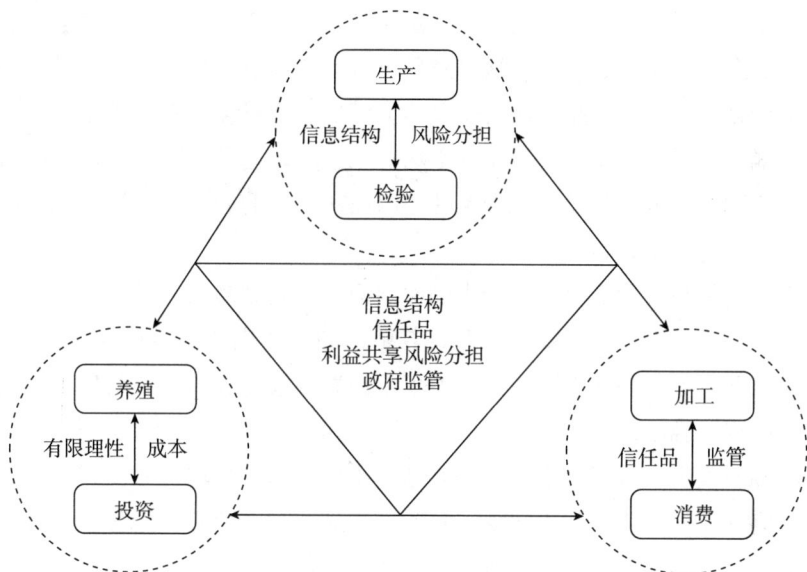

图2-8 乳制品供应链质量行为协调决策框架

第六节 本章小结

为保证乳制品的质量安全，必须有效解决乳制品质量安全隐患，因此，分析乳制品质量安全隐患发生的原因是解决乳制品质量安全问题的前提。本章在乳制品供应链、乳制品质量安全相关概念界定的基础上，由浅入深地剖析了乳制品质量安全隐患、乳制品质量安全问题产生的表层原因和深层原因，具体结论如下：

第一，乳制品质量安全隐患主要包括微生物污染或超标、农兽药残留、硝酸盐及重金属等环境污染物混入、天然毒素残留、食品添加剂违规添加、非法添加物的使用、体细胞超标、营养成分不达标以及包装标识欺诈等。这些质量安全隐患存在于原料乳供应、乳制品加工、贮藏、流通运输、销售等乳制品供应链的各个环节；因此，供应链各个环节的每一个活动都可能对乳制品的质量安全产生影响。

第二，这些质量安全问题产生的主要原因是生鲜乳供应阶段以及乳制品生产加工阶段存在的各类不规范操作以及不道德行为。因此，生鲜乳供应阶段的质量控制水平以及乳制品加工环节的质量控制水平是影响最终产品质量安全的主要原因，其中生鲜乳供应阶段主要包括养殖环节、生产环节、检验环节。尽管消费者的行为不会直接影响乳制品的质量安全，但消费者购买优质安全乳制品的意愿以及行为直接关系到优质安全乳制品的市场需求，同时也是激励企业提高质量控制水平，供给优质安全乳制品的基础条件，因而消费者的购买交易行为也是影响乳制品质量安全的一个原因。

第三，乳制品质量安全问题产生的深层原因是乳制品供应链各环节主体行为关系协调不一致。在养殖—投资环节，养殖户和企业因奶牛养殖系统性成本高、收益低而导致双方行为关系不协调，不仅制约着规模化养殖模式的发展，而且也从根本上影响了乳制品质量安全水平的提高；在生鲜乳生产—检验环节，养殖户和企业因小规模生产方式、乳企基于奶站或小区层面的平均检验模式造成的信息不对称而导致双方行为关系不协调，致使乳制品质量安全存在隐患；在乳制品加工—消费环节，乳制品企业和消费者因乳制品信任品属性造成的信息不对称而导致双方行为关系不协调，不仅影响乳制品质量安全水平的提高，同时也影响产业的发展前景；从整个供应链来看，供应链各主体因信息不对称而导致主体之间行为关系不协调，严重制约乳制品质量安全水平的提高。

鉴于此，针对不同环节以及供应链整体存在的问题，需设计不同的契约或采取不同的政策干预手段协调主体之间的行为关系，从而在乳制品供应链每一个关键环节以及整个链条上保证乳制品的质量安全。

第三章
乳制品供应链养殖—投资 环节质量行为协调

　　规模化、集约化的养殖模式是提高生鲜乳质量水平的必要条件。尽管我国奶牛养殖规模化比重不断提高，但目前我国小规模以及散养模式依然分布广泛，不仅影响生鲜乳质量水平的提高，同时也制约着我国乳制品行业发展。在规模化养殖系统性成本较高、风险较大的背景下，一方面，养殖户追求利益最大化不愿转变养殖模式，制约规模化养殖比例的提高，从根本上影响我国乳制品整体质量安全水平；另一方面，企业追求利益最大化不愿在养殖环节进行投资，导致上游养殖户因独自承担规模化养殖成本而发生亏损，进而失去提高生鲜乳质量水平的动力，退出养殖业或者滋生不道德行为，使最终乳制品产生质量安全隐患。由此可见，尽管积极推进养殖模式的转变是保障乳制品质量安全的关键，但广泛存在的有限理性的奶农以及乳制品企业的行为选择会影响养殖模式转变的进程。鉴于此，本章在已有研究成果的基础上首先基于演化博弈模型，以有限理性的奶农和乳制品企业为决策主体，构建市场机制以及政府补贴机制下养殖模式转变的演化博弈模型，分析奶农与乳制品企业相关策略行为的动态演化过程及其影响因素。其次，基于实地调研数据进行数值模拟，验证理论分析结果，为乳制品核心企业与政府设计养殖—投资环节的质量行为协调机制，确定合理的补贴额度提供方法策略。

第一节 我国乳制品供应链上游养殖现状及问题

一、规模化养殖科学先进但亏损严重

2008 年 "三聚氰胺" 事件的爆发，在一定程度上暴露了我国奶牛养殖模式以及奶源供应存在的问题，即 "规模小、分布散、效益低" 的养殖模式不仅导致生鲜乳供求不平衡，且无法适应乳业发展的需要。国家政府部门曾多次发文加强奶源质量安全建设。国家食品药品监督管理总局相继颁布《关于进一步加强婴幼儿配方乳粉质量安全工作的建议》和《婴幼儿配方乳粉生产许可审查细则 (2013 版本)》等相关法律规范，规定生产婴幼儿配方乳粉企业须具备自检自控奶源，严格规范原料乳来源。农业部也非常重视奶源安全监管工作，一方面，全力支持建设优质奶源基地，逐步做到生鲜乳全部来自企业全资或控股建设的养殖场，实现奶源可追溯；另一方面，加强奶牛标准化规模养殖，对企业自建牧场以及收购、参股的养殖小区的改造提升进行政策支持 (冯华，2014)。在国家政策的带动下，全国各地加快了建设规模化牧场的步伐，奶牛规模养殖比重不断提高。据统计，2015 年全国存栏 100 头以上的奶牛规模养殖比例接近 50%。

规模化养殖通过聘请专业的技术人员，按照正规牧场管理制度进行全面管理，在品种改良、饲料、兽药、防疫等各个环节实现统一管理。此外，规模化养殖场或者大型的规模化牧场更加重视在饲料搭配、品种改良、设备更新、新技术推广等方面的投入，其管理水平、生产效率以及生鲜乳质量安全水平和小规模养殖相比有明显提升。由此可知，规模化养殖模式是提高生鲜乳质量水平，提高生鲜乳生产竞争力的必要条件 (钱贵霞等，2010；王加启，2009)。根据表 3－1 数据可知，随着奶牛养殖规模的扩大，测定日生鲜乳平均产量、乳脂肪率都有所提高，体细胞数显著降低，且存栏规模 100 头以上的养殖场测定日平均乳蛋白率都在 3.2% 以上。

表3-1　2015年全国各地区不同规模生产性能测定奶牛场性能概况

奶牛存栏（头）	牛场数（个）	平均产奶量（千克）	平均乳脂率（%）	平均蛋白率（%）	平均体细胞数（万个/毫升）
50~100	63	21.07	3.42	3.14	403.72
100~200	232	23.49	3.58	3.22	393.56
200~500	486	24.95	3.65	3.20	340.04
500~1000	320	26.95	3.76	3.19	338.38
≥1000	178	28.46	3.82	3.26	342.55

资料来源：《中国奶业年鉴（2016）》。

尽管在规模化养殖模式下，奶牛生产性能、牧场生产效率和生鲜乳质量水平都较高，但规模化牧场的正常经营需要大量的资金、先进的技术、专业的管理人才、丰富的管理经验、金融保险等各项配套服务和健全的监管制度。从现实情况来看，目前我国优质的养殖饲料依赖进口，规模化牧场管理经验以及管理人才都严重缺乏，且大型牧场环保以及防疫费用较高，奶农和乳企之间缺乏合理的利益分配机制，相关制度建设不完善。这一系列因素致使我国规模化养殖系统性成本过高，收益较低。当遭遇奶价下跌或进口冲击的市场波动时，规模较大的牧场因系统性成本较高等原因抵御市场风险的能力较差。在当前生鲜乳收购价格持续低迷、饲料价格升高的背景下，我国奶牛养殖亏损面比例逐年提高，规模化牧场亏损现象尤为严重。

二、小规模散养模式低质低效但广泛存在

目前我国奶牛养殖模式主要分为三种：散养、养殖小区模式以及牧场模式。其中种养殖结合的家庭散养模式在饲料搭配、饲养技术、疾病防治、环境卫生等方面仍较为落后，且这类散户受教育水平较低，质量安全意识以及养殖经验相对缺乏，因而散养模式下生鲜乳单产水平低，微生物等指标也严重超标。尽管在小规模养殖模式下，存在一些具有丰富养殖经验的专业养殖奶户，其饲养技术和设备工艺都有改善，但依然存在疾病防治专业性不高、环境卫生较差的问题，致使生鲜乳的质量安全存在隐患（孔祥智等，2009）。因此，占比较高的小规模以及散养模式，会从根本上影响我国乳制品整体质量安全水平的提高。

但在规模养殖系统性成本较高、风险较大的背景下，散养模式的成本收益和规模化养殖模式相比具有一定的成本优势。根据表 3 - 2 可知，就成本而言，无论从饲养奶牛的视角还是从生产牛奶的视角来看，随着养殖规模的扩大，奶牛养殖成本逐渐提高；就收益而言，尽管中等以及大规模养殖的收购价格普遍高于散养以及小规模养殖的收购价格，但随着养殖规模的扩大，每头奶牛的年成本利润率逐渐降低，且在散养模式下生产一公斤生鲜乳的净利润比大规模养殖模式的净利润高。近年来，尽管随着养殖成本的增加以及养殖规模化比重的提高，许多散户以及小规模养殖户都纷纷退出奶牛养殖业，但由于数量众多且分布广，散养模式在短时间内不可能完全消除；且奶牛养殖收益高于其他农业产业，是增加农民收入的重要途径，在资本相对缺乏的条件下，奶户选择经营管理灵活、劳动成本低的散养模式，将种植业和养殖业相结合，可降低饲养成本，获取较高收益；此外，我国特殊的国情决定了规模化模式的转变需要突破大量土地和资金需求的瓶颈，因此小规模以及散养模式长期广泛存在有其合理性和必然性（孔祥智等，2009；李栋，2013b）。

表 3 - 2　2015 年各地区不同规模奶牛养殖成本收益情况

养殖规模 （头）	每头牛成本收益			每公斤奶收益		
	总成本 （万元/年）	净利润 （万元/年）	成本利润率 （%）	收购价 （元）	总成本 （元）	净利润 （元）
散养 <10	1.633	0.50	30.62	3.76	2.88	0.88
小规模 10～50	1.65	0.42	25.45	3.46	2.78	0.68
中规模 50～500	2.02	0.54	26.73	3.84	3.03	0.81
大规模 ≥500	2.5	0.62	24.83	4.13	3.31	0.82

资料来源：《中国奶业年鉴（2016）》。

三、养殖模式转型升级的阻碍

一方面，尽管规模化养殖可以通过先进的技术设备、科学的管理方式，全面提高生产效率和生鲜乳质量水平，但过高的系统性成本和较低的成本收益率使绝大部分缺乏资金实力的养殖户仍趋向于选择投资少、养殖成本低的小规模或散养模式，这从根本上制约着我国奶牛养殖模式的转型升级。

另一方面，尽管规模化养殖可在最大程度上保证乳制品原料的质量安全，但在资金、技术、制度等各方面约束下，很多企业不愿过多投资建设规模化牧场、养殖小区以及奶站，而是选择和固定的奶站、养殖小区以及规模化养殖场签订购销合同，建立合作关系，获取生产原料。这就导致上游养殖户独自承受规模化养殖的风险和成本，当亏损发生后，养殖户（场）失去提高生鲜乳质量水平的动力，容易产生不道德的行为或退出养殖业。

因此，养殖户不愿转变养殖模式以及乳制品企业不愿投资的行为倾向不仅制约我国乳制品供应链上游奶牛养殖模式的转型升级，同时也导致最终在市场上销售的乳制品存在质量安全隐患。鉴于此，本章尝试从养殖户以及乳制品企业行为策略选择的角度来研究养殖模式转型过程，通过设计合理的机制来协调两者的行为关系，在推动我国乳制品行业养殖模式循序渐进转型升级的同时保障生鲜乳的质量安全水平。

第二节　市场机制下乳制品供应链养殖模式转变的演化博弈分析

一、博弈论及乳制品供应链主体行为分析

目前，针对不同养殖模式的研究主要通过收集微观调查或宏观统计数据，采用基本的成本收益比较分析方法（辛国昌和张立中，2011），结合基于柯布—道格拉斯生产函数的投入产出模型（杨建青，2009）、随机前沿分析模型（SFA）（李栋，2013b；郜亮亮，2015）、数据包络模型（DEA）（王文娟，2015）等模型衡量测定生鲜乳生产效率以及不同奶牛养殖模式对生产效率、经济效益等指标的影响（Ma等，2012），并提出相应的政策建议。这种研究方法并不适用于研究主体的策略选择行为。

博弈论作为一种研究主体行为的重要工具被广泛应用于奶农、乳制品企业、政府、经销商以及消费者等不同主体之间的行为关系研究，包括乳制品供应链协调（沈笛，2012）、质量安全控制（于海洋，2014）、质量安全监管（叶枫和郭森媛，2013）、质量安全信息传递（杨炫，2014）等方面，并取得了丰硕的成果。这类研究主要通过构建静态博弈模型、序贯博弈模型（孔祥智和钟真，

2009)、豪泰林博弈模型（龚强和成酪，2014）、重复博弈模型（王中亮和石薇，2014）、委托代理模型（尹巍巍等，2011）、信号传递模型（李想，2011），在不同情境条件下分析奶农、奶站以及乳制品企业的质量行为决策过程，求解博弈模型中关于主体质量行为的均衡条件，研究均衡解的变动情况以及影响因素，并提出相应的解决措施。就奶农而言，是否存在掺假等不道德行为主要受到生鲜乳收购价格、生鲜乳的生产成本、生鲜乳检测成本的影响（贾愚和刘东，2009；高晓鸥，2010；刘真真，2012）；就奶站而言，其质量行为决策主要与生鲜乳检测成本、相关罚金以及乳制品企业风险偏好程度有关（孔祥智和钟真，2009）；就乳制品企业而言，是否存在降低质量水平的行为动机主要受到信息传递量、支付的罚金（龚强等，2013），质量标准高低（龚强和成酪，2014；陆晓博，2016），监管覆盖面以及惩罚力度、质量检测技术（李想和石磊，2014），认证信号的传递成本以及行业的集体声誉（陆晓博，2016；莫佳颖等，2016）等因素的影响。

总的来说，这类研究通常建立在经典博弈理论模型的基础之上，其基本假设是博弈方完全理性，且难以解释从个体到群体行为的形成机制。事实上，现实中各主体很难具备完全理性的条件，其行为是在多次博弈中通过变异、学习、模仿等动态过程演化出来的（Eibull，1995）。基于有限理性的演化博弈理论较好地克服了经典博弈论关于博弈方完全理性的假设，通过策略互动的演化分析可以更好地解释个体到群体行为的形成机制以及群体行为变化趋势和稳定性（黄凯南，2009）。近年来，演化博弈已逐步被运用于乳制品供应链主体间复杂交互行为的分析研究中，包括政府对企业质量安全监管（张国兴和高晚霞，2015；樊斌和李翠霞，2012）、乳制品供应链质量投入（许民利，2012）、奶农与企业技术接受行为（申强和侯云先，2011）等方面，更有效地解释了现实中存在的问题。

二、模型描述与相关符号定义

本章以奶农和乳制品加工企业（以下简称"乳企"）从散养模式向规模化养殖小区模式转变的过程为研究对象：奶农为企业提供生鲜乳，可以选择进入规模化养殖小区①（以下简称"规模养殖"）接受统一管理、科学饲喂的策略，或拒

---

① 本书所指的养殖小区为企业投资建设的养殖小区。

绝规模化养殖方式，继续散养（以下简称"散养"）。乳企从奶农手中收购生鲜乳加工后进行销售，乳企可以选择采取投资建设奶源可控的规模化养殖小区的策略（以下简称"投资"），包括投资建设基础设施以及配套设备、派遣员工到养殖小区进行管理，加强企业对奶源的监管和控制；也可以选择继续采取原有的奶站模式或其他模式收购生鲜乳，不投资规模化养殖小区（以下简称"不投资"）。需要说明的是，文中参数都以一公斤生鲜乳为计量单位，相关假设及参数设置如下：

假设 1：收购阶段：在散养模式下，γ 表示生鲜乳质量水平，β 表示经检测合格的生鲜乳比例，该比例受生鲜乳质量水平及乳企质量检测水平的影响，且与生鲜乳质量水平呈正相关，q_0 表示生鲜乳收购价格，c_0 表示生鲜乳生产成本，奶农单位收入 $r_0 = \beta q_0$；在规模化养殖小区模式下，因采取养殖、饲料、兽药统一管理等诸多措施，θ 表示提高了的生鲜乳质量水平，且 $\theta > \gamma$，α 表示检测合格的生鲜乳比例，且 $\alpha > \beta$，生鲜乳收购价格因质量水平的提高而增加为 q_1，且 $q_1 > q_0$，奶农单位收入 $r_1 = \alpha q_1$，此外，奶农进入养殖小区后生产生鲜乳的成本增加为 c_1，且 $c_1 > c_0$。

假设 2：加工阶段：在乳企选择不投资的情况下，c_{m0} 表示加工单位合格生鲜乳的成本，当企业选择投资后，成本增加为 c_{m1}，且 $c_{m1} > c_{m0}$。

假设 3：销售阶段：在散养模式下，p_0 表示单位生鲜乳制成的乳制品市场售价，企业单位收入 $r_{m0} = \beta (p_0 - q_0)$；在规模化养殖小区模式下，生鲜乳因质量水平提高而加工为附加值较高的乳制品，p_1 表示相应的市场售价提高，即 $p_1 > p_0$，企业单位收入 $r_{m1} = \alpha (p_1 - q_1)$。

根据以上假设，当策略组合为（散养，不投资）时，双方单位收益分别为 $r_0 - c_0$，$r_{m0} - c_{m0}$；当策略组合为（规模养殖，不投资）时，生鲜乳质量水平无法显著提高，双方收益分别为 $r_0 - c_1$，$r_{m0} - c_{m0}$；当策略组合为（散养，投资）时，生鲜乳质量水平无显著提高，双方收益分别为 $r_0 - c_0$，$r_{m0} - c_{m1}$；当策略组合为（规模养殖，投资）时，双方收益分别为 $r_1 - c_1$，$r_{m1} - c_{m1}$。根据以上描述，构建奶农和乳企单次博弈的支付矩阵，如表 3 - 3 所示。

表 3 - 3　奶农与乳企单次博弈支付矩阵

		乳企	
		投资	不投资
奶农	规模养殖	$r_1 - c_1$，$r_{m1} - c_{m1}$	$r_0 - c_1$，$r_{m0} - c_{m0}$
	散养	$r_0 - c_0$，$r_{m0} - c_{m1}$	$r_0 - c_0$，$r_{m0} - c_{m0}$

三、奶农—乳企非对称养殖模式转变的复制动态方程

当有限理性的博弈方进行对称博弈时，要求博弈方群体相似；当有限理性博弈方进行非对称博弈时，大群体成员间随机配对反复博弈的分析框架不再适用（谢识予，2002）。近年来，演化博弈在有限理性博弈方进行非对称博弈的分析过程中得到了广泛的运用。在我国乳制品供应链中奶农以及乳企的数量众多，而单个奶农和乳企之间的博弈属于有限理性博弈方的非对称博弈，其具体分析框架如下：

假设在奶农群体中，选择"规模养殖"的比例为 x （$0 \leq x \leq 1$），在乳企群体中，选择"投资"的比例为 y （$0 \leq y \leq 1$），则选择"散养"和"不投资"的比例分别为 （$1-x$） 和 （$1-y$）。反复在奶农以及乳企群体中各随机抽取一个成员配对进行上述非对称质量保障博弈，奶农以及乳企的学习和策略模仿局限在其所在群体内部，策略调整机制为复制动态。

对于奶农来说，选择"规模养殖"和"散养"策略的适应度（即期望收益）分别为：

$$u_{1x} = y(r_1 - c_1) + (1-y)(r_0 - c_1) \tag{3-1}$$

$$u_{2x} = y(r_0 - c_0) + (1-y)(r_0 - c_0) \tag{3-2}$$

奶农群体平均适应度为：$\bar{u}_f = u_{1x} + (1-x) u_{2x}$

根据 Malthusian 方程，奶农选择"规模养殖"比例的增长率与选择该策略的适应度与群体平均适应度之差成正比，由此而得奶农群体"规模养殖"占比增长率随时间演化的复制动态方程为：

$$F(x) = \frac{dx}{dt} = x(u_{1x} - \bar{u}_f) = x(1-x)[(r_1 - r_0)y - (c_1 - c_0)] \tag{3-3}$$

同理，对于乳企，选择"投资"和"不投资"策略的适应度分别为：

$$u_{1y} = x(r_{m1} - c_{m1}) + (1-x)(r_{m0} - c_{m1}) \tag{3-4}$$

$$u_{2y} = x(r_{m0} - c_{m0}) + (1-x)(r_{m0} - c_{m0}) \tag{3-5}$$

乳企群体平均适应度为：$\bar{u}_m = yu_{1y} + (1-y) u_{2y}$

乳企群体"投资"占比增长率随时间演化的复制动态方程为：

$$F(y) = \frac{dy}{dt} = y(u_{1y} - \bar{u}_m) = y(1-y)[(r_{m1} - r_{m0})x - (c_{m1} - c_{m0})] \tag{3-6}$$

因此，以奶农和乳品企业为视角的我国生鲜乳生产模式转变的演化过程可以用这两个复制动态方程组成的二维动力系统来描述。

$$
\begin{cases}
\dfrac{dx}{dt} = x(1-x)\left[(r_1 - r_0)y - (c_1 - c_0)\right] \\
\dfrac{dy}{dt} = y(1-y)\left[(r_{m1} - r_{m0})x - (c_{m1} - c_{m0})\right]
\end{cases}
\tag{3-7}
$$

命题 3-1　该系统的局部平衡点为 $(0,0)$、$(0,1)$、$(1,0)$、$(1,1)$，当且仅当 $r_{m1} - c_{m1} > r_{m0} - c_{m1}$、$r_1 - c_1 > r_0 - c_0$ 时，(x_d, y_d) 也是系统的局部平衡点，其中，$x_d = \dfrac{c_{m1} - c_{m0}}{r_{m1} - r_{m0}}$，$y_d = \dfrac{c_1 - c_0}{r_1 - r_0}$。

证明：令 $\dfrac{dx}{dt} = 0$，$\dfrac{dy}{dt} = 0$，显然有 $(0,0)$、$(0,1)$、$(1,0)$、$(1,1)$ 是系统的平衡点。当 $r_{m1} - c_{m1} > r_{m0} - c_{m1}$、$r_1 - c_1 > r_0 - c_0$ 时，$0 < \dfrac{c_{m1} - c_{m0}}{r_{m1} - r_{m0}} < 1$，$0 < \dfrac{c_1 - c_0}{r_1 - r_0} < 1$，所以 $x_d \in (0,1)$，$y_d \in (0,1)$，由 $\dfrac{dx}{dt} = 0$，$\dfrac{dy}{dt} = 0$ 可知 (x_d, y_d) 也是系统的平衡点，证毕。

其中，$(0,0)$、$(0,1)$、$(1,0)$、$(1,1)$ 这四个点是奶农和乳企两个群体采取纯策略的平衡点。$(0,0)$ 表示奶农群体选择"规模养殖"策略比例为0，乳企群体选择"投资"策略比例为0，双方策略组合为（散养，不投资）。$(1,1)$ 表示奶农群体选择"规模养殖"策略比例为1，乳企群体选择"投资"策略比例为1，双方策略组合为（规模养殖，投资）。(x_d, y_d) 为群体采取混合策略的平衡点，表示约有 $\dfrac{c_{m1} - c_{m0}}{r_{m1} - r_{m0}}$ 比例的奶农选择"规模养殖"策略，$\dfrac{c_1 - c_0}{r_1 - r_0}$ 比例的乳企选择"规模收购"策略。

四、系统平衡点稳定性分析

由于系统的平衡点不一定是演化稳定策略（ESS），所以需要针对系统的雅可比矩阵的局部稳定性分析来推断平衡点的局部稳定性，从而得出系统的演化稳定策略。上述系统的雅可比矩阵为：

$$
J = \begin{pmatrix} \partial F(x)/\partial x & \partial F(x)/\partial y \\ \partial F(y)/\partial x & \partial F(y)/\partial y \end{pmatrix}
$$

$$= \begin{pmatrix} (1-2x)\left[(r_1-r_0)y-(c_1-c_0)\right] & x(1-x)(r_1-r_0) \\ y(1-y)(r_{m1}-r_{m0}) & (1-2y)\left[(r_{m1}-r_{m0})x-(c_{m1}-c_{m0})\right] \end{pmatrix} \quad (3-8)$$

矩阵 J 的行列式表示为：

$$detJ = (1-2x)(1-2y)\left[(r_1-r_0)y-(c_1-c_0)\right]\left[(r_{m1}-r_{m0})x-(c_{m1}-c_{m0})\right] -$$
$$xy(1-x)(1-y)(r_1-r_0)(r_{m1}-r_{m0}) \quad (3-9)$$

矩阵 J 的迹表示为：

$$trJ = (1-2x)\left[(r_1-r_0)y-(c_1-c_0)\right]+(1-2y)\left[(r_{m1}-r_{m0})x-(c_{m1}-c_{m0})\right]$$
$$(3-10)$$

根据演化博弈理论，满足 $detJ>0$，$trJ<0$ 的平衡点为系统的演化稳定策略，计算矩阵 J 在五个平衡点的行列式 $detJ$ 和迹 trJ 的表达式，结果如表 3-4 所示。

表 3-4　平衡点对应的矩阵行列式和迹的表达式

平衡点	行列式 $detJ$	迹 trJ
$(0,0)$	$(c_1-c_0)(c_{m1}-c_{m0})$	$-(c_1-c_0)-(c_{m1}-c_{m0})$
$(0,1)$	$\left[(r_1-c_1)-(r_0-c_0)\right](c_{m1}-c_{m0})$	$\left[(r_1-c_1)-(r_0-c_0)\right]+(c_{m1}-c_{m0})$
$(1,0)$	$\left[(r_{m1}-c_{m1})-(r_{m0}-c_{m0})\right](c_1-c_0)$	$\left[(r_{m1}-c_{m1})-(r_{m0}-c_{m0})\right]+(c_1-c_0)$
$(1,1)$	$\left[(r_1-c_1)-(r_0-c_0)\right]\times\left[(r_{m1}-c_{m1})-(r_{m0}-c_{m0})\right]$	$-\left[(r_1-c_1)-(r_0-c_0)\right]-\left[(r_{m1}-c_{m1})-(r_{m0}-c_{m0})\right]$
(x_d,y_d)	$(c_{m1}-c_{m0})(c_1-c_0)\left[(r_1-c_1)-(r_0-c_0)\right]\times\left[(r_{m1}-c_{m1})-(r_{m0}-c_{m0})\right]$	0

令 $\Delta\pi=(r_1-c_1)-(r_0-c_0)$，$\Delta\pi_m=(r_{m1}-c_{m1})-(r_{m0}-c_{m0})$。$\Delta\pi$ 表示奶农转变生鲜乳生产模式后的超额收益，即奶农选择规模养殖的收益和散养模式收益之差，$\Delta\pi_m$ 表示乳企选择投资规模化养殖小区后的超额收益。

命题 3-2　当 $\Delta\pi<0$ 或 $\Delta\pi_m<0$ 时，系统存在唯一的演化稳定策略 $(0,0)$；当 $\Delta\pi>0$ 且 $\Delta\pi_m>0$ 时，系统存在两个演化稳定策略 $(0,0)$ 和 $(1,1)$。

证明：如表 3-5 归纳情况，下面对不同情形下的演化稳定策略进行具体分析。

表 3-5　系统平衡点稳定性情况

平衡点	稳定性判定结果			
	$\Delta\pi<0$, $\Delta\pi_m<0$	$\Delta\pi<0$, $\Delta\pi_m>0$	$\Delta\pi>0$, $\Delta\pi_m<0$	$\Delta\pi>0$, $\Delta\pi_m>0$
$(0, 0)$	ESS	ESS	ESS	ESS
$(0, 1)$	鞍点	鞍点	不稳定	不稳定
$(1, 0)$	鞍点	不稳定	鞍点	不稳定
$(1, 1)$	不稳定	鞍点	鞍点	ESS
(x_d, y_d)	—	—	—	鞍点

（1）当 $\Delta\pi<0$、$\Delta\pi_m<0$ 时，奶农和乳企的超额收益为负，说明转变生鲜乳生产模式没有使双方的收益增加。如表 3-5 所示，这种情形下系统有四个平衡点，只有（0，0）点是 ESS，对应演化稳定策略（散养，不投资），表示从任何状态出发，系统都将收敛到（0，0）点，其演化过程如图 3-1（a）所示。不论最初选择规模化模式的奶农比例和选择投资的乳企比例是多少，当他们发现转换模式后的收益反而少于散养模式下的收益后，经过一段时间互相学习模仿，所有奶农放弃进入规模化养殖小区，继续选择散养模式，所有企业放弃投资，选择原有模式收购生鲜乳。

（2）当 $\Delta\pi<0$、$\Delta\pi_m>0$ 时，奶农的超额收益为负，企业的超额收益为正，如表 3-5 所示，该情形下（0，0）是唯一的 ESS，其演化过程如图 3-1（b）所示。不论最初选择规模化生产模式的奶农比例以及选择投资的乳企比例是多少，当部分奶农发现进入规模化养殖小区的收益小于散养的收益后，越来越多的奶农继续选择散养，由于支持规模化生产模式的奶农越来越少，乳企也只好逐渐停止投资，最终所有奶农选择"散养"策略且所有乳企选择"不投资"策略。现实中，一些企业可能获得补贴等资金支持，致力于投资奶源建设，提高生鲜乳质量水平，但其上游的奶农饲养规模较小，饲养方式落后、不科学，且存在一定的投机行为。对于这类奶农而言，进入规模化养殖小区的收益明显低于散养收益，继续维持散养模式是保证收益的理性选择。

（3）当 $\Delta\pi>0$、$\Delta\pi_m<0$ 时，奶农的超额收益为正，企业的超额收益为负，如表 3-5 所示，（0，0）是系统唯一的 ESS，其演化过程如图 3-1（c）所示。不论最初选择新模式的奶农比例以及选择投资的乳企比例是多少，当一些企业发现投资规模化养殖小区的收益少于不投资的收益后，转而选择"不投资"策略，且选择该策略的企业比例越来越大，由于支持规模化生产方式的乳企越来越少，

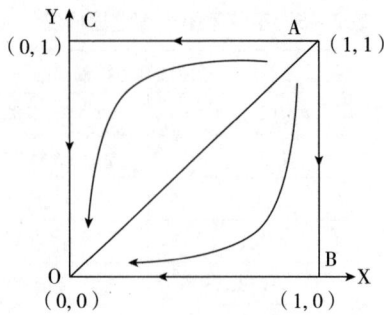

（a）$\Delta\pi<0$，$\Delta\pi_m<0$奶农与乳企演化博弈的动态相位

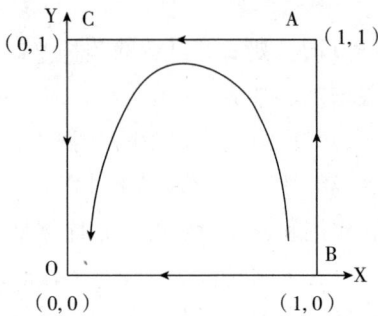

（b）$\Delta\pi<0$，$\Delta\pi_m>0$奶农与乳企演化博弈的动态相位

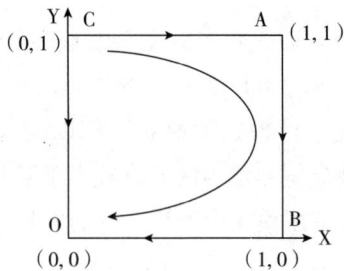

（c）$\Delta\pi>0$，$\Delta\pi_m<0$奶农与乳企演化博弈的动态相位

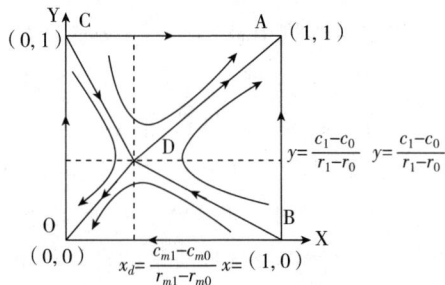

$y=\dfrac{c_1-c_0}{r_1-r_0}$ $y=\dfrac{c_1-c_0}{r_1-r_0}$

$x_d=\dfrac{c_{m1}-c_{m0}}{r_{m1}-r_{m0}}$ $x=(1,0)$

（d）$\Delta\pi>0$，$\Delta\pi_m>0$奶农与乳企演化博弈的动态相位

图3-1　市场机制下奶农与乳企演化博弈动态相位

奶农只好继续原来的散养模式，最终所有乳企选择"不投资"策略且所有奶农选择"散养"策略。现实中，一些饲养方式科学且具有一定养殖规模的散户愿意转变养殖模式来提高生鲜乳质量水平，其下游的中小型乳品企业起初可能会积极投资规模化养殖小区的建设，但由于企业实力较弱，投资所带来的收益增加远小于因此而增加的成本，因此，投资的企业越来越少，选择规模化生产方式的奶农也越来越少。

（4）当 $\Delta\pi>0$、$\Delta\pi_m>0$ 时，奶农和乳企的超额收益为正。如表 3-5 所示，该情形下系统有五个平衡点，ESS 为（0，0）和（1，1），分别对应演化稳定策略（散养，不投资）和（规模养殖，投资），如图 3-1（d）所示。随着初始位置的变化，系统将向（0，0）点或（1，1）点演化，其收敛到两个均衡点的临界线为 CDB，折线左下方表示系统将收敛到所有奶农和乳企都选择（散养，不投资）的演化均衡策略，折线右上方代表系统将收敛到所有奶农和乳企都选择（规模养殖，投资）的演化均衡策略。一方面规模化模式可以确保企业对奶源的控制，另一方面确实可以提高生鲜乳的质量水平，因而越来越多的奶农选择进入规模化养殖小区，且越来越多的乳企选择投资规模化养殖小区。但在养殖成本、投资成本、生鲜乳收购价格、生鲜乳检测合格率、乳制品销售价格等多种因素的影响作用下，奶农与乳企也可能会继续选择散养的生鲜乳生产模式，具体的影响机理需进一步研究。因此，我国生鲜乳生产模式由散养向规模化转变的博弈长期演化结果会形成两种格局：一是所有奶农和乳企都支持规模化生鲜乳生产模式，二是所有奶农和乳企都支持散养生鲜乳生产模式。

五、养殖模式转变演化路径的影响因素分析

当奶农和企业的超额收益为正时，系统存在（0，0）和（1，1）两种演化稳定策略，其最终演化状态取决于支付矩阵中的参数变化以及博弈初始状态。构成博弈双方支付函数的某些参数的变化可使四边形 ABCD 以及 OBDC 的相对面积发生变化（见图 3-1（d）），进而影响系统收敛到均衡点（0，0）和（1，1）的概率。通过分析四边形 ABCD 面积对不同参数的敏感程度，可转化为在双方超额收益都为正时系统演化路径的影响因素分析。计算可知，四边形 ABDC 面积如下：

$$S_A = \frac{1}{2}(1-x_d) + \frac{1}{2}(1-y_d) = 1 - \frac{1}{2}\left(\frac{c_{m1}-c_{m0}}{r_{m1}-r_{m0}} + \frac{c_1-c_0}{r_1-r_0}\right) \tag{3-11}$$

由于本章主要研究的是生鲜乳生产模式的转变，所以选取模式转变后的参数进行讨论。

命题3－3 当规模化生产模式下的生鲜乳收购价格增加时，系统收敛于（规模养殖，投资）的概率先增加后减小，即存在最优生鲜乳收购价格，使双方转变生鲜乳生产模式的可能性最大。

证明：对 S_A 求关于 q_1 的一阶偏导，得 $\dfrac{\partial S_A}{\partial q_1} = -\dfrac{\alpha(c_{m1} - c_{m0})}{2[\alpha(p_1 - q_1) - \beta(p_0 - q_0)]^2} + \dfrac{\alpha(c_1 - c_0)}{2(\alpha q_1 - \beta q_0)^2}$，再对 S_A 求关于 q_1 的二阶偏导，得 $\dfrac{\partial^2 S_A}{\partial^2 q_1} = -\dfrac{\alpha^2(c_{m1} - c_{m0})}{[\alpha(p_1 - q_1) - \beta(p_0 - q_0)]^3} - \dfrac{\alpha^2(c_1 - c_0)}{(\alpha q_1 - \beta q_0)^3} < 0$，说明在 q_1 的取值范围 $\left(\dfrac{c_1 - c_0 + \beta q_0}{\alpha}, \dfrac{\alpha p_1 - \beta(p_0 - q_0) - (c_{m1} - c_{m0})}{\alpha}\right)$ 内存在一个 q_1 的值使 S_A 取得极大值，此时系统收敛到演化稳定点（1，1）的概率最大，即双方转变生鲜乳生产模式的可能性达到最大，证毕。

近年来，由于养殖成本增加，我国生鲜乳收购价格呈上升趋势，部分乳企为减少成本而买入低廉的进口乳清粉，拒收国内散养奶农的原料奶，从而导致"倒奶杀牛"事件频频发生，严重阻碍生鲜乳生产模式的转变。

命题3－4 当规模化生产模式下检测合格生鲜乳比例越大，系统收敛于（规模养殖，投资）概率越大。

证明：对 S_A 求关于 α 的一阶偏导，得 $\dfrac{\partial S_A}{\partial \alpha} = \dfrac{(c_{m1} - c_{m0})(p_1 - q_1)}{2[\alpha(p_1 - q_1) - \beta(p_0 - q_0)]^2} + \dfrac{q_1(c_1 - c_0)}{2(\alpha q_1 - \beta q_0)^2} > 0$，所以 S_A 是 α 的增函数。当采取规模化养殖小区模式后，生鲜乳质量水平提高使企业检测合格的生鲜乳比例变大，因此，系统演化到稳定策略（1，1）的概率增加，即双方转变生鲜乳生产模式的可能性增加；反之亦反，证毕。

命题3－5 当奶农进入规模化养殖小区的生产成本增加，系统收敛于（规模养殖，投资）的概率减小。

证明：对 S_A 求关于 c_1 的一阶偏导，得 $\dfrac{\partial S_A}{\partial c_1} = -\dfrac{1}{2\alpha q_1} < 0$，所以 S_A 是 c_1 的减函数。当奶农进入规模化养殖小区后的成本 c_1 越大，系统收敛到稳定点（0，0）的概率增加，收敛到（1，1）的概率减小，即双方维持原有的生鲜乳生产模式的可能性越大；反之亦反，证毕。

对于奶农来说，散养可以和家庭种植业相结合，节省部分劳动力成本及饲料成本，而进入规模化养殖小区会在饲料、配种、兽药、水电等方面产生一系列额外开支，因此，散养模式下生产成本要明显低于规模化生产模式下的成本。许多散养奶农在进入规模化养殖小区后因入不敷出，选择退出养殖小区或退出奶牛养殖的行业。

命题 3 - 6　当乳企投资规模化养殖小区的成本增加，系统收敛于（规模养殖，投资）的概率减小。

证明：对 S_A 求关于 c_{m1} 的一阶偏导，得 $\dfrac{\partial S_A}{\partial c_{m1}} = -\dfrac{1}{2\alpha(p_1 - q_1) - \beta(p_0 - q_0)} < 0$，所以 S_A 是 c_{m1} 的减函数。与 c_1 对 S_A 的影响类似，乳企投资规模化养殖小区的成本 c_{m1} 越大，系统收敛到稳定点 $(0, 0)$ 的概率增加；反之亦反，证毕。

养殖规模化水平越高则企业前期的投入成本越大，以自建牧场为例，企业的投入成本涉及基本设施建设、生产检测设备购买、管理人员培训、饲料兽药购买、奶牛购买等许多方面，因而在面临较长的投资回收期时，许多中小型乳企纷纷选择采取原有奶站方式收购生鲜乳或购买进口乳清粉进行生产，以降低成本。

第三节　政府补贴下乳制品供应链养殖模式转变的演化博弈分析

当奶农与乳企的超额收益都为正时，博弈演化的最终结果可能是双方都积极转变生鲜乳生产模式，也可能是双方继续维持原来的生产模式，此时只有借助政府的调控手段来实现整体利益的帕累托改进，促使生鲜乳生产向规模化模式转变，从而提高生鲜乳质量水平，保证乳制品质量安全。生鲜乳生产模式的转变可以作为供应链主体进行质量投入的一种形式，而质量投入这种行为具有外部正效应，为减少相关成本，政府一般采用补贴机制引导供应链主体进行质量投入。在我国乳制品供应链中，相较于乳制品加工企业，奶农处于弱势地位，同乳业发达的国家相比，我国的奶农合作社以及保障奶农权益的相关组织机构发展并不完善（李栋，2013a），因此，转变生产模式带来的成本增加对奶农的影响更明显。

基于此，本书以保障奶农收益为出发点，引入政府补贴值，分析政府对奶农进行补贴时系统的演化路径变化。

当 $\Delta\pi = (r_1 - c_1) - (r_0 - c_0) > 0$、$\Delta\pi_m = (r_{m1} - c_{m1}) - (r_{m0} - c_{m0}) > 0$ 时，若奶农采取"规模养殖"策略，政府会给予一定的补贴鼓励，假设补贴值为 R_1，此时奶农和乳企的收益矩阵如表 3-6 所示。

表 3-6　政府补贴机制下奶农与乳企单次演化博弈支付矩阵

		乳制品加工企业	
		投资	不投资
奶农	规模养殖	$r_1 - c_1 + R_1$, $r_{m1} - c_{m1}$	$r_0 - c_1 + R_1$, $r_{m0} - c_{m0}$
	散养	$r_0 - c_0$, $r_{m0} - c_{m1}$	$r_0 - c_0$, $r_{m0} - c_{m0}$

此时双方的复制动态方程为：

$$G(x) = \frac{dx}{dt} = x(1-x)\left[(r_1 - r_0)y - (c_1 - c_0 - R_1)\right] \qquad (3-12)$$

$$G(y) = \frac{dy}{dt} = y(1-y)\left[(r_{m1} - r_{m0})x - (c_{m1} - c_{m0})\right] \qquad (3-13)$$

命题 3-7　该系统的平衡点为 $(0, 0)$、$(0, 1)$、$(1, 0)$、$(1, 1)$，(x_d^*, y_d^*) 也是系统的平衡点，当且仅当 $c_1 - c_0 - r_1 + r_0 < R_1 < c_1 - c_0$，其中 $x_d^* = \dfrac{c_{m1} - c_{m0}}{r_{m1} - r_{m0}}$，$y_d^* = \dfrac{c_1 - c_0 - R_1}{r_1 - r_0}$。证明同命题 3-1。

命题 3-8　$(1, 1)$ 是上述系统唯一的演化稳定点的充要条件为：$R_1 > c_1 - c_0$。

证明：由复制动态方程平衡点稳定性分析可知，$\dfrac{c_1 - c_0 - R_1}{r_1 - r_0} < 0$，$det J^* > 0$ 且 $tr J^* < 0$ 是 $(1, 1)$ 为唯一 ESS 的充要条件，即 $c_1 - c_0 - R_1 < 0$，$\left[(r_1 - c_1 + R_1) - (r_0 - c_0)\right]\left[(r_{m1} - c_{m1}) - (r_{m0} - c_{m0})\right] > 0$ 且 $-\left[(r_1 - c_1) - (r_0 - c_0)\right] - \left[(r_{m1} - c_{m1}) - (r_{m0} - c_{m0})\right] < 0$，解得 $R_1 > c_1 - c_0$，证毕。

当上式成立时，由表 3-7 可知，$(0, 0)$ 和 $(1, 0)$ 是系统的鞍点，$(0, 1)$ 是不稳定点，$(0, 1)$ 是系统唯一的 ESS，此时系统演化相位图如图 3-2 所示。

表3-7 政府补贴机制下平衡点行列式和迹的表达式

平衡点	行列式 $detJ^*$	迹 trJ^*
$(0, 0)$	$(c_1 - c_0 - R_1)(c_{m1} - c_{m0})$	$-(c_1 - c_0 - R_1) - (c_{m1} - c_{m0})$
$(0, 1)$	$[(r_1 - c_1 + R_1) - (r_0 - c_0)](c_{m1} - c_{m0})$	$[(r_1 - c_1 + R_1) - (r_0 - c_0)] + (c_{m1} - c_{m0})$
$(1, 0)$	$[(r_{m1} - c_{m1}) - (r_{m0} - c_{m0})](c_1 - c_0 - R_1)$	$[(r_{m1} - c_{m1}) - (r_{m0} - c_{m0})] + (c_1 - c_0 - R_1)$
$(1, 1)$	$[(r_1 - c_1 + R_1) - (r_0 - c_0)] \times [(r_{m1} - c_{m1}) - (r_{m0} - c_{m0})]$	$-[(r_1 - c_1 + R_1) - (r_0 - c_0)] - [(r_{m1} - c_{m1}) - (r_{m0} - c_{m0})]$

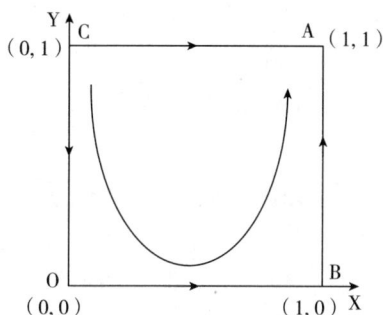

图3-2 当政府补贴 $R_1 > c_1 - c_0$ 时奶农与乳企演化博弈的动态相位

以上分析表明，当奶农和乳企的超额收益都为正时，政府对于奶农的补贴弥补奶农进入规模化养殖小区的成本，当补贴额度大于增加的成本时，不论最初进入规模养殖小区的奶农和投资规模化养殖小区的乳企比例有多少，经过一段时间，所有的奶农和乳企都会支持生鲜乳生产模式的转变，即系统只有唯一一个演化稳定策略（规模养殖，投资）。

第四节 基于调研数据的实例验证

为进一步分析奶农与乳企转变生鲜乳生产模式的演化博弈过程，笔者基于实地调研数据，运用 Matlab 软件进行数值仿真。资料来源主要为笔者在 2016 年前往内蒙古呼和浩特市和林格尔县盛乐镇上土城村奶牛养殖小区 A、内蒙古呼和浩特规模化牧场 B 的调研内容，以及与蒙牛集团高层管理人员、规模化牧场 B 管理人员访谈内容。在此基础上，经合理估算，对博弈支付矩阵中各参数设置分别如下：①根据调研养殖小区一年内被拒收概率以及小区管理者对当地散养奶农生产的生鲜乳质量水平的了解情况，设置养殖小区的生鲜乳质量水平为 $\alpha = 0.8$，散养的生鲜乳质量水平为 $\beta = 0.6$。②根据养殖小区以及牧场管理人员介绍，目前内蒙古呼和浩特以及周边地区规模化养殖小区的生鲜乳收购价格 $q_1 = 3.4$ 元/公斤，生产成本大致为 $c_1 = 0.44$ 元/公斤；而散养奶农的收购价维持在 $q_0 = 3$ 元/公斤，生产成本大致为 $c_0 = 0.32$ 元/公斤；目前国内普通常温奶售价 $p_0 = 8$ 元/公斤，而质量水平稍高的牛奶售价也会有所提高，由于养殖小区的生鲜乳质量水平较高，因此，设其生产的牛奶产品的售价 $p_1 = 12$ 元/公斤。③根据某大型乳企管理人员提供的信息，液态奶毛利润为 10%，其中加工成本占总成本的 10% ~ 20%，据此估算养殖小区生鲜乳制售液态奶的生产加工成本 $c_{m1} = 2.5$ 元/公斤，散养奶农生产生鲜乳制售的液态奶生产加工成本 $c_{m0} = 1.5$ 元/公斤。

一、市场机制下演化路径影响因素仿真

下面主要分析当奶农与乳企超额收益都为正的情形下，规模化养殖小区模式下生鲜乳收购价格 q_1 （$2.74 < q_1 < 6.28$）、检测合格生鲜乳比例 α （$0.6 < \alpha < 1$）、奶农生产成本 c_1 （$0.32 < c_1 < 0.9$）以及乳企投资规模化养殖小区的成本 c_{m1} （$1.5 < c_{m1} < 4.52$）对系统演化路径以及演化概率的影响作用。

图 3 - 3 （a）描述了当其他参数值保持不变，q_1 分别取值 3，4，5，5.5 时，初始位置 （0.3，0.3）的演化轨迹。从图中可以看出，随着 q_1 的增加，该点的演化路径从收敛于 （0，0）点逐渐转变为收敛于 （1，1）点，最终又重新收敛于 （0，0）点。图 3 - 3 （b）描述了当其他参数值保持不变，α 分别取值 0.7，0.8，0.9 时，q_1 对系统收敛于 （1，1）点的概率 S_A 的具体影响。从图 3 - 3 中可以看出，S_A 关于 q_1 的函数图像呈现倒 "U" 型分布，表明在每一个 α 值下，存在一个最优 q_1 值使 S_A 取得最大值，且最大值随着 α 的增加而增加，此时系统收敛于 （1，1）点的概率最大。综上所述，q_1 对于系统演化路径的影响作用是变化的，随着 q_1 在取值范围内逐渐增加，系统演化到帕累托最优策略 （规模养殖，投资）的概率先增加后减小，命题 3 - 3 的正确性得到验证。由此可见，在一定范围内适当增加生鲜乳收购价格确实可以推进我国生鲜乳生产模式的升级，但该价格并非越高越好，一方面，过高的收购价格可能降低企业的利润空间，致使企业放弃投资规模化养殖小区；另一方面，可能增加奶农的投机行为，最终导致生鲜乳生产模式无法改变。

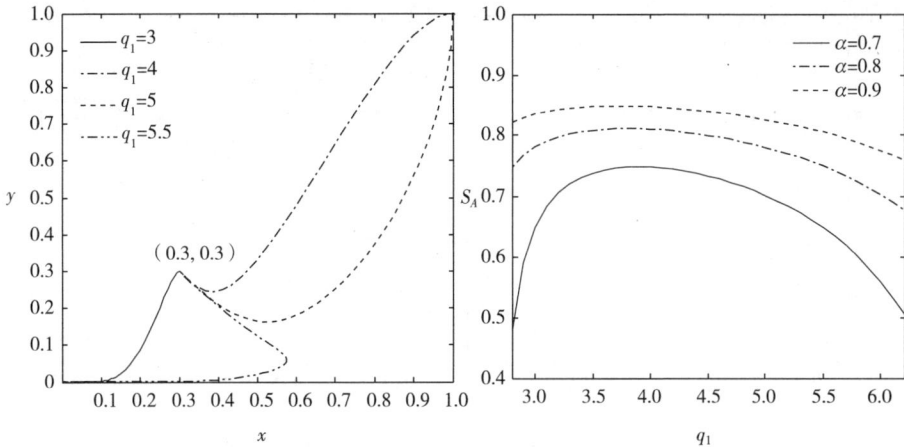

（a）q_1对生产模式转变演化路径的影响　　（b）q_1对生产模式转变演化概率的影响

图 3-3　生鲜乳收购价格的影响作用

当其他参数值保持不变时，α 分别取值 0.65，0.7，0.8，0.9，初始位置 (0.2, 0.3) 的演化轨迹变化如图 3-4（a）所示。从图中可以看出，随着 α 增加，该点的演化路径从收敛于 (0, 0) 点逐渐转变为收敛于 (1, 1) 点，且收敛到 (1, 1) 点的速度越来越快。图 3-4（b）描述了当其他参数值保持不变时，q_1 分别取值 3，4，5.5，6 时，α 对系统收敛于 (1, 1) 点的概率 S_A 的影响。从图 3-4 中可以看出，α 对于系统演化路径的影响作用是明确的，随着 α 在取值范围内增加，系统演化到帕累托最优策略（规模养殖，投资）的概率增加，命题 3-4 的正确性得到验证。由此可见，检测合格生鲜乳比例 α 的提高可以促进双方转变生鲜乳生产模式，而规模化养殖小区模式可以提升生鲜乳的质量水平，从而进一步提高检测合格的生鲜乳比例。因此，通过提高检测合格生鲜乳比例可以形成生鲜乳质量水平与规模化生产模式发展的良性循环。

保持其他参数值不变，当 c_1 分别取值 0.5，0.6，0.7，0.8 时，初始位置 (0.4, 0.4) 的演化轨迹变化如图 3-5（a）所示。从图 3-5（a）中可以看出，随着 c_1 增加，该点的演化路径起初收敛于 (1, 1) 点，逐渐转变为收敛于 (0, 0) 点，且收敛到 (0, 0) 点的速度越来越快。图 3-5（b）描述了当其他参数值保持不变、α 分别取值 0.7，0.8，0.9 时，c_1 对系统收敛于 (1, 1) 点的概率 S_A 的影响。从图 3-5（b）中可以看出，c_1 对于系统演化路径的影响作用是明确的，随着 c_1 在取值范围内的增加，系统演化到帕累托最优策略（规模养殖，投资）的概率越小，命题 3-5 的正确性得到验证。因此，当进入规模化养殖小区的生产成本增高时，奶农会因收益减少而继续选择散养模式，从而阻碍

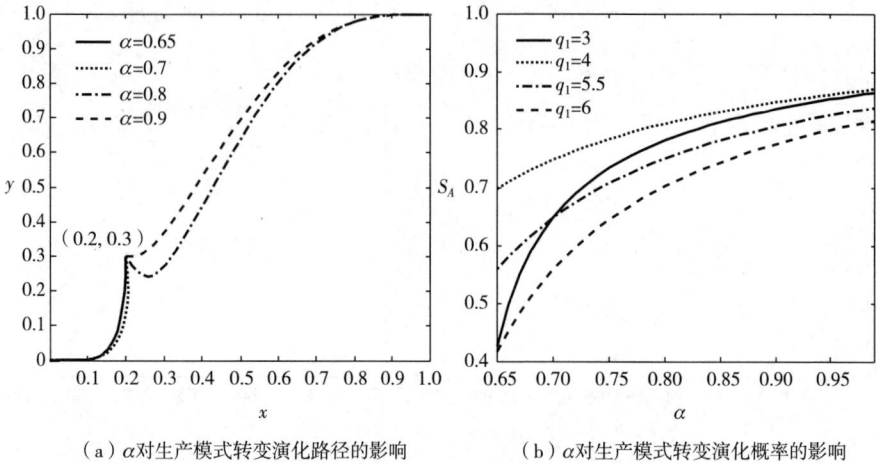

（a）α对生产模式转变演化路径的影响　　　（b）α对生产模式转变演化概率的影响

图3-4　检测合格生鲜乳比例的影响作用

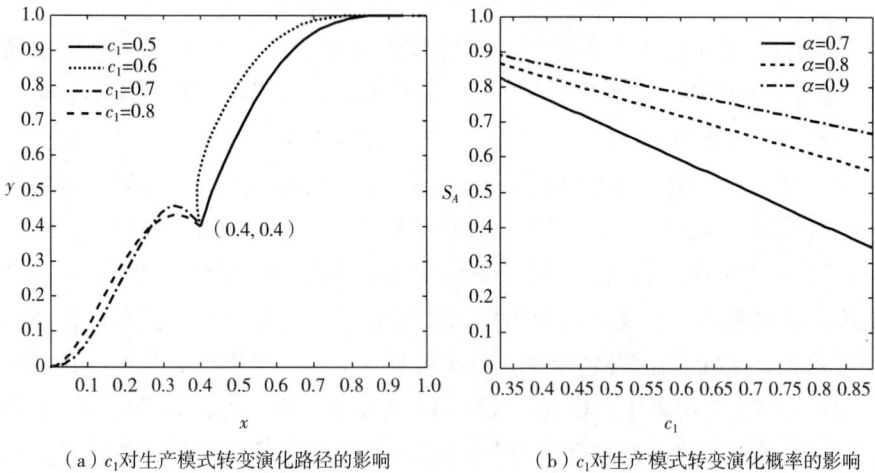

（a）c_1对生产模式转变演化路径的影响　　　（b）c_1对生产模式转变演化概率的影响

图3-5　奶农生产成本的影响作用

我国生鲜乳生产模式转变的进程。

　　当其他参数值保持不变时，c_{m1}分别取值2，2.5，3，3.5，初始位置（0.4，0.4）的演化轨迹变化如图3-6（a）所示。从图3-6（a）中可以看出，随着c_{m1}增加，该点的演化路径从收敛于（1，1）点逐渐转变为收敛于（0，0）点，且收敛到（0，0）点的速度越来越快。图3-6（b）描述了当其他参数值保持不变时，α分别取值0.7，0.8，0.9时，c_{m1}对系统收敛于（1，1）点的概率S_A的影响。从图中可以看出，随着c_{m1}在取值范围内增加，系统演化到帕累托最优策略（规模养殖，投资）的概率减小，命题3-6的正确性得到验证。由此可见，同奶农一样，当投资规模化养殖小区的成本越高时，乳企会因收益减少而放弃投资，从而制约了我国规模化生鲜乳生产方式的发展进程。

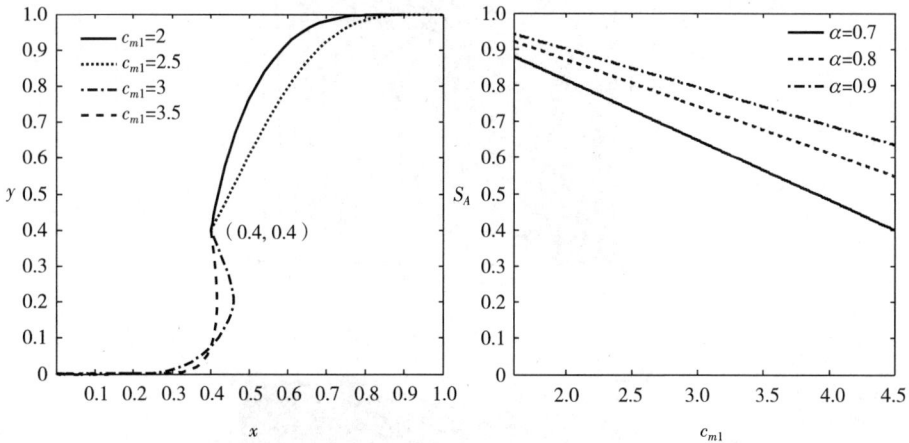

（a）c_{m1}对生产模式转变演化路径的影响　　　（b）c_{m1}对生产模式转变演化概率的影响

图3-6　乳企投资规模化养殖小区成本的影响作用

此外，通过对比图3-3（b）、图3-4（b）、图3-5（b）、图3-6（b）可知，奶农进入养殖小区的生产成本c_1与乳企投资成本c_{m1}对系统演化到最优策略（规模养殖，投资）的概率的影响作用最大，即当c_1和c_{m1}取值较低时，S_A的值显著提高。由此可知，适当降低生鲜乳生产模式转变过程中奶农与乳企的成本，是推动规模化生产模式发展进程的有效手段。

二、政府补贴机制下演化路径影响因素仿真

下面主要分析当奶农与乳企超额收益都为正的情形下，政府面向奶农的补贴额度R_1对系统演化路径的影响。由前面分析可知，在补贴机制下，系统只有一个演化均衡策略（1，1）的充要条件是$R_1 > c_1 - c_0$，计算得$R_1 > 0.12$，即当进入规模化养殖小区的奶农生产每公斤优质生鲜乳得到政府补贴额度大于0.12元时，不论最初支持规模化生产模式的奶农和乳企比例有多少，经过一段时间，所有的奶农和乳企都会选择支持生鲜乳生产模式转变的策略。因此，保持其他参数不变，令R_1分别取值0，0.1，0.2，图3-7（a）（b）（c）分别描述了R_1取值不同时系统的复制动态相位图，系统存在的ESS、鞍点与不稳定点分别用"△""○""□"表示。从图中可知，随着R_1的增加，系统由两个ESS（0，0）和（1，1）逐渐变为一个ESS（1，1）。

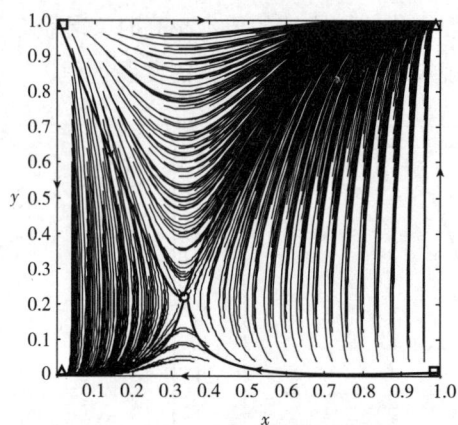

（a）R_1=0时复制动态相位仿真图

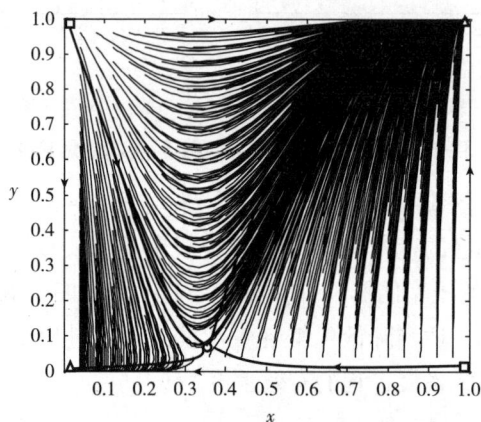

（b）R_1=0.1时复制动态相位仿真图

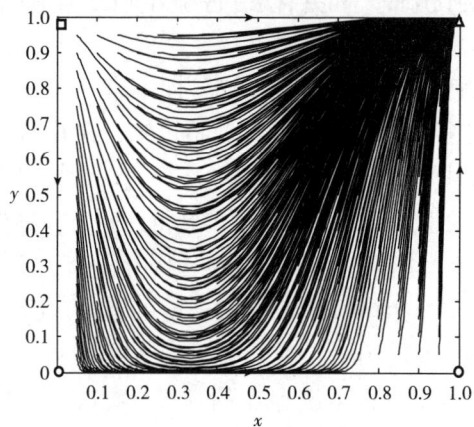

（c）R_1=0.2时复制动态相位仿真图

图 3－7　不同补贴额度对生鲜乳生产模式转变演化路径的影响

　　下面选取在无补贴情况下演化收敛于（0，0）的三个初始点（0.5，0.3），（0.5，0.02），（0.05，0.6），具体研究其演化轨迹的变化。由图3-8可知，随着补贴 R_1 的增加，这三点的演化路径从收敛于（0，0）点逐步向收敛于（1，1）点变化；当 R_1 取值小于临界值0.12时（$R_1 = 0.1$），点（0.05，0.6）仍然收敛于（0，0）点，说明当补贴额度只弥补了一部分养殖成本的差额时，博弈存在（散养，不投资）、（规模养殖，投资）两个演化均衡策略；当 R_1 取值大于临界值0.12时（$R_1 = 0.2$），图中三个不同的初始状态全部收敛于（1，1）点，说明当补贴额度大于增加的成本时，无论初始位置在何处，博弈存在（规模养殖，投资）唯一一个演化均衡策略，命题3-8的正确性得到验证。由此可知，在合理的范围内对奶农进行补贴，不仅减少了奶农的生产成本，而且可以提高奶农进入规模化养殖小区的积极性，从而加快模式转变的进程。

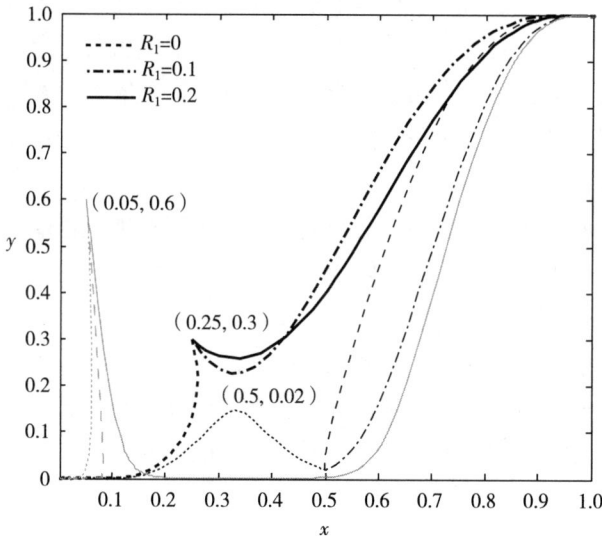

图3-8　政府补贴 $R_1 = 0$，0.1，0.2时对生鲜乳生产模式转变演化路径的影响

第五节　本章小结

　　首先，本章对我国奶业规模化养殖现状及存在的问题进行分析。其次，基于演化博弈理论，以有限理性的奶农和乳制品企业为决策主体，构建市场机制下养

殖模式转变的演化博弈模型，求解不同情形下奶农与乳制品企业的演化稳定策略，分析最终实现养殖—投资环节两者质量行为协调的演化稳定策略的影响因素；构建政府补贴机制下养殖模式转变的演化博弈模型，求解实现养殖—投资环节质量行为协调的合理的政府补贴额度。最后，基于实地调研数据进行数值模拟，验证理论分析结果，研究结果表明：

第一，最终实现养殖—投资环节奶农和乳制品企业质量行为协调的演化稳定策略是（规模养殖，投资），但在市场机制下，奶农与乳企行为策略的选择与双方的超额收益密切相关，当双方的超额收益不断变化时，博弈会依次出现（散养，不投资）、（规模养殖，投资）和（散养，不投资）等策略共存的演化稳定状态。

第二，当双方超额收益都为正时，规模化生产模式下生鲜乳收购价格、检测合格生鲜乳比例、奶农进入规模化养殖小区生产成本、乳企投资规模化养殖小区成本对演化稳定策略的变化有不同的影响作用，其中以奶农生产成本与乳企投资成本的影响作用最为显著，当奶农生产成本与乳企投资成本显著降低时，系统演化到（规模养殖，投资）的概率明显增加，即生鲜乳生产模式向规模化转变的可能性显著提高。

第三，当奶农与乳企的超额收益都为正时，政府对进入养殖小区奶农实施补贴政策，当补贴额度大于奶农模式转变成本差额时，博弈只存在（规模养殖，投资）一个演化稳定策略。

因此，在政府为奶农提供相关政策补贴的前提下，乳制品核心企业可以通过适当提高生鲜乳收购价格、提升生鲜乳检验水平以及对奶农提供技术支持等方式实现养殖—投资环节奶农和乳制品企业质量行为的协调。

第四章
乳制品供应链生鲜乳
生产—检验环节质量行为协调

生鲜乳质量安全除了需要上游奶农在养殖以及生鲜乳生产过程中进行有效的质量控制之外，还需要乳制品企业在生产环节进行有效的质量检测。众多的食品质量安全事件表明，由于上游供应商数量众多、小而分散、追溯体系不健全，且乳企基于奶站或小区层面实施平均检验，我国生鲜乳供应阶段的信息不对称现象仍然存在。这种信息的不对称，一方面使生鲜乳供应商在进行生产决策时存在隐匿质量信息的单方败德行为，例如，掺假或以次充好；另一方面，使乳制品核心企业在对生鲜乳进行质量检验决策时，存在对原料的质量检验过程"过度检验"的现象，即夸大质量缺陷的道德风险。例如，在奶源供过于求的季节，乳制品企业往往会提高收购标准或加强质量检验，拒收奶农的生鲜乳。因此，在现实的交易过程中，奶牛养殖户生鲜乳生产的质量控制水平以及乳制品核心企业的质量检验水平都无法被对方观测，为防止奶农的不道德行为，企业加大质量检验投入，提高质量检验水平，但这种行为不仅会增加大量的成本，也会在一定程度上降低奶农的收益，影响生鲜乳质量水平的提高。基于此，本章基于委托代理理论，构建双边道德风险下基于质量损失分担契约的乳制品供应链生鲜乳生产—检验阶段的质量控制模型，比较内部损失分担、外部损失分担以及内外部损失共同分担的质量协调契约，帮助乳制品核心企业寻找可以协调生鲜乳供应商和乳制品企业的质量控制以及质量检测行为的最优契约。

第一节　模型描述与相关符号定义

本章节研究对象是本书研究对象的一部分，即研究由一个乳制品核心企业和一个生鲜乳供应商组成的乳制品供应链系统。供应链系统由乳制品核心企业主导，且仅生产一种液态奶产品。核心企业对生鲜乳进行简单的加工包装，最终产品的质量水平完全取决于生鲜乳的质量水平，且不考虑国家质检机构对产品的抽查，具体过程如下：

（1）生鲜乳供应商向乳制品核心企业提供原料，首先需对生鲜乳的质量控制水平进行决策，设供应商质量控制水平为 q，代表生鲜乳供应商的质量投入水平或质量控制过程的努力程度（$0 \leq q \leq 1$），相应的质量控制成本为 $C_F(q)$。

（2）乳制品核心企业需要对生鲜乳进行质量检验决策，设质量检验水平为 θ，相应的质量检验成本为 $C_M(\theta)$。核心企业根据最终的检测结果，做出收购或者拒收生鲜乳的决策。当生鲜乳供应商提供了优质合格的原料时，检测系统能够完全识别；当供应商提供了存在质量安全问题的原料时，检测系统只能部分识别。如果系统成功识别不符合质量标准或存在质量安全问题的生鲜乳时，企业将拒收，因此，系统会产生内部损失 R。通过质量检验的生鲜乳，则会被乳制品企业成功收购，单位价格为 p。

（3）乳制品核心企业对通过质量检验的合格生鲜乳进行加工包装，生产出可供消费者食用的液态奶产品并出售，其单位加工成本为 c，产品的单位售价为 w。对于存在质量问题的乳制品，消费者向乳制品企业提出索赔，供应链系统产生外部损失成本 $(w+l)$。

本章所用到的变量定义如下：

U：乳制品供应链总期望收益。

U_m：乳制品核心企业的期望收益。

U_f：生鲜乳供应商的期望收益。

q：生鲜乳供应商的质量控制水平，即生鲜乳的合格率，代表生鲜乳供应商的质量投入水平或质量控制过程的努力程度，且 $0 \leq q \leq 1$。

θ：乳制品核心企业的质量检验水平，即正确检测合格生鲜乳的概率，且 $0 \leq \theta \leq 1$。

$F(q)$：生鲜乳供应商的质量控制成本，且 $F'(q)>0$，$F''(q)>0$，表示生鲜乳供应商提高一单位质量水平，质量控制成本会越来越高。

$D(\theta)$：乳制品核心企业的质量检验成本，且 $D'(\theta)>0$，$D''(\theta)>0$，表示乳制品核心企业提高一单位质量检验水平，质量检验成本会越来越高。

p：生鲜乳单位收购价格。

c：生鲜乳单位加工成本。

w：单位生鲜乳生产的最终产品的市场售价。

R：因为生鲜乳不合格而导致的内部损失，指产品销售前由于原材料不合格等原因所引发的成本，主要包括返工成本、报废成本、采购替代品的成本以及耽误生产和销售的成本等。这里仅指企业重新购买生鲜乳的成本，或企业使用自己储备的喷粉液态奶。

l：不合格乳制品所引致的消费者索赔成本。

$w+l$：外部损失成本，是指销售不合格产品后引起的损失，主要包括产品召回成本、退货成本以及商誉损失成本等。这里仅指退货成本 w 和消费者额外的索赔成本 l。

综上，该理论模型需满足假设条件如下：

①乳制品核心企业和生鲜乳供应商都是风险中性的，期望效用等于期望收入。

②企业的质量检验决策与供应商的质量控制决策是彼此独立的。

③企业的质量检测系统存在一定失误，能正确识别合格生鲜乳，但只能部分识别问题生鲜乳。

④企业的质量检验过程不改变生鲜乳的质量水平。

⑤企业加工包装过程的质量控制水平为1，加工包装不改变生鲜乳的质量水平，且最终产品的质量水平完全取决于生鲜乳的质量水平。

⑥存在质量问题的生鲜乳生产出的不合格产品一定会被消费者发现。

⑦外部损失成本大于内部损失成本。

⑧乳制品核心企业与生鲜乳供应商均追求最大化的期望利润。

第二节　集中决策下的乳制品供应链生鲜乳生产—检验环节质量控制模型

两级供应链理想的质量控制模型是供应链上下游之间信息充分且完全，不存在道德风险，生鲜乳供应商被看作乳制品核心企业内部的一个部门，集中决策者以实现整体收益最大化为目标，联合决策生鲜乳的质量控制水平和质量检测水平，继而进行加工和产品出售。因此，构建乳制品供应链集中决策下收益函数如下：

$$U = w - c - \theta(1-q)R - (1-\theta)(1-q)(w+l) - D(\theta) - F(q) \qquad (4-1)$$

集中决策状态下，供应链系统质量控制最优化问题为：

$$\max_{q,\theta} U(q,\ \theta) = w - c - \theta(1-q)R - (1-\theta)(1-q)(w+l) - D(\theta) - F(q)$$

$$(4-2)$$

$$\text{s. t. } q = \arg\max_{q>0} U(q,\ \theta) \qquad (4-3)$$

$$\theta = \arg\max_{\theta>0} U(q,\ \theta) \qquad (4-4)$$

为保证研究意义，进一步假设：

假设1：供应链系统提高质量检验水平产生的边际利润高于因此产生的边际成本。

$$(1-q)(w+l-R) \geqslant D'(\theta) \qquad (4-5)$$

假设2：供应链系统提高生鲜乳质量水平产生的边际利润高于因此产生的边际成本。

$$\theta R + (1-\theta)(w+l) \geqslant F'(q) \qquad (4-6)$$

令总收益函数 U 分别对 q 和 θ 求一阶偏导数，得以下两式：

$$U_q(q,\ \theta) = \theta R + (1-\theta)(w+l) - F'(q) \qquad (4-7)$$

$$U_\theta(q,\ \theta) = (1-q)(w+l-R) - D'(\theta) \qquad (4-8)$$

令 $\partial U/\partial q = \partial U/\partial \theta = 0$，可得式（4-9）、式（4-10）：

$$U_q(q^*,\ \theta^*) = \theta^* R + (1-\theta^*)(w+l) - F'(q^*) = 0 \qquad (4-9)$$

$$U_\theta(q^*,\ \theta^*) = (1-q^*)(w+l-R) - D'(\theta^*) = 0 \qquad (4-10)$$

此时乳制品供应链系统利润达到最大化，边际收益等于边际成本，其中 q^*，

θ^* 表示集中决策下生鲜乳最优质量控制水平以及最优质量检验水平。

命题 4-1　当生鲜乳质量控制成本升高时，系统最优生鲜乳质量控制水平将提高，同时最优生鲜乳的质量检验水平将降低。

证明：用 f 表示生鲜乳质量控制成本参数，即 $F(q) = F(f, q)$。且生鲜乳质量控制成本和边际质量成本随着成本参数 f 的增长而增长，即 $F_f > 0$ 且 $F_{fq} > 0$。

若要证明该命题，只需证明生鲜乳质量控制成本的变化与生鲜乳质量控制水平的变化方向相同，与生鲜乳质量检验水平的变化方向相反，即证明 $[dq^*/df] > 0$ 且 $[d\theta^*/df] < 0$。

令式（4-9）、式（4-10）分别对供应商的质量成本参数 f 求一阶偏导，且令导数等于 0，可得：

$$(R - w - l)[d\theta^*/df] - F_{qf}(f, q) - F_{qq}(f, q)[dq^*/df] = 0 \tag{4-11}$$

$$(R - w - l)[dq^*/df] - D''(\theta)[d\theta^*/df] = 0 \tag{4-12}$$

解得：

$$[dq^*/df] = -\frac{D''(\theta)F_{qf}(f, q)}{D''(\theta)F_{qq}(f, q) - (w + l - R)^2} > 0 \tag{4-13}$$

$$[d\theta^*/df] = \frac{(w + l - R)F_{qf}(f, q)}{D''(\theta)F_{qq}(f, q) - (w + l - R)^2} < 0 \tag{4-14}$$

式（4-14）可由生鲜乳质量控制成本函数、质量检验成本函数为凸函数的性质，以及假设条件可以得出。由此可知，若生鲜乳质量控制成本升高，则供应链系统的最优生鲜乳质量控制水平将提高，而最优质量检测水平将降低。

命题 4-2　当生鲜乳检验成本提高，供应链系统最优质量检验水平将提高，而生鲜乳最优质量控制水平将降低。

证明：用 n 表示生鲜乳质量检验成本参数，即 $D(\theta) = D(n, \theta)$。且生鲜乳质量检验成本和边际质量检验成本随着成本参数 d 的增长而增长，即 $D_n > 0$ 且 $D_{n\theta} > 0$。

要证明该命题，只需证明生鲜乳质量检验成本的变化与生鲜乳质量检验水平的变化方向相同，与生鲜乳质量控制水平的变化方向相反，即证明 $[d\theta^*/dn] > 0$ 且 $[dq^*/dn] < 0$。

令式（4-9）、式（4-10）分别对供应商的质量成本参数 n 求一阶偏导，且令导数等于 0，可得：

$$(R - w - l)[d\theta^*/dn] - F''(q)[dq^*/dn] = 0 \tag{4-15}$$

$$(R - w - l)[dq^*/dn] - D_{\theta n}(\theta, n) - D_{\theta\theta}(\theta, n)[d\theta^*/dn] = 0 \qquad (4-16)$$

解得：

$$[dq^*/dn] = \frac{(w + l - R)D_{\theta n}(\theta, n)}{D''(\theta)F_{qq}(f, q) - (w + l - R)^2} < 0 \qquad (4-17)$$

$$[d\theta^*/dn] = -\frac{D_{\theta n}(\theta, n)F''(q)}{F''(q)D_{\theta\theta}(\theta, n) - (w + l - R)^2} > 0 \qquad (4-18)$$

式（4-18）可由生鲜乳质量控制成本函数、质量检验成本函数为凸函数的性质，以及假设条件可以得出。由此可知，若生鲜乳质量检验成本提高，则供应链系统最优质量检验水平将提高，而生鲜乳最优质量控制水平将降低。

命题 4-3 生鲜乳质量控制成本、生鲜乳质量检验成本任一成本降低时，供应链系统的期望收益将增加。

证明：令供应链系统的总收益 U 对生鲜乳质量控制成本参数 f 求一阶导数，可得：

$$U = w - c - \theta(1-q)R - (1-\theta)(1-q)(w+l) - D(\theta) - F(q) \qquad (4-19)$$

$$\begin{aligned}
[dU/df] = &-R[d\theta^*/df] + qR[d\theta^*/df] + \theta R[dq^*/df] + \\
&(w+l)[d\theta^*/df] + (w+l)[dq^*/df] - q(w+l) \\
&[d\theta^*/df] - \theta(w+l)[dq^*/df] - D'(\theta)[d\theta^*/df] - \\
&F_f(q, f) - F_q(q, f)[dq^*/df]
\end{aligned} \qquad (4-20)$$

整理得：

$$\begin{aligned}
[dU/df] = &[(1-q)(w+l-R) - D'(\theta)][d\theta^*/df] + \\
&[\theta R + (1-\theta)(w+l) - F_q(q, f)][dq^*/df] - F_f(q, f)
\end{aligned} \qquad (4-21)$$

式（4-21）中 $F_q(q, f)$ 即为 $F'(q)$，代入式（4-9）和式（4-10）可得：

$$[dU/df] = -F_f(q, f) < 0 \qquad (4-22)$$

因此，当生鲜乳质量控制成本下降时，乳制品供应链系统整体利润将上升，同理可得：

$$[dU/dn] = -D_n(\theta, n) < 0 \qquad (4-23)$$

第三节　双边道德风险下基于质量损失分担契约的质量协调模型

不同于欧美乳业发达国家，我国乳制品行业上游主要的生鲜乳供应者（奶农以及中小型牧场）小而分散，他们和乳制品核心企业地位悬殊，难以形成有效的利益联结体，且生产环节和加工环节之间的信息不对称现象仍然存在。因此，乳制品供应链中的生鲜乳供应商和乳制品核心企业不会从供应链系统的整体最优的角度进行决策，而是以最大化自己利润为原则进行行为决策，这样的行为决策最终会偏离全局最优解，导致供应链整体的效益降低。在现实中，需设计不同的契约来协调两者的行为，从而保证供应链整体收益。

质量管理的最终目的是提高合格率，降低损失成本。在质量损失存在的情况下，可以通过对质量损失进行惩罚来达到质量控制的目的。因此，很多学者通过设计一些惩罚合同，对供应链主体的较低的质量投入行为进行惩罚，这种惩罚包括基于质量检测信息的内部惩罚和基于损失分担的外部惩罚，即在考虑信息不对称且供应链存在产品质量失误的情况下，针对内部惩罚、外部损失分担以及组合惩罚方式，通过制定合理的内、外部损失分配系数，选择最优质量控制水平和最优检测水平（朱立龙等，2014；崔艳丽，2013；唐美，2011）。本章在综合张娜（2015）、朱立龙等（2013）、严建援等（2015）、申强等（2014）的研究成果以及我国乳制品供应链的实际运作情况后，提出以下几种质量损失分担契约，研究这三类契约是否可以协调乳制品产品生产检验阶段的质量行为。

一、内部损失分担的质量协调契约

在乳制品供应链内部损失分担的质量契约协调下，生鲜乳供应商和乳制品核心企业分别最大化各自的期望利润，若核心企业检测出原料存在问题，则生鲜乳供应商和乳制品核心企业按照一定比例共同承担这部分原料造成的内部损失；外部损失由核心企业全部承担。从成本产生的根源来讲，这部分内部损失成本是因生鲜乳供应商的质量控制水平较低而引起的，因而由生鲜乳供应商部分承担有利于其提高生鲜乳的质量水平；在乳制品企业质量控制水平较高且不变时，外部损失成本的产生，可认为是乳制品核心企业质量检验能力不足所导致的，因而由企业承担外部损失成本有利于其不断提高生鲜乳的质量检验水平。

假设生鲜乳供应商承担的内部损失的比例为 α（$0 < \alpha < 1$），则乳制品核心企业承担的内部损失比例为（$1 - \alpha$）。

双边道德风险下双方基于内部损失分担的质量协调契约的决策过程如下：

（1）生鲜乳供应商和乳制品核心企业签订契约，就契约中的参数 $\{p, \alpha\}$ 达成一致。

（2）生鲜乳供应商以自身收益最大化为原则，选择生鲜乳质量控制水平 q，q 不可观测。

（3）乳制品核心企业以自身收益最大化为原则，选择生鲜乳质量检验水平 θ，θ 不可观测。

（4）乳制品核心企业对供应商提供的生鲜乳进行检验，以单价 p 收购合格的生鲜乳；针对不合格的生鲜乳造成的内部损失 R，根据双方签订的契约双方共同承担，其中企业承担的内部损失为（$1 - \alpha$）R，生鲜乳供应商承担的内部损失为 αR。

（5）乳制品核心企业加工并向消费者出售最终的液态奶产品。

（6）消费者在食用过程中发现不合格乳制品，向乳制品企业提出退货和索赔的要求，企业承担外部损失成本 $w + l$，其中 w 是退货成本，l 是额外索赔。

据此可构建生鲜乳供应商和乳制品核心企业的收益函数：

$$U_m^1 = w - c - [1 - \theta(1-q)]p - (1-\alpha)\theta(1-q)R -$$
$$(1-\theta)(1-q)(w+l) - D(\theta) \tag{4-24}$$

$$U_f^1 = [1 - \theta(1-q)]p - \alpha\theta(1-q)R - F(q) \tag{4-25}$$

在双边道德风险条件下，乳企设计的质量协调契约除了满足生鲜乳供应商的激励相容约束和参与约束之外，还要满足自身期望收益最优的条件。基于委托代理模型的最优化问题可描述为：

$$\max_{q, \theta} U_m^1$$
$$\text{s. t. } (IR)\, U_f^1(q_1^*, \theta_1^*) \geqslant u \tag{4-26}$$

$$(IC)\, \frac{\partial U_f^1}{\partial q} = 0 \tag{4-27}$$

$$(IC)\, \frac{\partial U_m^1}{\partial \theta} = 0 \tag{4-28}$$

式（4-27）和式（4-28）分别为生鲜乳供应商和乳制品核心企业的激励

相容约束，式（4-26）为生鲜乳供应商的参与约束，其中，u 为生鲜乳供应商的保留效用。q_1^* 以及 θ_1^* 分别表示双边道德风险下，在接受内部损失分担的质量契约协调后，乳制品供应链双方最优生鲜乳质量控制水平以及最优生鲜乳检验水平。

　　命题4-4　在双边道德风险下，内部损失分担契约不能实现对乳制品供应链生鲜乳质量的最优协调，即对于任意的 $\alpha \in (0, 1)$，$\{q^*, \theta^*\}$ 不是该模型的解。

　　证明：采用反证法，设 $\{q^*, \theta^*\}$ 为双边道德风险下内部损失分担协调模型的解，此时生鲜乳最优收购价和生鲜乳供应商分担内部损失的最优比例分别为 p_1^*、α^*。

　　由式（4-27）、式（4-28）可得：

$$\theta^* p_1^* + \alpha^* \theta^* R - F'(q^*) = 0 \tag{4-29}$$

$$(1 - q^*) p_1^* - (1 - \alpha^*)(1 - q^*) R + (1 - q^*)(w + l) - D'(\theta_1^*) = 0 \tag{4-30}$$

　　由式（4-9）和式（4-10）可知 $F'(q^*) = \theta^* R + (1 - \theta^*)(w + l)$，$D'(\theta^*) = (1 - q^*)(w + l - R)$，代入式（4-29）、式（4-30）整理可得：$\theta^* = (w + l)/(w + l - R)$。由假设条件可知 $w + l > R$，因而 $\theta^* = (w + l)/(w + l - R) > 1$ 与变量假设中 $0 < \theta < 1$ 相矛盾。所以，在双边道德风险下，内部损失分担契约不能实现对乳制品供应链生鲜乳质量的最优协调。

二、外部损失分担的质量协调契约

　　在乳制品供应链外部损失分担的质量协调契约下，生鲜乳供应商和乳制品核心企业分别最大化各自的期望利润，若核心企业检测出原料存在问题，则乳制品核心企业承担这部分原料造成的内部损失；当不合格的乳制品引发外部损失时，生鲜乳供应商和乳制品核心企业按照一定比例分担外部损失。

　　假设生鲜乳供应商承担的外部损失的比例为 β（$0 < \beta < 1$），则乳制品核心企业承担的外部损失比例为（$1 - \beta$）。

　　双边道德风险下双方基于外部损失分担的质量协调契约的决策过程如下：

　　（1）生鲜乳供应商和乳制品核心企业签订契约，就契约中的参数 $\{p, \beta\}$ 达成一致。

　　（2）生鲜乳供应商以自身收益最大化为原则，选择生鲜乳质量控制水平 q，q 不可观测。

（3）乳制品核心企业以自身收益最大化为原则，选择生鲜乳质量检验水平 θ，θ 不可观测。

（4）乳制品核心企业对供应商提供的生鲜乳进行检验，以单价 p 收购合格的生鲜乳；针对不合格的生鲜乳造成的内部损失 R，由乳制品核心企业承担。

（5）乳制品核心企业加工并向消费者出售最终产品。

（6）消费者在食用过程中发现不合格乳制品，向乳制品企业提出退货和索赔的要求，外部损失成本 $w + l$，根据双方签订的契约，其中企业承担的外部损失为 $(1 - \beta)(w + l)$，生鲜乳供应商承担的外部损失为 $\beta(w + l)$。

据此可构建生鲜乳供应商和乳制品核心企业的收益函数：

$$U_m^2 = w - c - [1 - \theta(1 - q)]p - \theta(1 - q)R - (1 - \beta)(1 - \theta)(1 - q)(w + l) - D(\theta) \tag{4-31}$$

$$U_f^2 = [1 - \theta(1 - q)]p - \beta(1 - \theta)(1 - q)(w + l) - F(q) \tag{4-32}$$

基于委托代理模型的最优化问题可描述为：

$$\max_{q,\theta} U_m^2 \tag{4-33}$$

$$\text{s. t. } (IR)\, U_f^2(q_2^*,\ \theta_2^*) \geqslant u \tag{4-34}$$

$$(IC)\, \frac{\partial U_f^2}{\partial q} = 0 \tag{4-35}$$

$$(IC)\, \frac{\partial U_m^2}{\partial \theta} = 0 \tag{4-36}$$

其中，u 表示生鲜乳供应商的保留效用。q_2^* 以及 θ_2^* 分别表示双边道德风险下，在接受外部损失分担的质量契约协调后，乳制品供应链双方最优生鲜乳质量控制水平以及最优生鲜乳检验水平。

命题 4 - 5 在双边道德风险下，在外部损失分担质量契约的协调下，乳制品供应链可以实现整体收益最大化，且参数满足 $\beta^* = 1 - \theta^*\left(1 - \dfrac{R}{w + l}\right)$，$p_2^* = (1 - \theta^*)(w + l - R) + R$。

证明：式（4 - 34）取等号，并对式（4 - 33）至式（4 - 36）构建拉格朗日函数 L：

$$L = U_m^2 + \mu_2(U_f^2 - u) + \lambda_2 \frac{\partial U_f^2}{\partial q} + \eta_2 \frac{\partial U_m^2}{\partial \theta} \tag{4-37}$$

其中，μ_2，λ_2，η_2 分别为各约束式的拉格朗日因子。令 L 分别对 p、β 求偏一阶导数，可得：

$$\frac{\partial L}{\partial p} = -[1-\theta(1-q)] + \mu_2[1-\theta(1-q)] + \lambda_2\theta + \eta_2(1-q) \tag{4-38}$$

$$\frac{\partial L}{\partial \beta} = (1-\theta)(1-q)(w+l) - \mu_2(1-\theta)(1-q)(w+l) +$$

$$\lambda_2(1-\theta)(w+l) - \eta_2(1-q)(w+l) \tag{4-39}$$

令式（4-38）和式（4-39）分别等于0，可得$\mu_2=1$，$\lambda_2=0$，$\eta_2=0$，将其代入式（4-37），令$\frac{\partial L}{\partial q_2^*}=0$，$\frac{\partial L}{\partial \theta_2^*}=0$，解得：

$$L_q(q_2^*, \theta_2^*) = \theta_2^* R + (1-\theta_2^*)(w+l) - F'(q_2^*) = 0 \tag{4-40}$$

$$L_\theta(q_2^*, \theta_2^*) = (1-q_2^*)(w+l-R) - D'(\theta_2^*) = 0 \tag{4-41}$$

将式（4-40）、式（4-41）与集中决策情形下的式（4-9）和式（4-10）比较可知，在外部损失分担契约协调下，乳制品供应链的最优生鲜乳质量控制水平以及检验水平可以达到集中决策的最优水平：$q_2^*=q^*$，$\theta_2^*=\theta^*$。

当乳制品供应链生鲜乳质量控制水平以及质量检验水平达到最优时，联立式（4-34）至式（4-36），解得：

$$\beta^* = 1 - \theta^*\left(1-\frac{R}{w+l}\right) \tag{4-42}$$

$$p_2^* = (1-\theta^*)(w+l-R) + R \tag{4-43}$$

即在双边道德风险下，通过外部损失分担的质量契约的协调，若要使乳制品供应链的生鲜乳质量控制水平以及生鲜乳质量检验水平保持集中决策状态下的最优水平，则参数p，β需满足上式。

三、内部损失与外部损失共同分担的质量协调契约

在乳制品供应链内部损失与外部损失共同分担的质量协调契约下，生鲜乳供应商和乳制品核心企业分别最大化各自的期望利润，若核心企业检测出原料存在问题，则生鲜乳供应商和乳制品核心企业按照一定比例承担这部分原料造成的内部损失；当不合格的乳制品引发外部损失时，生鲜乳供应商和乳制品核心企业按照一定比例分担外部损失。

假设生鲜乳供应商承担的内部损失比例为α（$0<\alpha<1$），承担外部损失的比例为β（$0<\beta<1$），则乳制品核心企业承担的内部损失以及外部损失比例分别为$(1-\alpha)$和$(1-\beta)$。

双边道德风险下双方基于内部损失与外部损失共同分担的质量协调契约的决

策过程如下：

（1）生鲜乳供应商和乳制品核心企业签订契约，就契约中的参数 $\{p,\ \alpha,$ $\beta\}$ 达成一致。

（2）生鲜乳供应商以自身收益最大化为原则，选择生鲜乳质量控制水平 q，q 不可观测。

（3）乳制品核心企业以自身收益最大化为原则，选择生鲜乳质量检验水平 θ，θ 不可观测。

（4）乳制品核心企业对供应商提供的生鲜乳进行检验，以单价 p 收购合格的生鲜乳；针对不合格的生鲜乳造成的内部损失 R，根据双方签订的契约双方共同承担，其中企业承担的外部损失为 $(1-\alpha)R$，生鲜乳供应商承担的外部损失为 αR。

（5）乳制品核心企业加工并向消费者出售最终产品。

（6）消费者在食用过程中发现不合格乳制品，向乳制品企业提出退货和索赔的要求，外部损失成本 $w+l$，根据双方签订的契约，其中企业承担的外部损失为 $(1-\beta)(w+l)$，生鲜乳供应商承担的外部损失为 $\beta(w+l)$。

据此可构建生鲜乳供应商和乳制品核心企业的收益函数：

$$U_m^3 = w - c - [1 - \theta(1-q)]p - (1-\alpha)\theta(1-q)R -$$
$$(1-\beta)(1-\theta)(1-q)(w+l) - D(\theta) \qquad (4-44)$$

$$U_f^3 = [1 - \theta(1-q)]p - \alpha\theta(1-q)R - \beta(1-\theta)(1-q)(w+l) - F(q) \qquad (4-45)$$

基于委托代理模型的最优化问题可描述为：

$$\max_{q,\theta} U_m^3 \qquad (4-46)$$

$$\text{s. t. } (IR)\,U_f^3(q_3^*,\ \theta_3^*) \geq u \qquad (4-47)$$

$$(IC)\,\frac{\partial U_f^3}{\partial q} = 0 \qquad (4-48)$$

$$(IC)\,\frac{\partial U_m^3}{\partial \theta} = 0 \qquad (4-49)$$

其中，u 表示生鲜乳供应商的保留效用。q_3^* 以及 θ_3^* 分别表示双边道德风险下，在接受内部损失和外部损失共同分担的质量契约协调后，乳制品供应链双方最优生鲜乳质量控制水平以及最优生鲜乳检验水平。

命题 4-6 在双边道德风险下，在内部损失和外部损失共同分担质量契约的协调下，乳制品供应链可以实现整体收益最大化，且参数满足 $\alpha^{**} = 1 - \dfrac{1}{R}[F(q^*) + u + (w+l)(1-q^*) - (w+l-R)(1-\theta^*q^*)]$，$\beta^{**} = 1 - \theta^*\left(1 - \dfrac{R}{w+l}\right)$，

$p_3^* = (1 - \theta^*)(w + l - R) + (1 - \alpha^*)R$。

证明：式（4－47）取等号，并对式（4－46）至式（4－49）构建拉格朗日函数 L：

$$L = U_m^3 + \mu_3(U_f^3 - u) + \lambda_3 \frac{\partial U_f^3}{\partial q} + \eta_3 \frac{\partial U_m^3}{\partial \theta} \tag{4-50}$$

其中，μ_3、λ_3、η_3 分别为各约束式的拉格朗日因子。令 L 分别对 p、α、β 求偏一阶导数，可得：

$$\frac{\partial L}{\partial p} = -[1 - \theta(1 - q)] + \mu_3[1 - \theta(1 - q)] + \lambda_3 \theta + \eta_3(1 - q) \tag{4-51}$$

$$\frac{\partial L}{\partial \alpha} = R\theta(1 - q) - \mu_3 R\theta(1 - q) + \lambda_3 \theta R + \eta_3(1 - q)R \tag{4-52}$$

$$\frac{\partial L}{\partial \beta} = (1 - \theta)(1 - q)(w + l) - \mu_3(1 - \theta)(1 - q)(w + l) +$$
$$\lambda_3(1 - \theta)(w + l) - \eta_3(1 - q)(w + l) \tag{4-53}$$

令式（4－51）～式（4－53）分别等于 0，可得 $\mu_3 = 1$，$\lambda_3 = 0$，$\eta_3 = 0$，将其代入式（4－50），令 $\frac{\partial L}{\partial q_3^*} = 0$，$\frac{\partial L}{\partial \theta_3^*} = 0$ 解得：

$$L_q(q_3^*, \theta_3^*) = \theta_3^* R + (1 - \theta_3^*)(w + l) - F'(q_3^*) = 0 \tag{4-54}$$

$$L_\theta(q_3^*, \theta_3^*) = (1 - q_3^*)(w + l - R) - D'(\theta_3^*) = 0 \tag{4-55}$$

将式（4－54）、式（4－55）与集中决策情形下的式（4－9）和式（4－10）比较可知，内部损失与外部损失共同分担契约协调下，乳制品供应链的最优生鲜乳质量控制水平以及检验水平可以达到集中决策的最优水平：$q_3^* = q^*$，$\theta_3^* = \theta^*$。

当乳制品供应链生鲜乳质量控制水平以及质量检验水平达到最优时，联立式（4－47）至式（4－49），解得：

$$U_m^3 = w - c - [1 - \theta(1 - q)]p - (1 - \alpha)\theta(1 - q)R -$$
$$(1 - \beta)(1 - \theta)(1 - q)(w + l) - D(\theta) \tag{4-56}$$

$$\beta^{**} = 1 - \theta^*\left(1 - \frac{R}{w + l}\right) \tag{4-57}$$

$$p_3^* = (1 - \theta^*)(w + l - R) + (1 - \alpha^*)R \tag{4-58}$$

即在双边道德风险下，通过内部损失惩罚以及外部损失分担的质量契约的协调，如果要使乳制品供应链的生鲜乳质量控制水平以及生鲜乳质量检验水平保持集中决策状态下的最优水平，则参数 p、α、β 需满足上式。

第四节 质量损失分担契约比较分析

通过本章第三节的分析可知，在双边道德风险条件下，内部损失分担契约不能实现对生鲜乳质量水平的最优协调，而外部损失分担契约以及内外部损失共同分担契约都可以使乳制品供应链的生鲜乳质量控制水平，以及生鲜乳质量检验水平达到集中决策状态下的最优水平。下面将生鲜乳供应商和乳制品核心企业的质量控制成本以及质量检验成本具体化，比较分析集中决策情形以及外部损失分担契约和内外部损失共同分担契约下的生鲜乳最优质量控制水平、最优质量检验水平以及最大收益。

本书基于学者 Baiman（2001）、朱立龙等（2014）、申强等（2014）的研究，假设生鲜乳供应商质量控制成本函数以及乳制品核心企业检验成本函数分别为 $F（q）=（1/2）fq^2+f_1$，$D（\theta）=（1/2）n\theta^2+n_1$，其中，$f>0$ 以及 $n>0$ 分别为可变成本参数，为保证研究有意义，假设 $f>R$。

一、集中决策情形下总结

将成本函数分别代入式（4-9）和式（4-10）可得最优生鲜乳质量控制水平及质量检验水平为：

$$q^* = \frac{(w+l-R)^2 - (w+l)n}{(w+l-R)^2 - fn} \tag{4-59}$$

$$\theta^* = \frac{(w+l-R)(w+l-f)}{(w+l-R)^2 - fn} \tag{4-60}$$

此时，乳制品供应链系统的总收益为：

$$U = w - c - \theta^*(1-q^*)R - (1-\theta^*)(1-q^*)(w+l) - F(q^*) - D(\theta^*)$$
$$\tag{4-61}$$

通过上式可知，生鲜乳质量控制成本参数 f、生鲜乳质量检验成本参数 n、单位乳制品售价 w、索赔额度 l 以及内部损失 R 都会影响乳制品供应链系统最优生鲜乳质量控制水平、最优质量检验水平以及系统总收益。这些参数的具体影响作用将在实证研究部分进行分析。

二、外部损失分担契约总结

由理论分析过程可知,外部损失分担契约可以使乳制品供应链的生鲜乳质量控制水平以及生鲜乳质量检验水平达到集中决策状态下的最优水平,因此,$q_2^* = q^*$,$\theta_2^* = \theta^*$。

将式(4-59)和式(4-60)代入式(4-42)和式(4-43),可得外部损失分担契约协调下的最优分担系数以及此时最优的生鲜乳收购价格:

$$\beta^* = \frac{f(w+l-R)^2 - fn(w+l)}{[(w+l-R)^2 - nf](w+l)} \tag{4-62}$$

$$p_2^* = \frac{(f-R)(w+l-R)^2 - fn(w+l-R)}{(w+l-R)^2 - nf} + R \tag{4-63}$$

此时,乳制品供应链系统的总收益、乳制品核心企业收益以及生鲜乳供应商收益分别为:

$$U = w - c - \theta^*(1-q^*)R - (1-\theta^*)(1-q^*)(w+l) - F(q^*) - D(\theta^*) \tag{4-64}$$

$$U_m^{2*} = w - c - [1-\theta^*(1-q^*)]p_2^* - \theta^*(1-q^*)R - (1-\beta^*)(1-\theta^*)(1-q^*)(w+l) - D(\theta^*) \tag{4-65}$$

$$U_f^{2*} = [1-\theta^*(1-q^*)]p_2^* - \beta^*(1-\theta^*)(1-q^*)(w+l) - F(q^*) \tag{4-66}$$

通过式(4-65)、式(4-66)可知,生鲜乳质量控制成本参数 f、生鲜乳质量检验成本参数 n、单位乳制品售价 w、索赔额度 l 以及内部损失 R 都会影响乳制品供应链系统最优生鲜乳质量控制水平、最优质量检验水平、供应链成员收益、最优外部损失分担比例以及最优收购价格。这些参数的具体影响作用将在实证研究部分进行分析。

三、内部损失和外部损失分担契约总结

由理论分析过程可知,内部损失和外部损失共同分担契约可以使乳制品供应链的生鲜乳质量控制水平以及生鲜乳质量检验水平达到集中决策状态下的最优水平,因此,$q_3^* = q^*$,$\theta_3^* = \theta^*$。

将式(4-59)和式(4-60)代入式(4-56)至式(4-58),可得内部损失和外部损失共同分担契约协调下的最优分担系数、最优的生鲜乳收购价格分别为:

$$\alpha^{**} = 1 - \frac{1}{R}[F(q^*) + u + (w+l)(1-q^*) - (w+l-R)(1-\theta^*q^*)] \quad (4-67)$$

$$\beta^{**} = \frac{f(w+l-R)^2 - fn(w+l)}{[(w+l-R)^2 - nf](w+l)} \quad (4-68)$$

$$p_3^* = \frac{(f-R)(w+l-R)^2 - fn(w+l-R)}{(w+l-R)^2 - nf} + (1-\alpha^*)R \quad (4-69)$$

此时，乳制品供应链系统的总收益、乳制品核心企业收益以及生鲜乳供应商收益分别为：

$$U = w - c - \theta^*(1-q^*)R - (1-\theta^*)(1-q^*)(w+l) - F(q^*) - D(\theta^*) \quad (4-70)$$

$$U_m^{3*} = w - c - [1-\theta^*(1-q^*)]p_3^* - D(\theta^*) - (1-\alpha^{**})\theta^*(1-q^*)R - (1-\beta^*)(1-\theta^*)(1-q^*)(w+l) \quad (4-71)$$

$$U_f^{3*} = [1-\theta^*(1-q^*)]p_3^* - \alpha^{**}\theta^*(1-q^*)R - \beta^*(1-\theta^*)(1-q^*)(w+l) - F(q^*) \quad (4-72)$$

用式（4-65）减去式（4-71），式（4-66）减去式（4-72）可得如下关系式：

$$U_m^{2*} - U_m^{3*} = -\alpha^{**}R \quad (4-73)$$

$$U_f^{2*} - U_f^{3*} = \alpha^{**}R \quad (4-74)$$

通过式（4-73）、式（4-74）可知，生鲜乳质量控制成本参数 f、生鲜乳质量检验成本参数 n、单位乳制品售价 w、索赔额度 l 以及内部损失 R 都会影响乳制品供应链系统最优生鲜乳质量控制水平、最优质量检验水平、供应链成员收益、最优内部损失分担比例、外部损失分担比例以及最优收购价格。参数的具体影响作用将在实证研究部分进行分析。

其他参数保持不变，将以上内容整理为表4-1。

表4-1　不同质量损失分担契约的协调效果比较

契约类型 ＼ 变量	生乳质量控制水平	生鲜质量检验水平	内部损失分担系数	外部损失分担系数	奶价	企业收益	供应商收益	供应链系统总收益
集中控制	q^*	θ^*	—	—				U
E	q^*	θ^*	—	β^*	p_2^*	U_m^{2*}	U_f^{2*}	U
$I\&E$	q^*	θ^*	α^{**}	β^*	$p_2^* - \alpha^{**}R$	$U_m^{2*} + \alpha^{**}R$	$U_f^{2*} - \alpha^{**}R$	U

通过对比表 4-1 可知：在三种情况下，生鲜乳质量控制水平 q^*、生鲜乳质量检验水平 θ^* 以及供应链系统的总收益相同 U，从而表明，在双边道德风险的情况下，外部损失分担契约（E）以及内外部损失共同分担契约（I&E）都可以协调乳制品供应链，使乳制品供应链系统可以达到集中决策情形下的最优水平。由此可见，乳制品供应链成员分担外部损失是成功协调供应链的重要因素。

尽管两个契约都可以在双边道德风险的条件下协调乳制品供应链，但两者仍存在一些差异。通过上表可知：①尽管外部损失分担契约（E）和内外部损失共同分担契约（I&E）的外部损失分担系数 β^* 相同，但由于内外部损失共同分担契约（I&E）存在内部损失分担系数 α^{**}，导致最优收购价格比外部损失分担契约（E）的最优收购价格 p_2^* 少 $\alpha^{**}R$，即内部损失分担系数的增加会降低生鲜乳收购价格；②尽管在两种契约的协调下，乳制品供应链系统总收益不变，但内部损失分担系数的增加会降低生鲜乳供应商的收益，同时增加乳制品核心企业的收益。

在其他参数保持不变的情况下，面临双边道德风险，生鲜乳供应商和乳制品企业签订外部损失分担契约，确定参数 $\{\beta^*, p_2^*\}$，或签订内外部损失共担契约，确定参数 $\{\alpha^{**}, \beta^*, p_2^* - \alpha^{**}R\}$，保证最优的生鲜乳质量控制水平 q^* 和最优的生鲜乳质量检验水平 θ^*。从供应链整体的角度来看，两个契约并无差异；从生鲜乳供应商的角度来看，外部损失分担契约有利于保障自身收益，而内部损失分担会减少自身收益；从乳制品核心企业的角度来看，内外部损失共同分担的契约则有利于提高自身收益。

在实际情况中，我国生鲜乳供应商规模小而分散，乳制品加工企业在乳制品供应链中占据绝对主导地位，因而如何保障上游中小型养殖牧场的收益更值得关注。在笔者前往某大型乳企位于内蒙古和林格尔县心连心牧场以及周边养殖小区的调研过程中发现，这些小区每天都会对每一位奶户的生鲜乳留样，并检测抗生素、黄曲霉素、三聚氰胺等有害物质，一旦发现药物残留，将全部拒收该奶户的生鲜乳，同时对其进行 500~1000 元的罚款。生鲜乳不合格肯定给企业造成一定程度的损失，企业对于这类"不合格"生鲜乳征收的罚款，可以看作企业对于因原料不合格造成的内部损失的弥补，而奶农就在无形中承担了一部分内部损失，有些罚款甚至超过了实际产生的内部损失，形成了企业对于奶农的额外惩罚。尽管养殖小区对于生鲜乳会进行留样检测，但大多数企业对于最终生产出的乳制品并不能完全追溯到最初来源。因此，由生鲜乳质量问题造成的最终产品质量缺陷所产生外部损失并没有在供应链成品之间进行分担。

这种仅分担内部损失，没有分担外部损失的情况，类似理论分析部分中的内部损失分担契约，而内部损失分担契约不能实现对生鲜乳质量水平的最优协调，所以企业对于不合格生鲜乳而向奶农实施的惩罚并不能从真正意义上提高生鲜乳的最优质量控制水平。因此，应降低奶农的内部损失分担比例，同时完善可追溯平台的建设，尽量追溯到产品原料的来源，让奶农分担部分外部损失。通过紧密的风险共担机制，一方面，可以实现生鲜乳最优质量控制水平；另一方面，可以有效保障奶农的收益。

第五节　结合调研数据的实例验证

根据笔者在 2016 年前往内蒙古呼和浩特市和林格尔县盛乐镇上土城村奶牛养殖小区 A、内蒙古呼和浩特规模化牧场 B、河北省滦南县大沙窝村家庭牧场 C 走访调研，以及与现代牧业集团高层管理人员、蒙牛集团高层管理人员、规模化牧场 B 管理人员访谈，整理数据如下：

（1）生鲜乳相关参数。家庭牧场 C 生鲜乳生产成本为 2.74 ~ 2.03 元/公斤，生鲜乳收购价格为 3.5 ~ 3.6 元/公斤；养殖小区 A 生鲜乳生产成本为 2.5 元/公斤，规模化养殖场 B 生产成本为 2.6 ~ 2.7 元/公斤，生鲜乳收购价格为 3.5 元/公斤；国内某大型自建牧场企业生产成本为 2.8 元/公斤左右，生鲜乳价格可以提高至每公斤 3.6 ~ 4 元。当质量水平为 0.95 时，牧场生产成本为 2.8 元/公斤；当质量水平为 0.9 时，牧场的生产成本为 2.5 元/公斤，采用插值法近似估算出 $f = 6$，$f_1 = 0.1$。

若生鲜乳经检验不合格，则产生内部损失 R，这里假设内部损失为企业使用自身的喷粉的储备应急原料进行生产，假设这部分原料无质量问题，产生内部成本，设置 $R = 4$ 元/公斤。

一头奶牛市场售价约为 10000 元，且一头牛一年产奶量为 6 ~ 8 吨，因而估算生鲜乳供应商的保留效用为 $u = 1.25$ 元/公斤。

（2）乳制品相关参数。目前国内大型乳制品企业液态奶的毛利率为 20% ~ 30%，以收购价格为每公斤 3.6 元来计算，则我国液态奶加工包装等成本为 3.4 元/公斤。

就检验成本而言，据管理人员介绍，随着近年来检验费用的快速上升，检验成本占总成本的比例提升至近10%。此现象也得到相关实际数据支持[1]，大型乳制品企业——伊利，2015年在原奶收购环节的检测项目达到147项；2015年全年检测费用投入达2.85亿元，累计在检测设备方面的配置投入30多亿元；而根据伊利集团2015年年报数据显示[2]，2015年液态奶生产量为639.67万吨，据此可粗略估算每公斤液态奶的检验费用不超过0.5元。且相关报道显示，2008年我国单吨牛奶的检测费用仅为2012年检测费用的1/4[3]。据此对检验成本参数进行推算：当核心乳企的检验水平为0.98时，检测费用为加工包装成本的10%，即0.3元/公斤；当检验水平为0.9时，检验费用为高检验水平成本的一半，即0.15元/公斤，采用插值法近似估算出$n = 2$，$n_1 = -0.66$。

根据市场数据显示，1公斤装牛奶售价普遍在8~15元，一些高品质牛奶可以卖出每公斤20元的价格，因此，设定$w = 10$。

根据《中华人民共和国食品安全法》第一百四十八条第二款规定："生产不符合食品安全标准的食品或者经营明知是不符合食品安全标准的食品，消费者可以向生产者或者经营者要求支付价款10倍或者损失3倍的赔偿金。"若消费者发现每盒售价2.5元的250毫升的牛奶出现质量问题，可以向商家索赔10盒牛奶作为补偿。本书首先假定赔偿原则为"假一赔三"，因而当单位生鲜乳制售的乳制品发生质量安全问题后，产生外部损失$w + l = 30$，其中索赔额度$l = 20$。

相关参数估算结果整理如表4-2所示。

表4-2　生鲜乳生产检验环节参数估计结果　　　　单位：元/公斤

售价w	索赔l	内部损失R	成本参数f	成本参数f_1	检验参数n	检验参数n_1	加工销售成本c	保留效用u
10	20	4	6	0.1	2	-0.66	3	1.25

① 李俊义等. 我国牛奶价格世界排名第四 ［EB/OL］. http：//finance. sina. com. cn/consume/20131216/102817645730. shtml，2013-12-16.

② 杨斯阳. 伊利原奶检测项目达147项 ［EB/OL］. http：//money. 163. com/16/0608/14/BP215EHU00253B0H. html，2016-06-08.

③ 简光洲. 牛奶检测项目越来越多了 ［EB/OL］. http：//news. ifeng. com/gundong/detail_ 2012_ 05/29/14878416_ 0. shtml，2012-05-29.

一、最优生鲜乳质量控制水平与检验水平的影响因素

由式（4-59）、式（4-60）可知，影响最优质量控制水平与检验水平大小的因素主要有 f、n、w、l 以及 R。下面运用 Matlab 软件，通过数值模拟过程，分析当以上参数在不同范围内取值时，对最优质量控制水平 q^*、最优质量检验水平 θ^* 的影响作用。

1. 生鲜乳质量控制以及质量检验可变成本参数对最优变量的影响

保持其他相关参数以及乳制品市场条件不变，即 $w=10$，$l=20$，$R=4$，在保证变量符合理论设定的前提下，设成本参数与检验参数的取值范围分别为 $f \in [4.5, 8.5]$，$n \in [2, 4]$，分析供应商的生鲜乳质量控制成本参数 f 以及乳制品核心企业质量检验成本参数 n 对双方最优生鲜乳质量控制水平以及生鲜乳质量检验水平的影响，结果如图 4-1 所示。

首先，由图 4-1（a）和图 4-1（b）可知，生鲜乳质量控制成本参数 f 对最优生鲜乳质量控制水平 q^* 以及最优生鲜乳质量检验水平 θ^* 的影响作用相反，即随着生鲜乳质量控制可变成本的增加，最优生鲜乳质量控制水平提高，而最优质量检验水平降低；质量检验成本参数 n 对最优生鲜乳质量控制水平 q^* 以及最优生鲜乳质量检验水平 θ^* 的影响作用亦相反，即随着生鲜乳质量检验可变成本的增加，最优质量检验水平提高，而最优生鲜乳质量控制水平降低。该结果从实证的角度印证了命题 4-1 以及命题 4-2 的正确性。

其中，可变成本参数 f 和 n 反映不同企业的技术差距或资源禀赋的不同，参数越高的企业提高质量的边际成本越大（龚强和成酪，2014）。而对同一个主体的不同发展时期，该参数值也会发生变化。以上游生鲜乳供应商为例说明，将生鲜乳质量水平提高相同的程度，小规模家庭牧场的边际成本小于大规模养殖牧场的边际成本，但规模较大的牧场所生产的最优生鲜乳质量水平一般高于规模较小的牧场。由此可知，适当提高生鲜乳质量控制（质量检验成本）参数，可以提高最优生鲜乳质量控制水平（质量检验水平）。乳制品供应链无论是集中决策还是通过契约协调，都会形成一个风险共担的整体，因而在供应链系统内部，同时提高质量检验水平以及质量控制水平会增加总成本。为维持成本且保证供应链整体收益最优，生鲜乳质量控制水平以及质量检验水平需维持一定的平衡关系，此消彼长。因此，当生鲜乳质量控制成本参数 f 增加导致最优质量控制水平提高时，供应链系统内会适当降低最优质量检验水平，同理可得质量检验成本参数与

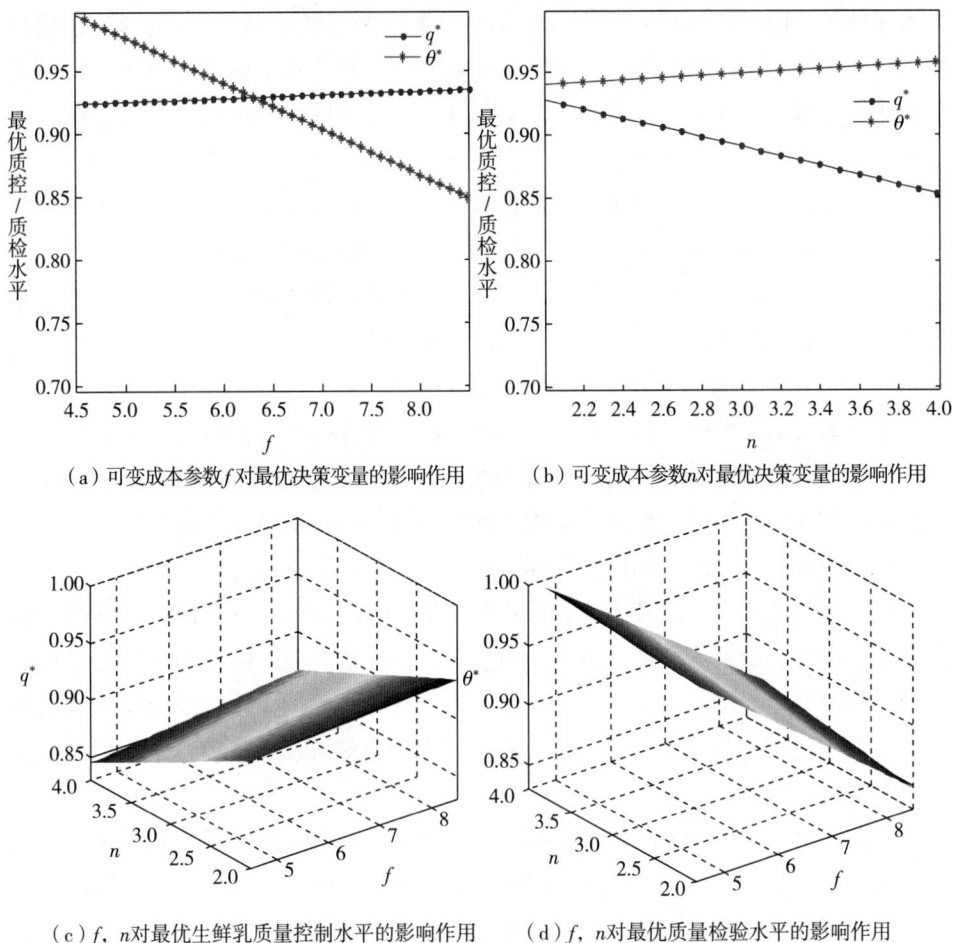

（a）可变成本参数 f 对最优决策变量的影响作用　　（b）可变成本参数 n 对最优决策变量的影响作用

（c）f，n 对最优生鲜乳质量控制水平的影响作用　　（d）f，n 对最优质量检验水平的影响作用

图 4 - 1　生鲜乳质量控制以及质量检验可变成本参数的影响作用

最优质量检验水平、最优质量控制水平的关系。该实证结果也在其他学者的研究中得到证实（申强等，2014；严建援，2016；唐美；2013）。

其次，由图 4 - 1（a）、图 4 - 1（b）和图 4 - 1（c）可知，生鲜乳质量控制成本参数 f 与质量检验成本参数 n 对最优生鲜乳质量控制水平 q^* 的影响作用相反，且成本参数 n 较成本参数 f 对最优生鲜乳质量控制水平的影响更大；当质量控制成本参数 f 与质量检验成本参数 n 在可行范围内同时增加时，最优生鲜乳质量控制水平呈现逐渐减小的趋势。

此外，由图 4 - 1（a）、图 4 - 1（b）和图 4 - 1（d）可知，生鲜乳质量控制

成本参数 f 与质量检验成本参数 n 对最优生鲜乳质量检验水平 θ^* 的影响作用相反，且成本参数 f 较成本参数 n 对最优生鲜乳质量检验水平的影响更大；当质量控制成本参数 f 与质量检验成本参数 n 在可行范围内同时增加时，最优生鲜乳质量检验水平呈现逐渐减小的趋势。

由此得到的启示是，在生鲜乳质量检验成本参数不变的情况下，适当增加生鲜乳质量控制边际成本，可以在一定程度上提高最优生鲜乳质量控制水平。因此，逐步消除乳制品供应链上游散养模式，积极推行规模化的家庭牧场、养殖小区等模式，是提高我国生鲜乳质量水平的有效途径。

2. 外部损失以及内部损失参数对最优变量的影响

外部损失增加的情况分为两种：当乳制品售价保持不变而赔付标准更加严厉时，发生食品质量安全事件后的外部损失会增加；当赔付原则没有发生变化时，乳制品售价提高，外部损失也会相应增加。两种情况对于最优生鲜乳质量控制水平以及最优检验水平的影响作用相同，仅对第一种情况进行分析。

保持其他相关参数以及市场条件不变，即 $f=6$，$n=2$，$w=10$，市场赔付标准变化，在保证变量符合理论设定的前提下，设消费者额外赔偿额度和内部损失的取值范围分别为 $l \in [10, 90]$，$R \in [1, 5.5]$，分析外部损失参数 l 以及内部损失参数 R 对双方最优生鲜乳质量控制水平以及生鲜乳质量检验水平的影响，结果如图 4-2 所示。

首先，由图 4-2（a）和图 4-2（b）可知，消费者额外赔偿额度 l 对最优生鲜乳质量控制水平 q^* 以及最优生鲜乳质量检验水平 θ^* 具有正向的影响作用，即随着消费者额外赔偿额度的增加，最优生鲜乳质量控制水平以及质量检验水平都随之提高；内部损失 R 对最优生鲜乳质量控制水平 q^* 以及最优生鲜乳质量检验水平 θ^* 的影响作用相反，即随着内部损失成本的增加，最优质量检验水平提高，而最优生鲜乳质量控制水平降低。

无论是集中决策还是通过不同的外部损失分担契约的协调，乳制品供应链都是一个风险共担的整体，且外部损失对于生鲜乳供应商以及乳制品核心企业的影响都十分显著。因此，随着消费者额外赔偿额度的增加，生鲜乳供应商以及乳制品核心企业为降低损失都将提高生鲜乳质量控制水平以及生鲜乳质量检验水平。内部损失主要由乳制品核心企业承担，因此，在内部损失增加的情况下，企业为了减少损失将提高最优质量检验水平，与此同时，生鲜乳供应商将降低最优质量控制水平。由此可见，外部损失的分担更有利于生鲜乳供应商分担乳制品供应链的风险，在一定程度上可以提高生鲜乳质量控制水平。该实证结果也在其他学者

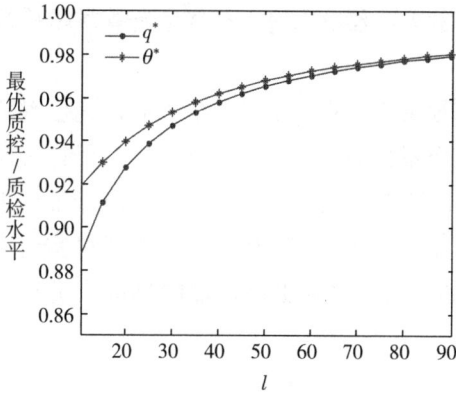

（a）外部损失l对最优决策变量的影响作用

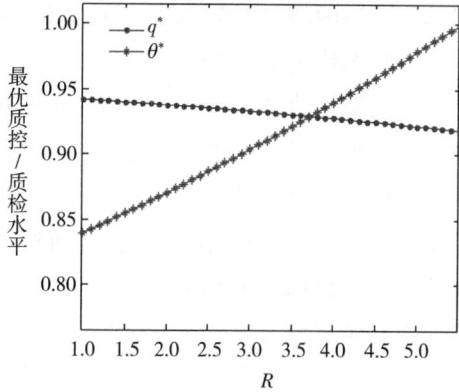

（b）内部损失R对最优决策变量的影响作用

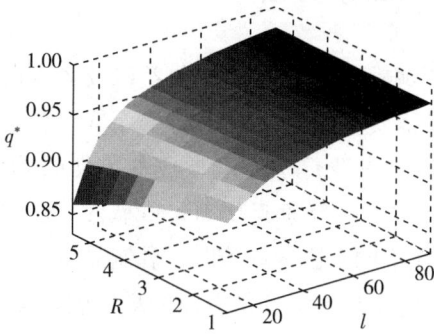

（c）l，R对最优生鲜乳质量控制水平的影响作用

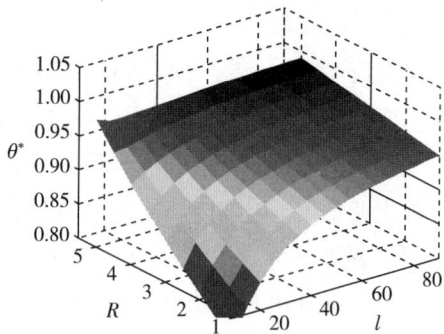

（d）l，R对最优质量检验水平的影响作用

图4-2 外部损失以及内部损失的影响作用

的研究中得到证实（申强等，2014）。

其次，由图4-2（a）、图4-2（b）和图4-1（c）可知，消费者额外赔偿额度l与内部损失R对最优生鲜乳质量控制水平q^*的影响作用相反，且额外赔偿额度l较内部损失R对最优生鲜乳质量控制水平的影响作用更大；当额外赔偿额度l与内部损失R在可行范围内同时增加时，最优生鲜乳质量控制水平呈现逐渐提高的趋势，当额外赔偿额度较高时，最优生鲜乳质量控制水平不随内部损失的变化而变化。

此外，由图4-2（a）、图4-2（b）和图4-2（d）可知，消费者额外赔偿额度l与内部损失R对最优生鲜乳质量检验水平θ^*的影响作用相同，且内部损失R较额外赔偿额度l对最优生鲜乳质量检验水平的影响更大；当额外赔偿额度l与内部损失R在可行范围内同时增加时，最优生鲜乳质量检验水平呈现逐渐提高的趋势，当内部损失额度较高时，消费者额外赔偿额度对于最优生鲜乳质量检验水平的影响作用十分微弱。

由此得到的启示如下：适当提高外部损失可以在一定程度上提高最优生鲜乳质量控制水平以及维持较高的最优生鲜乳质量检验水平。一些高品质牛奶售价较高，赔付额度较大（外部损失大），因此，较少出现质量安全事件。由于市场售价是受多种因素影响而产生的均衡价格，难以随意更改，因此，可以通过实施更加严厉的赔付标准来提高外部损失，例如，以十倍或更高倍数的标准来进行赔偿，从而实现我国生鲜乳质量水平的提高。

二、乳制品供应链收益的影响因素分析

由式（4-59）、式（4-60）可知，影响乳制品供应链总收益以及各成员收益的主要因素有最优质量控制水平 q^*、最优质量检验水平 θ^* 等，而这些变量本质上又受到乳制品市场售价 w，质量控制成本参数 f，质量检验成本参数 n，消费者额外索赔额度 l 以及内部损失 R 等因素的影响。下面运用 Matlab 软件，通过数值模拟过程，分析当参数 f、n、R、l、w 在不同范围内取值时，乳制品供应链总收益 U，外部分担契约协调下乳制品核心企业和生鲜乳供应商的最终收益 U_m^{2*}、U_f^{2*}，内部损失与外部损失共同分担的契约协调下乳制品核心企业和生鲜乳供应商的最终收益 U_m^{3*}、U_f^{3*} 的变动情况。

1. 生鲜乳质量控制以及质量检验可变成本参数对供应链收益的影响

保持其他相关参数以及乳制品市场条件不变，即 $w=10$，$l=20$，$R=4$，在保证变量符合理论设定的前提下，设成本参数与检验参数的取值范围分别为 $f \in [4.5, 7]$，$n \in [2, 4]$，分析供应商的生鲜乳质量控制成本参数 f 以及乳制品核心企业质量检验成本参数 n 对各收益的影响作用，结果如图 4-3 所示。

首先，由图 4-3（a）和图 4-3（b）可知，当其他条件不变时，生鲜乳质量控制成本参数 f 以及质量检验成本参数 n 对乳制品供应链总收益 U 都有负向影响作用，即随着生鲜乳质量控制成本参数（或质量检验成本参数）的增加，乳制品供应链总收益不断减小，该结果从实证的角度印证了命题 4-3 的正确性。成本参数的增加会导致最优质量控制水平（或质量检验水平）的提升，从而导致供应链成本增加，而成本增加的幅度超过因此而减少的内部损失以及外部损失概率，导致总收益减小。

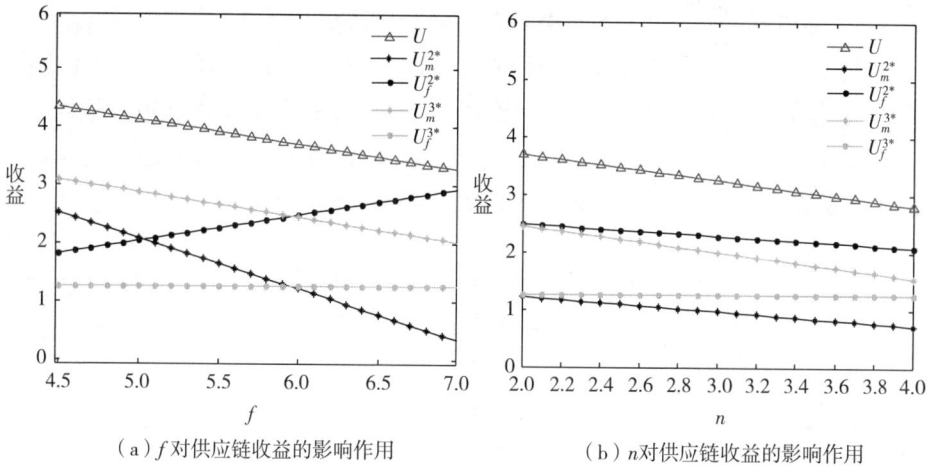

（a）f对供应链收益的影响作用　　　　　　（b）n对供应链收益的影响作用

图 4 - 3　生鲜乳质量控制以及质量检验可变成本参数对供应链收益的影响

　　其次，生鲜乳质量控制成本参数 f 对不同质量协调契约下的乳制品供应链成员收益的影响作用不同：当供应链实施外部损失分担协调契约时，随着生鲜乳质量控制成本参数的增加，生鲜乳供应商的收益 U_f^{2*} 不断增加，而乳制品核心企业的收益 U_m^{2*} 不断减小，且生鲜乳供应商的收益超过企业收益的可能性越来越大；当实施内部损失与外部损失共同分担的协调契约时，随着生鲜乳质量控制成本参数的增加，生鲜乳供应商收益 U_f^{3*} 不发生明显变化，尽管乳制品核心企业的收益 U_m^{3*} 不断减小，但企业的收益比生鲜乳供应商的收益高。在外部损失分担契约下，生鲜乳供应商的最优质量控制水平随着质量控制成本参数的增加而提高，从而降低承担的风险成本，其降低的幅度明显高于因此而产生的质量成本的增加，所以收益增加；而在内外损失共担的契约下，生鲜乳供应商承担的风险损失更多，所以表现为整体收益的减少。

　　最后，质量检验成本参数 n 对不同质量协调契约下的乳制品供应链成员收益的影响作用不同：当供应链实施外部损失分担协调契约时，随着质量检验成本参数的增加，生鲜乳供应商的收益 U_f^{2*} 和乳制品核心企业的收益 U_m^{2*} 都不断减小，且生鲜乳供应商的收益高于企业收益；当实施内部损失与外部损失共同分担的协调契约时，随着质量检验参数的增加，生鲜乳供应商收益 U_f^{3*} 不发生明显变化，而乳制品核心企业的收益 U_m^{3*} 不断减小，但企业的收益比生鲜乳供应商的收益高。

2. 外部损失以及内部损失参数对最优变量的影响

保持其他相关参数以及市场条件不变，即 $f=6$，$n=2$，市场赔付标准变化，在保证变量符合理论设定的前提下，设消费者额外赔偿额度和内部损失的取值范围分别为 $l \in [10, 90]$，$R \in [1, 5.5]$，$w \in [10, 20]$，分析外部损失参数 l、w，内部损失参数 R 对各收益的影响作用，结果如图 4-4 所示。

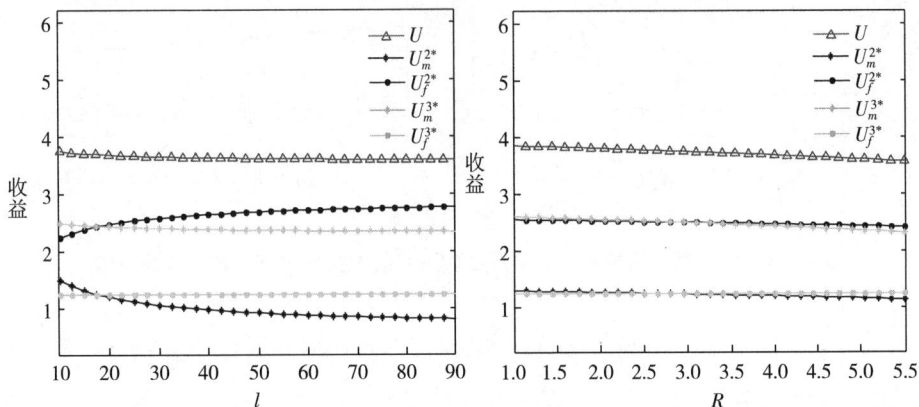

（a）l 对供应链收益的影响作用

（b）R 对供应链收益的影响作用

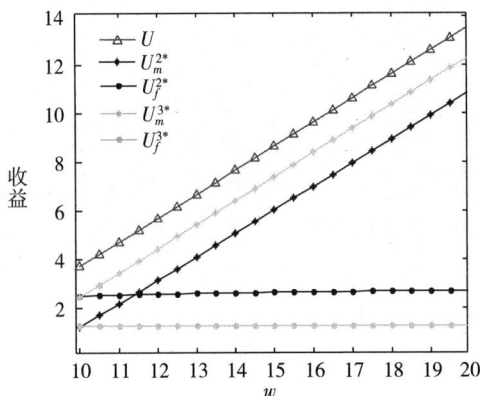

（c）w 对供应链收益的影响作用

图 4-4 外部损失、内部损失与价格对供应链收益的影响

第一，由图 4-4（a）和图 4-4（b）可知，当其他条件不变时，消费者额外索赔以及内部损失对乳制品供应链总收益 U 都有微弱的负向影响作用，即随着消费者额外索赔（或内部损失）的增加，乳制品供应链总收益缓慢减少。根据

实际经验，索赔额度以及内部损失的增加会导致供应链收益显著下降，但事实上，在内部以及外部损失不断增加的情况下，供应链系统为了保证收益会不断提高最优质量控制水平以及最优质量检验水平，从而降低风险成本，其降低的幅度和因此而产生的质量成本的增加相互抵消，所以导致总收益不会产生明显变化。

第二，消费者额外索赔 l 对不同质量协调契约下的乳制品供应链成员收益的影响作用不同：当供应链实施外部损失分担协调契约时，随着额外索赔的增加，生鲜乳供应商的收益 U_f^{2*} 增加，而乳制品核心企业的收益 U_m^{2*} 减小，但变化幅度都比较低，且生鲜乳供应商的收益大于企业收益；当实施内部外部损失共同分担的契约时，随着额外索赔的增加，生鲜乳供应商的收益 U_m^{3*} 不发生明显变化，而乳制品核心企业的收益 U_f^{3*} 慢慢减小，且企业收益明显高于供应商的收益。

第三，内部损失 R 对不同质量协调契约下的乳制品供应链成员收益的影响作用不同：当实施外部损失分担契约时，随着内部损失的增加，生鲜乳供应商收益 U_f^{2*} 和乳制品核心企业收益 U_m^{2*} 都慢慢减小，且生鲜乳供应商的收益高于企业收益；当实施内外损失共同分担契约时，随着内部损失的增加，生鲜乳供应商收益 U_f^{3*} 不发生明显变化，而乳制品核心企业的收益 U_m^{3*} 慢慢减小，且企业收益高于供应商收益。

第四，由图 4-4（c）可知，当其他条件不变时，产品售价 w 对乳制品供应链总收益 U 有正向影响作用，但不同于之前的参数，乳制品售价的变化对于生鲜乳供应商收益 U_f^{2*}、U_f^{3*} 并没有显著的影响作用，而对乳制品核心企业的收益 U_m^{2*}、U_m^{3*} 有显著的正向影响作用。无论是外部损失分担还是内外损失共同分担的质量契约，都是以分担风险为主要目的。在契约的协调下，生鲜乳供应商和乳制品加工企业形成了风险共担的整体，但这种契约仍没有实现收益共享，上游供应商仍无法分享最终产品产生的超额利润，因此，产品售价提高而带来的整个供应链收益的提高无法被上游生鲜乳供应商分享，其最终收益不发生任何改变。

此外，从图 4-3 和图 4-4 中可以看出，外部损失分担契约更利于保护上游供应商的收益，而内外损失共同分担契约对企业更有益处。对企业而言，当其他条件不变时，内外损失共担的契约减轻了供应商的风险责任，所以实施共同分担契约的收益明显高于实施外部损失分担契约的收益，且不会出现收益低于上游供应商的现象；对生鲜乳供应商而言，当其他条件不变时，内外损失共担的契约需要供应商承担更多的风险损失，所以供应商在外部损失分担契约下的收益明显高于实施内外损失共同分担契约的收益，且可能出现收益高于乳制品核心企业的现象。

3. 生鲜乳质量控制可变成本与产品售价的共同影响作用

尽管质量损失分担契约中缺乏上游生鲜乳供应商对于供应链整体利益的分享，本部分试图通过同时改变多个参数的取值，实现生鲜乳供应商收益随着总收益的增加而增加。通过上面的分析可知，在不同契约中，参数 f、n、R、l 在其可行范围内增加时，乳制品供应链成员收益变化情况不同，且乳制品供应链总收益 U 减少，只有产品售价 w 对总收益有正向的影响作用；且在实施外部损失分担契约时，质量控制成本参数 f 对生鲜乳生产商的收益有显著的正向影响作用。因此，保持其他相关参数以及市场条件不变，即 $l = 20$，$n = 2$，$R = 4$，令产品售价 $w \in [10, 20]$、质量控制成本参数 $f \in [4.5, 7]$ 在各自的取值范围内变动，分析乳制品供应链总收益以及外部损失契约下的各成员收益的变化情况，结果如图 4-5 所示。

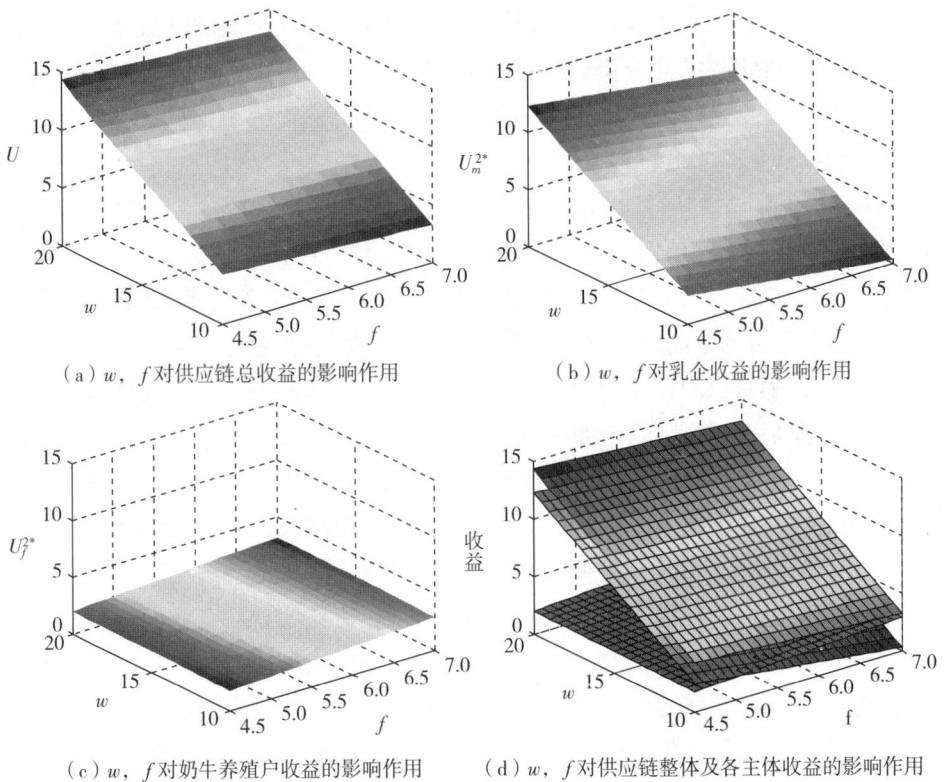

（a）w，f 对供应链总收益的影响作用

（b）w，f 对乳企收益的影响作用

（c）w，f 对奶牛养殖户收益的影响作用

（d）w，f 对供应链整体及各主体收益的影响作用

图 4-5 生鲜乳质量控制可变成本与产品售价的共同影响作用

由图 4-5（a）、图 4-5（b）和图 4-5（c）可知，在外部损失分担契约下，尽管产品售价和生鲜乳质量控制成本参数对乳制品供应链总收益 U 和乳制品核心企业收益 U_m^{2*} 的影响作用相反，但随着两者在可行范围内同时增加，U 以及 U_m^{2*} 呈现逐渐提高的趋势；而随着两者在可行范围内增加，生鲜乳供应商收益 U_f^{2*} 也呈现增加的趋势，但增加幅度较低，即总收益的增加额度，大部分被企业分享。

尽管在质量损失分担的协调契约中，生鲜乳供应商分享的总收益增加额的比例较低，但适当提高生鲜乳质量控制成本参数，可以提高上游供应商的收益分享比例。由此可见，在缺乏利益共享机制，而存在风险共担机制的情形下，逐步消除乳制品供应链上游散养模式，积极推行具备一定规模的家庭牧场、养殖小区等规模化养殖模式，在一定程度上可以提高上游生鲜乳供应商分享供应链总收益增加额的比例。

第六节 本章小结

本章通过针对生鲜乳供应环节中生鲜乳供应商以及乳制品核心企业都存在道德风险的问题，运用委托代理理论，建立内部损失分担、外部损失分担以及内外部损失共同分担的质量协调契约，构建双边道德风险下的乳制品供应链生鲜乳质量协调模型，对模型进行求解与比较分析，结合数值模拟结果，分析成本参数、外部损失、内部损失等相关参数对生鲜乳供应商以及乳制品核心企业的最优质量控制水平、质量检验水平以及收益的影响作用，探讨不同质量契约的选择问题，可得出以下五个结论：

第一，在双边道德风险条件下，双方协定相关契约参数后，外部损失分担契约以及内外部损失共同分担契约可以实现对乳制品供应链中生鲜乳质量的最优协调，内部损失分担契约不能实现对乳制品供应链中生鲜乳质量的最优协调；现实中企业因生鲜乳不合格而对奶农的惩罚并不能从根本上提高生鲜乳的最优质量控制水平。因此，企业应减少奶农的内部损失分担，完善可追溯体系，增加奶农的外部损失分担，可以提高生鲜乳质量控制水平。

第二，尽管在两种契约的协调下，乳制品供应链系统总收益不变，但内部损失分担系数的增加会降低生鲜乳供应商的收益，同时增加乳制品核心企业的收益，即外部损失分担契约更利于保护上游供应商的收益，而内外损失共同分担契约对企业更有益处。

第三，生鲜乳质量控制边际成本、消费者额外赔偿额度对最优生鲜乳质量控制水平有正向的影响，而质量检验边际成本、内部损失对最优质量控制水平有负向影响；质量检验成本、消费者额外赔偿额度、内部损失对最优质量检验水平有正向影响，而乳品质量控制可变成本对其有负向影响。因此，提高养殖规模转变养殖方式以及制定更严厉的赔付法规，通过适当增加生鲜乳质量控制边际成本以及提高外部损失可以在一定程度上提高最优生鲜乳质量控制水平，且在提高外部损失的同时，还需维持较高的最优生鲜乳质量检验水平。

第四，尽管在不同质量契约协调下，生鲜乳质量控制边际成本、质量检验边际成本、内部损失、消费者额外赔偿额度对乳制品供应链各成员收益的影响作用不同，但这些参数的增加都导致乳制品供应链总收益的降低。

第五，不论是外部损失分担还是内外损失共同分担的质量契约，都是以分担风险为主要目的。在契约的协调下，生鲜乳供应商和乳制品加工企业形成了风险共担的整体。但这种契约没有实现收益共享，上游供应商仍无法分享最终产品产生的超额利润，因此，产品售价提高而带来的整个供应链收益的提高无法被上游生鲜乳供应商分享。当且仅当在实施外部分担契约时，增加生鲜乳质量控制边际成本，可以在一定程度上提高生鲜乳供应商的收益；在其他情况下，生鲜乳供应商的最终收益不发生任何改变。

因此，在缺乏利益共享，而存在风险共担的质量契约的协调下，逐步消除乳制品供应链上游散养模式，积极推行具备一定规模的家庭牧场、养殖小区等规模化养殖模式，在一定程度上可以提高上游生鲜乳供应商分享供应链总收益增加额的比例。但如何提高上游生鲜乳供应商对于供应链终端利润的分享，是需要进一步考虑的问题。

第五章
乳制品供应链产品
加工—消费环节质量行为协调

　　乳制品的信任品特性导致乳制品供应链加工—消费环节存在严重的信息不对称现象。这种现象一方面会使处于信息劣势的消费者根据产品平均质量支付价格，致使交易过程出现"逆向选择"；另一方面会使具有信息优势的企业在生产加工过程中出现"道德风险"。在外部监管机制不甚完善时，道德风险和逆向选择的共同作用将降低市场的运行效率，制约市场整体质量水平的提高，严重影响我国乳制品行业的发展。认证制度能把食品的信任品特性转译为容易读懂的质量信号，为消费者传递重要的质量信息，众多理论和实践研究都证明这是一项保障食品质量安全、保障消费者利益、提高市场运行效率的重要政策工具。但这类研究往往从信息供给的角度分析认证信号如何实现市场的分离均衡，而未考虑认证及其标准对于企业质量控制行为的影响，且企业在质量控制过程中的投机行为也会影响这种手段的有效性。基于此，本章在对认证有效性以及我国认证制度发展现状分析的基础上，考虑乳制品信任品特征，运用委托代理理论，从契约的角度建立单边道德风险下基于认证标准的乳制品加工—消费阶段的质量控制模型，分析认证标准与企业在乳制品生产加工阶段的质量控制行为的关系，并结合调研数据进行实例验证，分析相关参数对于最优决策变量的影响作用，为政府合理确定认证标准以及认证区间、协调乳制品企业和消费者的行为提供方法和策略。

第一节 认证制度的有效性及乳制品认证发展现状

一、认证制度的有效性

根据消费者获取商品质量信息的难易程度，Nelson（1970）以及 Darbi 和 Karni（1973）将商品分为"搜寻品""经验品"以及"信任品"。乳制品质量安全具备典型"信任品"属性：首先，消费者只能通过专业机构的检测或鉴别才能了解乳脂率、乳蛋白含量、菌落总数、体细胞数、添加剂、违规添加物（重金属、三聚氰胺、抗生素）以及兽药残留等反映乳制品质量高低的指标，无法自己做出判断，且这些信息的获取需要付出高昂的代价。其次，乳制品中的一些化学添加物或残留兽药的负面影响不会立即显现，需要长期的积累才会呈现疾病特点，且由于人们每天摄入的食物多种多样，消费者即使身体出现不适也难以归因，因而以往的购买经验无法帮助消费者有效地判断产品的质量。最后，乳制品供应链较长，涉及环节较多，处于最后一环的消费者无法清楚地了解每一环节的质量控制是否符合规范标准，因而无法准确判断乳制品的质量安全状况。

一方面，乳制品质量安全的信任品特性导致乳制品加工以及市场交易环节存在严重的信息不对称现象，这种信息不对称会引发"逆向选择"和"道德风险"；另一方面，具有信息优势的企业在生产加工过程中会出现"道德风险"，最终导致市场失灵，食品质量安全事件频发，不仅使消费者产生信任危机，而且使整个行业陷入低迷。对于信任品，最重要的问题是通过信号发送和信息甄别等机制，缓解交易过程中信息不对称的现象。

在众多食品的质量信号中，质量认证是缓解信任品市场信息不对称的有效工具。首先，认证往往通过可信的第三方（例如，政府、有公信力的机构或协会等）对食品的质量标准、标识、生产和质量控制过程、认证过程加以规范和监管，且政府会出台相应的法律法规以确保体系的严格执行（莫佳颖，2016；Dhar 和 Foltz，2005；包含，2015；陆晓博，2016），所以认证是重要且可信的质量信号（Viscusi，1978；Lizzeri，1999；路璐，2015）；其次，认证制度将复杂的需要高成本甄别或获取的质量信息转译为容易被消费者接受的内容（蒲徐进，2014），使信息的传递过程更加有效，降低消费者的信息搜寻成本，有效区分企业的质量类别，将市场混同均衡转变为分离均衡，解决市场中的逆向选择问题，缓解市场交易过程中的信息不对称，提高市场运行效率（Hatanaka 等，2005；Dranove 和 Jin，2010；Caswell 和 Mojduszka，1996）。此外，认证通过各类认证平台信息系统公布信息，在很大程度上确保了市场信息的公开透明（莫佳颖等，2016）。

认证在现实中实施的效果会受很多因素的影响。首先，消费者对认证的认知和信任程度是影响认证制度能否有效运行的关键因素（Lee 和 Hwang，2016；Holland，2016），消费者对于认证的接受度越低，则认证制度失效的可能性越大。其次，认证机构在认证过程中的不作为等违规行为会导致认证信号发送失真，降低消费者对于认证制度的信任程度，严重影响认证制度的有效性和可靠性（莫佳颖，2016；McCluskey，2000）。政府正面的宣传教育以及对认证市场的监督管理可以保障认证的实施效果。

二、乳制品认证制度的发展现状

众多的理论分析以及实证研究都证明，认证制度能把食品的信任品特性转译为容易读懂的质量信号，为消费者传递重要的质量信息，帮助消费者辨识产品的优劣。目前我国乳制品行业实施的质量认证主要包括 QS 认证、GMP 认证、HACCP 认证、有机认证、绿色认证等，其中除 QS 认证以及生产婴幼儿配方乳粉企业的 GMP 认证属于强制认证以外，其余的质量认证皆属于自愿性认证。与强制性认证相比，第三方引导的自愿性认证不仅能够促进市场的良性竞争，带来更大的社会效用，而且对于消费者还有积极的引导作用。但从实际情况来看，目前我国乳制品企业实施自愿性认证的比例不高；且由于宣传以及普及力度不够、第三方认证缺乏重要的认证标识、第三方机构认证过程不规范等原因，我国消费者对于第三方非政府机构引导的自愿性认证的信任程度不高；此外，无论强制性认证还是自愿性认证，我国乳制品行业现存的各类认证，一方面缺乏对于原料的质量等级以及加工参数等信息的说明，另一方面，各类认证所依据的认证标准无法满足行业发展需要和消费者的期待，亟待调整。

1. 乳制品自愿性认证应用比例不高

《食品质量安全市场准入审查通则》（QS 认证）是我国乳制品行业实施的第一个强制性质量认证，由国家认监委于 2005 年 1 月 1 日发布并实施，包含米、面、油、乳制品等 16 种生活必需品。2008 年"三聚氰胺"事件发生后，国家认监委、质量监督检验检疫总局相继公布《乳制品生产企业良好生产规范（GMP）认证实施规则》、《乳制品生产企业危害分析与关键控制点（HACCP）体系认证实施规则》、《HACCP 体系认证依据与认证范围（第一批）》、《有机产品认证管理办法》等文件，以规范乳制品行业质量参差不齐的现象。此外，为加强对婴幼儿配方乳粉的管理、提高婴幼儿配方乳粉的质量，2013 年 6 月，国家工信部将婴幼儿奶粉纳入药品管理，对国内所有生产婴幼儿配方乳粉的乳制品企业强制执行 GMP 质量认证（高敏蕙，2015；王威和朱洪涛，2016）。

目前，我国乳制品行业涉及的认证主要包括针对产品的 QS 认证、有机产品认证、绿色产品认证、无公害产品认证；针对过程体系的良好农业规范认证（GAP）、GMP 认证、HACCP 认证、食品安全管理体系认证等①，其基本情况如表 5 - 1 所示。其中，无公害产品认证主要针对生产乳制品的原料——生鲜乳的质量，GAP 认证主要针对奶牛养殖环节的管理和生产过程，认证主体为上游的奶农、奶牛养殖场或农业合作社，而非乳制品加工企业。

表 5 - 1　我国乳制品企业作为认证主体可获取的认证

种类	认证对象	强制性	有效期	认证载体	实施起始时间	认证执行者
QS 认证	产品	强制	3 年	认证证书 强制认证标志	2005 年 1 月	市级或省级食品药品监督管理局
GMP 认证	过程体系	生产婴幼儿乳粉企业强制	2 年	认证证书	2001 年 1 月	中国质量认证中心 4 家第三方认证机构
HACCP 认证	过程体系	自愿	3 年	认证证书	2009 年 1 月	中国质量认证中心 4 家第三方认证机构
绿色食品认证	产品	自愿	3 年	认证证书 自愿认证标志	1993 年 1 月	中国绿色食品发展中心
有机食品认证	产品	自愿	1 年	认证证书 自愿认证标志	2011 年 12 月	中国质量认证中心 50 家第三方认证机构

资料来源：根据《有机产品认证实施规则》、《绿色食品标志管理办法》、《乳制品企业 HACCP 认证体系实施规则》、《乳制品企业 GMP 认证实施规则》的内容以及食品安全国家标准数据检索平台的信息整理所得。

---

① 食品安全管理体系认证涉及的产品范围仅包括乳制品中的含乳饮料以及冷饮雪糕，因而在此处不进行介绍。

　　QS 认证和 GMP 认证（生产婴幼儿奶粉的企业）属于强制性认证，即政府出台相关的法律法规，强制要求企业对关乎消费者人身安全以及社会影响的食品信息进行披露，这种认证是政府对市场上的乳制品质量安全的基础性要求，以最低准入形式保证产品的基本食用安全，维护消费者的基本权益，减轻政府的监管压力（高敏慧，2015；王威和朱洪涛，2016；Hatanaka 等，2005）。但这类认证无法进一步区分乳制品的质量水平，甚至会增加交易成本，扭曲市场均衡，降低行业的竞争性（Auriol 和 Schilizzi，2015；Golan 等，2001）。

　　有机认证、绿色食品认证、HACCP 认证等属于乳制品企业的自愿性认证，即企业通过第三方非政府机构的认证，快速便捷地显示优良品质或独特优势，进一步和市场中其他类似产品区分，以此来吸引消费者，提高其购买意愿（高敏慧，2015；包含，2015）。例如，市场中的一些高端液态奶所加贴的绿色认证、有机认证标识。与强制性认证相比：首先，自愿性认证的认证过程由具有公信力的第三方非政府认证机构来执行，其独立性以及权威性较高，所以对于消费者有正面积极的引导作用（Ortega 等，2012）；其次，自愿认证赋予乳企更多的策略空间，乳企可根据自身条件进行选择，充分发挥认证的信号传递作用，满足消费者不同层次的质量需求，促进市场良性竞争，提高市场效率（高敏慧，2015；王威和朱洪涛，2016）。

　　但从现实情况来看，无论大型乳企还是中小型乳企，实施自愿性认证的比例都不高。以黑龙江省为例，省内参与实施 GMP 认证的企业为 56.7%，参与实施 HACCP 认证的乳企所占比例仅为 26.7%（高敏慧，2015）。当乳制品行业存在集体败德行为以及面临严重信任危机时，强制性认证制度不仅可以有效提高乳制品质量安全（王威和朱洪涛，2016），同时也可以重建消费者的信心。但随着我国乳制品质量安全水平的整体提升，消费者对质量的需求呈现多样化发展趋势，未来应提升自愿性认证在乳制品认证体系中所占的比例。

　　2. 消费者对于乳制品认证的接受认可度有待提高

　　众多研究表明，消费者对于认证的接受度越低，认证失效的可能性越大。总体而言，目前我国消费者对于乳制品行业的相关质量认证的认知以及信任度不高（Yin 等，2016；戴晓武等，2017），但对于政府引导的强制性质量认证（QS 认证）的信任度以及接受度比较高（Zhang，2016；金成勋，2011）。根据暨南大学《中国消费者食品安全信任度研究》报告显示，消费者对奶制品的质量安全仍缺乏信任①，仅有 20.6% 的受访者表示信任食品质量认证，接近 80% 的受访者认为，政府公开的关于食品安全的信息可靠（李雪墨，2016）。在确保认证食品质量安全以及信息强化的前提下，消费者对各类认证乳制品的支付意愿以及支付价格较一般乳品都有所提高（戴晓武等，2017；王小楠，2016；Vicini，2008；Dhar 和 Foltz，2005）。

我国消费者对于乳制品认证，尤其是自愿性认证的认知接受程度比较低的原因有以下两点。

第一，由于自愿性认证是企业自主选择的认证，政府对于其宣传教育以及信息强化的力度较弱，消费者对于自愿性认证了解甚少。戴晓武等人（2017）以及王志刚和毛艳娜（2006）分别对黑龙江省以及北京市消费者进行调查，研究消费者对 HACCP 认证的认知程度、接受程度和支付意愿，其研究结果显示，消费者起初对 HACCP 认证的认知程度都较低，当经过信息强化后，消费者不仅愿意接受该认证，且随着消费者对 HACCP 认证了解程度的加深，其购买和支付意愿随之增强。因此，不少学者都提出政府应联合主流媒体，加强乳制品认证（尤其是自愿性认证）相关内容的宣传，提高消费者的认知水平和接受程度（路璐，2015）。

第二，自愿性认证的认证过程由第三方非政府机构执行，在认证机构缺乏公信力和权威性的情况下，消费者对自愿性认证的信任程度不高（高敏蕙，2015；莫佳颖，2016）。我国第三方食品农产品认证机构较多且资质参差不齐，且政府对第三方认证机构缺乏监管，因此，认证过程存在"交钱认证"等违规行为。不少专家指出，国内认证的有机奶是一种概念炒作②，可信度不高。王小楠（2016）针对山东省 570 位消费者对中欧品牌或中欧认证有机牛奶的信任倾向的研究表明，我国消费者对欧盟认证有机牛奶的信任度高于对国内认证有机牛奶的信任度，说明我国有机认证的权威性需进一步提高。因此，政府一方面需要加强对认证机构以及认证企业的监督管理，规范认证过程，严惩违规行为；另一方面，需出台相应法律法规确保认证体系的有效性与合法性（路璐，2015；莫佳颖，2016；高敏蕙，2015）。

此外，相较于认证证书，认证标识可将质量信息转译为通俗易懂的信号，使

---

① 在 12 个常用食品品类中，有 60.3% 的消费者认为，食用油和调味品的安全问题最为严重；有 30.5% 的消费者认为，奶制品的安全问题最严重。

② 有机奶"名不副实"——假有机奶被曝供特仑苏［EB/OL］. http：//economy2. jschina. com. cn/system/2015/09/01/026145129. shtml，2015－09－01.

信息传递过程直接有效，大大节省消费者的搜寻成本。但根据表 5 - 1 的内容可知，取得 HACCP 认证以及 GMP 认证的企业一般不会在产品上明确认证标志，因而导致 HACCP 以及 GMP 认证的普及程度相较于有机认证或绿色认证的普及程度较低（杨炫，2014；金成哲和金龙勋，2011）。

综上所述，我国消费者对于乳制品认证，尤其是自愿性认证的接受认可度有待提高。在公众对乳制品质量安全问题高度关注的背景下，随着政府的宣传普及以及监督管理机制的完善，消费者对质量认证的接受程度和信赖度会逐步提高（Ortega 等，2012；王小楠，2016）。

3. 乳制品认证依据标准亟待调整

目前我国乳制品行业相关认证主要包括食品安全市场准入审查通则认证（QS）、良好生产规范认证（GMP）、危害分析与关键控制点认证（HACCP）、有机认证以及绿色认证。这些认证在原料以及产品质量、卫生等指标方面所依据的标准主要为《生乳》（GB 19301—2010）、《巴氏杀菌乳》（GB 19645—2010）、《灭菌乳》（GB 25190—2010）等食品安全国家标准。众所周知，只有好的生乳才能生产优质的乳制品，作为生产乳制品的基本原料，生乳的标准对乳制品品质有直接影响（王海等，2011）。

本书基于王海等人（2011）的研究结果，对不同国家生乳标准进行整理，得表 5 - 2。由表中数据可知，和发达国家相比，我国 2010 年修订的《生乳》国家标准在乳脂肪、乳蛋白、菌落总数以及体细胞数等决定生乳标准的参数设置上都明显偏低；且与 1986 年的《生鲜乳牛乳收购标准》相比，每 100 克生乳中的乳蛋白含量降低了 0.15 克，每毫升菌落总数允许最大值提高了 4 倍。换言之，在中国认定的合格生鲜乳，在很多国家却被判定为不合格的原料（王威和杨敏杰，2009a）。尽管一些专家从奶牛品种、泌乳期、气候等几个方面分析了标准的合理性，但不可否认的是，我国生乳国家标准设置较低。较低的标准不仅无法满足行业发展需要和消费者的期待，而且可能进一步加速信任品市场向不良状态演化。由此可知，我国生乳国家标准亟待调整（陆晓博，2016；高敏蕙，2015）。

表 5 - 2　不同国家生乳标准指标比较

标准	乳脂肪 （克/100 克）	乳蛋白 （克/100 克）	菌落总数 （×10⁴CFU/毫升）	体细胞 （×10⁴CFU/毫升）
2010 国标	3.1	2.8	不超过 200	无限制
1986 国标	无要求	2.95	不超过 50	无限制

标准	乳脂肪 （克/100 克）	乳蛋白 （克/100 克）	菌落总数 （×10⁴CFU/毫升）	体细胞 （×10⁴CFU/毫升）
美国	3.5	3.2	不超过 10	小于 75
法国	3.8	3.2	小于 50	小于 40
希腊	3.6	3.2	小于 40	小于 40
澳大利亚	3.2	3.2	小于 20	小于 40

为此，国内专家学者以及业内人士以不同的方式调整我国生鲜乳以及乳制品的标准。由中国农业科学院北京畜牧兽医研究所奶业创新团队所提出的"中国优质乳工程"，以打造接轨国际标准的"优质乳"为目标，建立生鲜乳用途分级标准（见表 5 - 3）。该工程依据核心指标将生鲜乳分级（王加启，2016），通过严格的检验和验收，在全国推进要求更高的"优质乳"标准。目前已有现代牧业、新希望雪兰乳业等企业通过该工程验收。"优质乳"的诞生也标志着中国牛奶拥有了属于自己的优良品质标签。

表 5 - 3　优质乳工程生鲜乳用途分级标准

等级	乳脂肪率 （%）	乳蛋白率 （%）	体细胞数 （×10⁴CFU/毫升）	菌落总数 （×10⁴CFU/毫升）	用途
特优级	3.3	3.1	30	10	优质乳工程巴氏和 UHT 乳
优级	3.3	3.1	40	20	优质乳工程 UHT 乳
良级	3.2	3	50	30	正常用途
合格级	3，1	2.9	75	100	正常用途

2016 年 4 月，中国农垦乳业联盟①在《生乳》国家标准基础上制定并发布了《中国农垦生鲜乳生产和质量标准》。该标准在菌落总数、体细胞、乳蛋白、乳脂率等指标的设置上均优于国标（见表 5 - 4），对接设置高于国外标准，引起业内外的高度关注，并被媒体称为"我国史上最高生鲜乳企业标准"。其中新增加的体细胞指标与欧盟相同，且严于美国 75 万个/毫升的标准，填补了国标没有体细胞的空白。同时，该联盟决定，对于符合《中国农垦生鲜乳生产和质量标准》

————————

① 光明、三元等 17 家农垦系统乳品企业、奶牛养殖场和科研院所组成的联盟。

的生鲜乳，允许使用"中国农垦生鲜乳标识 LOGO"，进一步推动中国农垦乳业生鲜乳品牌建设与推广工作①。以上实践工作，对修订生鲜乳以及液态奶等国家标准，推动分级标准体系等政策的制定实施，有一定的参考价值。

表 5 - 4　《生鲜乳食品安全国家标准》和《中国农垦生鲜乳生产和质量标准》主要指标比较

标准 \ 指标	菌落总数（CFU/毫升）	体细胞数（CFU/毫升）	乳蛋白率（%）	乳脂率（%）
《生乳国标》	200 万	无	2.8	3.1
《农垦生乳标准》	10 万	40 万	3	3.4

4. 乳制品认证缺乏生鲜乳质量信息披露

作为乳制品生产加工的基础原料，生鲜乳之于乳制品，好比面粉之于面包，其质量安全状况直接影响乳制品质量安全。"三聚氰胺"事件的爆发从侧面反映我国奶源的质量安全水平以及检测管理环节存在严重的问题，因而奶源的质量安全成为政府、企业乃至公众关注的焦点。根据《中国消费者食品安全信任度研究》报告显示，消费者对于食品原材料的关注度最高，有 47.7% 的消费者认为，在整个食品消费过程中，原材料的质量安全问题会严重影响食品的质量安全。此外，研究结果也表明，我国消费者对于奶源质量安全水平的信任程度显著影响消费者对于乳制品行业的信心（姜冰和李翠霞，2016）。

但从目前的实际情况来看，消费者对于奶牛养殖环节和生鲜乳供应环节掌握的信息量非常少（姜冰和李翠霞，2016），消费者和生鲜乳供应商之间的信息不对称程度更加明显。尽管无公害产品认证以及 GAP 体系认证可以在一定程度上保证生鲜乳以及生鲜乳生产过程符合标准，但乳制品企业不仅不会将无公害认证或 GAP 认证显示在企业产品的外包装上，而且也很少显示产品原材料的质量信息。尽管我国对复原乳的使用以及标识做出了严格的规定，但消费者对乳制品所使用的原材料的真实质量水平仍知之甚少。

美国 1924 年颁布实施的《"A"级巴氏杀菌乳条例》（*Grade "A" Pasteurized Milk Ordinance*，PMO）至今已被修订多次，是美国乳制品安全保障体系中最重要的法令，覆盖"A"级乳及乳制品从生产、运输、加工、检查，到贴标签以及销

① 2016 年终盘点中国乳业大事件回顾 [J]．中国乳业，2017（1）：2 - 12.

售等各个环节的规范，可操作性非常强。该法令不仅详细规定了生产"A"级巴氏杀菌奶的原料奶挤奶、收奶、贮运、温度、细菌总数、体细胞数的标准[①]，还对采用"A"级乳生产的产品的标准、规格以及标识做出了详细的规定。条例规定，在美国，任何一个独立销售的使用"A"级原料乳生产的乳制品的外包装上，都必须明确标识原料的等级（A），否则违法，从而提高美国消费者对本国生产的乳制品的信任（龚广予，2015；邸雪枫，2009；王加启等，2016）。

因此，为增加消费者对生鲜乳质量品质的了解，企业可以对生鲜乳进行认证，政府可以要求乳制品外包装明确显示认证标识，从而让消费者更直观地了解乳制品所使用的原材料的质量水平。

第二节　基于认证标准的乳制品供应链加工—消费环节质量控制模型

通过文献综述以及我国乳制品认证制度发展现状的相关分析可知，生产企业在质量控制过程中的投机行为不仅会降低消费者对于质量认证的信任度，而且导致认证无法准确传递质量信号，继而影响认证制度的有效性。本部分在对认证现状分析的基础上，考虑乳制品信任品属性，借鉴委托代理理论，从契约的角度建立乳制品核心企业单边道德风险下基于自愿认证的乳制品加工—销售阶段的质量控制模型，分析乳制品供应链加工与消费环节的企业的质量控制行为以及消费者购买优质产品行为的协调问题，研究认证标准与企业质量控制行为的关系，寻找可以制约企业投机行为且传递质量信息的可行认证标准。

一、模型描述与相关符号定义

本章节研究对象是本书研究对象的一部分，即针对乳制品供应链的加工—消费环节，包括单个乳制品核心企业、消费者、政府、第三方非政府认证机构在内的

---

①　从挤奶开始4小时内原料奶必须降到10℃以下，或挤奶后2小时内降到70℃以下，贮运过程中原料奶的温度不应该超过10℃，运到工厂后应马上采取措施将原料奶温度降到70℃以下，并规定收奶时A级原料奶细菌总数不能超过10万个/毫升，体细胞数不能超过75万个/毫升，生产前原料奶细菌总数不能超过30万个/毫升。

液态奶乳制品供应链系统。在该乳制品供应链中，乳制品核心企业占主导地位，仅生产一种液态奶产品。乳制品核心企业使用检测合格的原料奶进行生产加工，最终产品的质量水平完全取决于乳制品核心企业的质量控制水平。此外，为提高产品质量水平，促进市场良性竞争，政府鼓励乳制品企业实施标识生鲜乳质量状况的自愿性认证。企业自主决策产品是否接受该自愿性认证，且最终销售的产品都要接受国家相关机构的检验。模型设定参考 Holland（2016）、龚强和陈丰（2012）、王常伟（2013）的研究成果，引入消费者看到产品有（无）认证标识后判断产品质量水平的后验概率、政府检验频率以及检验水平等变量，具体过程如下：

（1）乳制品核心企业使用自建奶源或合作牧场奶源进行生产加工，生产出标准化为一个单位的产品并出售给消费者，企业对质量控制水平进行决策，设乳制品核心企业质量控制水平为 m，代表乳制品核心企业在产品生产加工过程最终的质量投入水平或质量控制过程的努力程度（$0 \leqslant m \leqslant 1$），相应的质量控制成本为 $M(m)$，最终产品存在质量缺陷的概率为 $e = 1 - m$。

（2）牛奶产品具有信任品属性，消费者自己无法辨识产品是否存在质量缺陷，只能通过政府公布的信息进行分辨。政府质检机构对于销售的乳制品进行检验，其检验频率为 r，检验水平为 ζ。存在质量问题的产品最终能否被市场检测出来，主要取决于政府的检验频率以及检验水平。当政府质检机构检测出产品存在质量缺陷时，通过公布信息等途径告知消费者，消费者向乳制品核心企业提出索赔，乳制品供应链产生外部损失，即因此而支付的罚金或外部损失赔偿为 L，系统发生外部损失的概率 $\varepsilon = r\zeta e$。

（3）为减少消费者和企业之间信息不对称程度，政府鼓励乳制品企业实施标识生鲜乳质量状况的自愿性认证，将具有信任品特征的牛奶产品转变为具有搜寻品特征的产品。该认证规定，一旦企业成功通过认证，其产品需要在外包装上明确显示相关标志以及所使用原材料的质量信息（或等级）。此外，该认证的认证过程由政府或政府授意的权威认证机构具体执行，但认证程序、认证规则、认证标准，以及认证过程中违规行为的惩处措施等都由政府制定并公示，且政府出台相应的法律法规确保认证体系的有效性与合法性。该认证的认证标准为 s，$s \in [0, 1]$。由于认证系统存在漏洞，且企业在认证过程中可能存在欺骗行为，所以设 $\theta(m, s)$ 表示产品通过认证系统的概率，$\delta(m, s)$ 为企业支付的认证成本。

（4）消费者作为市场需求提供者，其总需求标准化为一个单位。当信息完全对称时，消费者可以分辨清楚优质产品与一般质量水平的产品，因此，消费者愿意为优质安全的产品支付的价格为w_c，消费者愿意为一般质量产品，即非优质产品支付的价格为w_n；当信息存在不对称时，消费者不能分辨产品的质量水平，此时消费者愿意为产品支付的价格会受到消费者看到产品有（无）认证标识后对产品质量水平判断的后验概率λ的影响。当消费者看到产品具有认证标识时，消费者愿意为其支付的价格为w'_c（w_c，w_n，λ_c），其中，λ_c表示看到认证标识后，消费者认为，该乳制品为优质安全产品的概率；当消费者看到产品不具有认证标识时，消费者愿意为其支付的价格为w'_n（w_c，w_n，λ_c），其中，λ_n表示看到不具备认证标识，消费者认为该产品为优质安全的概率。

本节所用到的变量定义以及解释如下：

m：乳制品核心企业在生产加工过程的质量控制水平，$0 \leq m \leq 1$。

e：最终产品存在质量缺陷的概率，$e = 1 - m$。

$M（m）$：乳制品核心企业的质量控制成本。由于生产加工成本与产品质量密切相关，且提升质量水平具有边际成本递增效应（汪鸿昌等，2013；龚强和成酩，2014），即$M'（m）> 0$，$M''（m）> 0$；基于学者Baiman（2001）、朱立龙（2014）、申强（2014）的研究成果，综合本章模型的特点，设乳制品核心企业质量控制成本函数为$M（m）= g m^2 + g_1$，其中，g表示企业的技术水平以及资源禀赋，并假设$g \geq 2$（$w_c - w_n$）。值得注意的是，由于本章模型设置中企业使用自建奶源或合作牧场奶源进行生产，因此，企业的质量控制应包括对于生鲜乳的质量控制以及对于产品加工过程的质量控制。

r：政府质量检验机构对于销售的牛奶产品的质量检验频率，这里假设政府的检验频率随牛奶产品的质量水平的变化而变化，即质量水平越高的产品，其检验频率越低，即$\frac{\partial r}{\partial m} < 0$，根据Holland（2016）的研究结果，设$r = 1 - m$。

ζ：政府质量检验机构对于销售的牛奶产品的质量检验水平，且为外生变量。

L：最终产品被政府检验出不合格而导致的外部损失成本，且为外生变量。

$\varepsilon（m，r，\zeta）$：发生外部损失的概率，$\varepsilon = r\zeta e = \zeta e^2$。

s：可追溯至奶源的认证体系的认证标准，$s \in [0，1]$。

$\theta（m，s）$：产品通过认证系统的概率，当产品质量超过认证标准时，该产品可顺利获得权威的认证；当产品质量接近但没有达到认证标准时，产品也有可能通过认证，但值得注意的是，产品质量水平和认证标准差距越大，企业欺骗成功且通过认证的概率越低。此外，认证系统的检验水平随着产品质量水平和认证标准差距的增加而增加，即当 $m \geq s$ 时，$\theta = 1$；当 $m < s$ 时，$\dfrac{\partial \theta}{\partial(s-m)} < 0$，$\dfrac{\partial^2 \theta}{\partial^2(s-m)} < 0$，根据 Holland（2016）的研究结果，$\theta(m, s)$ 可通过下式表示，其中，k 为外生调节系数，设当 $k \geq 1$ 时：

$$\theta(m, s) = \begin{cases} 1 - k(s-m)^2 & m < s \\ 1 & m \geq s \end{cases}$$

$\delta(m, s)$：乳制品核心企业进行认证的成本，当产品质量水平超过认证标准时，企业进行认证只需支付固定认证费用 C；当产品质量接近但没有达到认证标准时，企业为了通过认证会支付额外的惩罚（或伪装成本），且产品质量水平和认证标准差距越大，惩罚越高（或伪装成本），且增加差距具有边际成本递增效应（Holland，2016），因此，认证成本 $\delta(m, s)$ 可通过下式表示，其中，C 和 v 为外生变量，且 $v > C$，$v + C > w_c - w_n$：

$$\delta(m, s) = \begin{cases} v(s-m)^2 + C & m < s \\ C & m \geq s \end{cases}$$

λ_c，λ_n：当存在信息不对称时，消费者看到产品有（无）认证标识后，会判断产品为优质（A）或非优质（B），其中 $p(A) + p(B) = 1$，继而形成后验概率 λ，表示为：

$$\lambda = \begin{cases} \lambda_c = p(A \mid C) = \dfrac{p(C \mid A) \cdot p(A)}{p(C \mid A) \cdot p(A) + p(C \mid B) \cdot p(B)}, & \text{产品有认证标识 C} \\[3mm] \lambda_n = p(A \mid N) = \dfrac{p(N \mid A) \cdot p(A)}{p(N \mid A) \cdot p(A) + p(N \mid B) \cdot p(B)}, & \text{产品无认证标识 N} \end{cases}$$

其中，λ_c 表示当看到认证标识后，消费者认为该乳制品为优质安全产品的概率；λ_n 表示当看到不具备认证标识后，消费者认为该乳制品为优质安全产品的概率。下面对几个参数进行说明。

首先，由于本书讨论的是自愿性而非强制性认证，所以消费者并不能认为优质产品就一定会有认证标识，即 $p(C \mid A) \neq 1$，$p(N \mid A) \neq 0$。认证体系以及认证标识的存在就是为消费者传递信息，缓解信息不对称现象，提高消费者的支付意愿，但消费者认为产品优质而具备或不具备认证标识的概率 $p(C \mid A)$、$p(N \mid A)$ 会受到认证的普及程度的影响，即概率 $p(C \mid A)$ 反映了消费者对于认证系统以及认证标识的接受认可程度。

其次，消费者在观察到产品的认证标识后，对产品质量是否符合认证标准的概率估算 $p(N \mid B)$ 以及 $p(C \mid B)$ 反映了消费者对于认证系统和认证标识准确性以及认证系统检测能力的信任程度。在大多数有关信任品认证方面的文献中，有效的认证制度在国际范围得到了消费者的认可，因而消费者非常信任认证标识所传递的信息，认为质量一般的产品无法通过认证获得认证标识，即 $p(C \mid B) = 0$，$p(N \mid B) = 1$（Holland，2016；莫佳颖等，2016）。本书依然沿用此假设，即当消费者看到产品具有认证标识后，认为产品优质的后验概率为 $\lambda_c = 1$；当看到无认证标识后，认为产品优质的后验概率为 $\lambda_n = \dfrac{p(N \mid A) \cdot p(A)}{p(N \mid A) \cdot p(A) + p(B)} = \dfrac{(1 - p(C \mid A)) \cdot p(A)}{(1 - p(C \mid A)) \cdot p(A) + p(B)}$。

此外，假设消费者事先知晓国家或权威机构公布的认证标准，消费者在不知产品有无认证标识之前对产品质量的概率估算 $p(A)$ 以及 $p(B)$ 可能会受到消费者对于该产品市场整体的质量安全水平评估的影响，该概率在一定程度上代表消费者对于乳制品行业的信心。在信息不对称的情形下，当消费者对行业整体的质量安全水平估算比较理性客观时，消费者在购买之前对产品质量的概率估算 $p(A) = p(B) = 0.5$；在信息不对称的情形下，当消费者对行业整体的质量安全水平估算比较悲观时，消费者在购买产品之前对产品质量的概率估算 $p(A) < 0.5 < p(B)$，因此，$0.5 \leqslant p(B) \leqslant 1$。

$p(C \mid A)$：当消费者认为产品优质时具备认证标识的可能性，反映了消费者对于认证系统以及认证标识接受认可程度，且 $0.5 < p(C \mid A) \leqslant 1$。

$p(B)$：当消费者在购买产品前认为产品非优质，或质量水平一般的可能性，反映了消费者对于乳制品行业整体的质量水平的信心，且 $0.5 \leqslant p(B) \leqslant 1$。

w_c：当信息完全对称时，消费者愿意为优质安全的产品支付的价格，且为外生变量。

w_n：当信息完全对称时，消费者愿意为一般质量产品支付的价格，且 $w_c - w_n > C$。

$w'_c (w_c, w_n, \lambda_c)$：当消费者看到产品具有认证标识时，消费者愿意为其支付的价格，且 $w'_c = \lambda_c w_c + (1 - \lambda_c) w_n = w_c$。

$w'_n (w_c, w_n, \lambda_c)$：当消费者看到产品不具有认证标识时，消费者愿意为其支付的价格，且 $w'_n = \lambda_n w_c + (1 - \lambda_n) w_n$。由于该认证体系可追溯至奶源，且认证标识清晰显示产品的原料来源以及加工参数，因此，消费者对于具有认证标识的产品愿意支付的价格高于没有认证标识的产品的价格，即 $w'_n < w'_c$。根据表达式可知，$w_c - w_n \geqslant w'_c - w'_n$。

综上，该理论模型需满足假设条件如下：

①乳制品核心企业与消费者均追求收益最大化与效用最大化。

②在供应链系统中，不存在销售成本以及渠道费用。

③牛奶产品具有信任品属性，消费者自己无法辨识产品是否存在质量缺陷。

④消费者具有理性，产品质量安全水平越高，期望效用越高，且不考虑消费者的收入约束。

⑤该自愿性认证的认证过程由政府或政府授意的权威认证机构具体执行，但认证程序、认证规则、认证标准以及认证过程中违规行为的惩处措施等都由政府制定并公示，且政府出台相应的法律法规确保认证体系的有效性与合法性。

⑥认证过程不存在寻租行为，且一旦企业成功通过认证，其产品需要在外包装上明确显示相关标志以及奶源质量信息（或等级）。

⑦本书讨论的是自愿性而非强制性认证，所以消费者并不能认为优质产品一定会有认证标识。

⑧消费者非常信任认证标识所传递的信息，认为质量不符合认证标准的产品无法通过认证获得认证标识。

⑨认证机构能检测产品质量是否达到或超过认证标准 s，但不能准确检测产品是否存在缺陷。

二、实现产品加工—消费环节质量协调的条件

信息不对称是产生质量安全问题的根源（Tirole，1988），而信任品特征较为显著的乳制品，其加工销售阶段的信息不对称问题更加严重。在消费者对乳制品行业产生信任危机的背景下，仅通过价格、广告、建立品牌、增加标识等手段增加信息供给并不是一劳永逸的解决方法。如何在有效传递信息的基础上，激励全行业提高产品质量，减少道德风险，才是解决乳制品质量安全问题的根本途径。在 Holland（2016）、龚强和陈丰（2012）、王常伟（2013）的研究基础上，本书根据委托代理理论，把消费者和政府视为类似"委托人"的角色，把乳制品核心企业视为类似"代理人"的角色，政府通过设计认证标准且消费者通过选择购买价格，激励乳制品核心企业选择认证传递信息，并为此付出不同程度的努力。三方决策过程如下：

（1）政府规定自愿性认证的相关内容（认证标准、认证标识以及认证程序等），并以法律形式确立，且相关的认证程序由国家或权威性部门执行，其中认证标准为 s，且 s 为三方共知。

（2）乳制品企业自愿选择是否进行认证，并以自身收益最大化为原则，选择产品加工过程的质量控制水平 m，m 不可观测。

（3）消费者对于具有认证标识的产品的愿意支付的价格高于没有认证标识的产品的价格，当所购买乳制品具备认证标识时，消费者愿意为其支付的价格为 w_c' ；当所购买乳制品不具备认证标识时，消费者愿意为其支付的价格为 w_n' ，其中 w_c 、 w_n 为三方共知。

（4）消费者无法分辨产品是否存在质量缺陷，当政府检测出产品存在质量问题时，消费者获得相关信息，并向乳制品企业提出索赔要求，产生外部损失成本 L 。

据此可构建参与主体的收益函数：

$$U_C = \theta(m,s)w_c' + (1-\theta(m,s))w_n' - \delta(m,s) - M(m) - L\varepsilon$$

$$= \begin{cases} w_c - C - gm^2 - g_1 - \zeta L(1-m)^2 & m < s \\ \left[1 - k(s-m)^2\right](1-\lambda_n)(w_c - w_n) - w_n - v(s-m)^2 & m \geqslant s \\ \quad - C - gm^2 - g_1 - \zeta L(1-m)^2 \end{cases} \quad (5-1)$$

$$U_N = w_n' - M(m) - L\varepsilon \qquad\qquad\qquad\qquad\qquad (5-2)$$

$$U = \vartheta m - w' \qquad\qquad\qquad\qquad\qquad\qquad (5-3)$$

其中， U_C 代表乳制品核心企业选择进行认证的收益函数， U_N 代表乳制品核心企业选择不认证的收益函数。 U 代表消费者的净效用，同时也是政府的政策实施目标。假设消费者保留效用为 0，因而目标函数可改写为 $U = \vartheta\left(m - \dfrac{w'}{\vartheta}\right)$ 。其中， ϑ 代表消费者对质量水平的偏好， $1/\vartheta$ 也可视为收入的边际效用，对质量安全越重视，或者消费者的收入水平越高，则 ϑ 越大（Tirole，1988；李想和石磊，2011；李想，2011）。部分研究指出，食品安全性显著影响消费者的期望效用，而价格的影响作用反而不甚明显（Lee 和 Hwang，2016）。随着食品质量安全事件的发生，食品安全性已经成为消费者购买食品时首要考虑的重要因素（金成哲和金龙勋，2011），而价格的影响作用随着人均收入水平的提高，正在逐渐减弱。根据暨南大学《中国消费者食品安全信任度研究》报告显示，消费者在购买食品时最关注与食品安全质量相关的信息：其中79.6%的受访者最关心的是食品保质期，59.3%的受访者最关心相关检验证明，相比之下，消费者对价格、外观等关注度不高（李雪墨，2016）。基于此，这里假设消费者对乳制品的质量安全水平非常重视，或消费者收入水平非常高，即 $\vartheta \to \infty$ ， $\dfrac{w'}{\vartheta} \to 0$ 。由此可知，政府的政策实施目标或消费者的目标是提高产品的质量安全水平。优化问题可描述为：

$$\max_{m,s} U = U(m) \qquad\qquad\qquad\qquad\qquad\qquad (5-4)$$

s. t. $U_C(m_C^*) \geqslant U_N(m_N^*)$　　　　　　　　　　　　　　　　　　　　　　$(5-5)$

$\dfrac{\partial U_C}{\partial m} = 0$　　　　　　　　　　　　　　　　　　　　　　　　　　$(5-6)$

$\dfrac{\partial U_N}{\partial m} = 0$　　　　　　　　　　　　　　　　　　　　　　　　　　$(5-7)$

$m_C^* > m_N^*$　　　　　　　　　　　　　　　　　　　　　　　　　　$(5-8)$

$0 < \{m_C^*,\ m_N^*,\ s\} < 1$　　　　　　　　　　　　　　　　　　　　$(5-9)$

式（5-5）类似乳制品核心企业的参与约束式，不认证所获取的最优收益为乳制品核心企业的保留效用，式（5-6）和式（5-7）类似乳制品核心企业的激励相容约束。m_C^*、m_N^*分别表示在单边道德风险下，乳制品核心企业进行认证以及无认证时，最优产品质量控制水平，s表示认证标准的大小。该模型表示，政府应如何制定认证标准，可以使企业自愿选择认证并为消费者传递信息的同时，提高乳制品的质量水平。

命题 5-1

（1）当认证标准较高且大于企业不认证的最优产品质量控制水平时，企业选择认证的最优产品质量控制水平大于不认证时的最优质量水平，即当 $s > m_N^*$ 时，$m_C^* > m_N^*$，表明较高的认证标准可以显著提升产品质量。其中 m_C^*、m_N^* 表达式为 $m_C^* = \dfrac{ks(1-\lambda_n)(w_c - w_n) + vs + \zeta L}{k(1-\lambda_n)(w_c - w_n) + v + g + \zeta L}$，$\lambda_n = \dfrac{(1-p(C\mid A))(1-p(B))}{(1-p(C\mid A))(1-p(B)) + p(B)}$，$m_N^* = \dfrac{\zeta L}{g + \zeta L}$。

（2）当认证标准小于企业不认证的最优产品质量控制水平时，企业选择认证的最优产品质量控制水平等于不认证时的最优质量水平，即当 $s < m_N^*$ 时，$m_C^* = m_N^*$，表明较低的认证标准并不能提升产品的质量，这样的认证没有意义。其中 m_C^*、m_N^* 表达式为 $m_C^* = m_N^* = \dfrac{\zeta L}{g + \zeta L}$。

证明：将式（5-2）改写为 $-L\dfrac{\partial \varepsilon}{\partial m} = \dfrac{\partial M}{\partial m}$，左边代表未认证情形下提高一单位产品质量水平所减少的外部损失，即边际收益 $MR_n = -2m\zeta L + 2\zeta L$，右边代表未认证情形下边际成本 $MC_n = 2gm$。令 $MR_n = MC_n$，可得企业未进行认证的最优产品质量控制水平 $m_N^* = \dfrac{\zeta L}{g + \zeta L}$。

将式（5-1）改写为 $\dfrac{\partial \theta}{\partial m}(1-\lambda_n)(w_c - w_n) - L\dfrac{\partial \varepsilon}{\partial m} = \dfrac{\partial M}{\partial m} + \dfrac{\partial \delta}{\partial m}$，且由于乳制品企业的收益函数为分段函数，需分情况讨论：

（1）当 $m < s$ 时，上式左边代表认证情形下边际收益 $MR_c = 2k(1-\lambda_n)$ $(w_c - w_n)(s-m) - 2m\zeta L + 2\zeta L$，右边代表认证情形下边际成本 $MC_c = 2gm - 2v$ $(s-m)$。令 $MR_c = MC_c$，可得 $m_C^* = \dfrac{ks(1-\lambda_n)(w_c - w_n) + vs + \zeta L}{k(1-\lambda_n)(w_c - w_n) + v + g + \zeta L}$，

$\lambda_n = \dfrac{(1-p(C \mid A))(1-p(B))}{(1-p(C \mid A))(1-p(B)) + p(B)}$。

（2）当 $m > s$ 时，认证情形下边际收益 $MR_c = -2m\zeta L + 2\zeta L$，右边代表认证情形下边际成本 $MC_c = 2gm$。令 $MR_c = MC_c$，可得 $m_C^* = \dfrac{\zeta L}{g + \zeta L}$。

由此可见，认证标准 s 的大小影响企业最优质量控制水平的大小，令 $m_C^* > m_N^*$，解得 $s > m_N^* = \dfrac{\zeta L}{g + \zeta L}$。图 5 - 1（a）（b）分别描述了当 $s > m_N^*$ 时，乳制品核心企业最优产品质量控制水平，以及当 $s \leqslant m_N^*$ 时，乳制品核心企业最优产品质量控制水平，其中"—"线表示乳制品核心企业进行认证的边际成本以及边际收益随产品质量控制水平变动的变化趋势，"--"线表示乳制品核心企业未认证的边际成本以及边际收益随产品质量控制水平变动的变化趋势。

当 $s > m_N^*$ 时，可得企业进行认证的最优产品质量控制水平 $m_C^* = \dfrac{ks(1-\lambda_n)(w_c - w_n) + vs + \zeta L}{k(1-\lambda_n)(w_c - w_n) + v + g + \zeta L}$，$\lambda_n = \dfrac{(1-p(C \mid A))(1-p(B))}{(1-p(C \mid A))(1-p(B)) + p(B)}$，且 $m_C^* > m_N^*$，如图 5 - 1（a）所示。

当 $s < m_N^*$ 时，可得企业进行认证的最优产品质量控制水平 $m_C^* = \dfrac{\zeta L}{g + \zeta L}$，且 $m_C^* = m_N^*$，如图 5 - 1（b）所示。证毕。

命题 5 - 2 当企业进行认证与未进行认证的产品溢价大于进行认证的固定成本，且认证标准高于企业未认证时的最优产品质量控制水平并小于某临界值时，企业会主动选择对产品进行认证，且认证的最优产品质量控制水平大于不认证时的最优质量水平，即当 $w_c' - w_n' > C$，且 $m_N^* < s < \bar{s}$ 时，$U_C(m_C^*) > U_N(m_N^*)$，且 $m_C^* > m_N^*$。表明处于合理范围的认证标准可以让企业主动选择认证，并显著提高产品的质量水平。其中

$\bar{s} \equiv \min\{1, b\}$，$b = \sqrt{\dfrac{[(1-\lambda_n)(w_c - w_n) - C][k(1-\lambda_n)(w_c - w_n) + (v + g + \zeta L)]}{[k(1-\lambda_n)(w_c - w_n) + v](g + \zeta L)}} + \dfrac{\zeta L}{\zeta L + g}$，区间长度 $h \equiv \min\left\{\dfrac{g}{\zeta L + g}, b - \dfrac{\zeta L}{\zeta L + g}\right\}$，$m_C^* = \dfrac{ks(1-\lambda_n)(w_c - w_n) + vs + \zeta L}{k(1-\lambda_n)(w_c - w_n) + v + g + \zeta L}$，

$m_N^* = \dfrac{\zeta L}{g + \zeta L}$，$\lambda_n = \dfrac{(1-p(C \mid A))(1-p(B))}{(1-p(C \mid A))(1-p(B)) + p(B)}$。

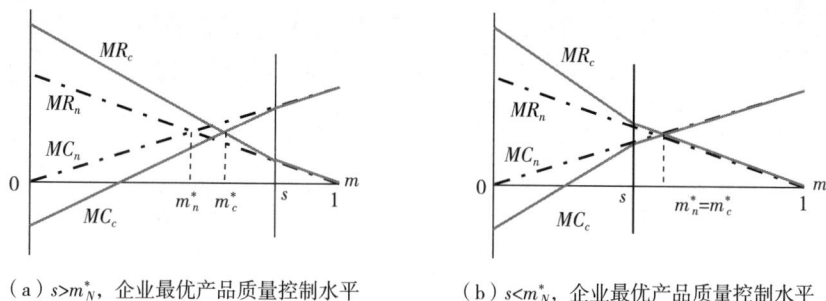

（a）$s>m_N^*$，企业最优产品质量控制水平　　（b）$s<m_N^*$，企业最优产品质量控制水平

图 5 - 1　不同认证标准下企业最优质量控制水平

证明：根据模型已知条件可知，消费者看到产品不具备认证标识后认为产品优质的概率为 $\lambda_n = \dfrac{(1-p(C\mid A))(1-p(B))}{(1-p(C\mid A))(1-p(B))+p(B)}$。由命题 5 - 1 可知，当认证标准 s 发生变化时，乳制品核心企业进行认证的最优产品质量控制水平大小不同，因而分情况进行讨论。

（1）当 $s>m_N^*$ 时，求解式（5-6）、式（5-7），解得企业进行认证的最优产品质量控制水平 $m_C^* = \dfrac{ks(1-\lambda_n)(w_c-w_n)+vs+\zeta L}{k(1-\lambda_n)(w_c-w_n)+v+g+\zeta L}$，企业未进行认证的最优产品质量控制水平 $m_N^* = \dfrac{\zeta L}{g+\zeta L}$，且 $m_C^* > m_N^*$。

将其分别代入式（5-1）和式（5-4）可分别得企业进行认证的最优收益水平 $U_C(m_C^*)$ 以及未进行认证的最优收益水平 $U_N(m_N^*)$，

$$L_\theta(m_1^*, q_1^*, \theta_1^*) = r\zeta m_1^*(1-q_1^*)(tw+L)-(1-q_1^*)R+vm_1^*(1-q_1^*)-D'(\theta_1^*)$$
$$= 0 \tag{5-10}$$

其中，$Z=k(1-\lambda_n)(w_c-w_n)+v$。

$$U_N(m_N^*) = \lambda_n w_c + (1-\lambda_n)w_n - g_1 - \frac{g\zeta L}{g+\zeta L}$$
$$= w_n + \lambda_n(w_c-w_n) - g_1 - \frac{g\zeta L}{g+\zeta L} \tag{5-11}$$

将式（5-10）和式（5-11）代入式（5-5）中，解不等式 $U_C(m_C^*) > U_N(m_N^*)$，得 $w_c' - w_n' > C$，

$$s < \sqrt{\frac{[(1-\lambda_n)(w_c-w_n)-C][k(1-\lambda_n)(w_c-w_n)+(v+g+\zeta L)]}{[k(1-\lambda_n)(w_c-w_n)+v](g+\zeta L)}} + \frac{\zeta L}{\zeta L+g}$$

由于认证标准 $s \leqslant 1$，仍需对临界最大值 $\bar{s}$ 的大小进行讨论。

令 b $=\sqrt{\dfrac{[(1-\lambda_n)(w_c-w_n)-C][k(1-\lambda_n)(w_c-w_n)+(v+g+\zeta L)]}{[k(1-\lambda_n)(w_c-w_n)+v](g+\zeta L)}}$ +

$\dfrac{\zeta L}{\zeta L+g}$。解不等式 b < 1，得各变量满足关系式如下：

$$g^2 k+\frac{g^2 v}{(1-\lambda_n)(w_c-w_n)}>\left[k(1-\lambda_n)(w_c-w_n)+\left(1-\frac{C}{(1-\lambda_n)(w_c-w_n)}\right)(v+\right.$$

$$\left. g+\zeta L)-Ck\right](g+\zeta L) \tag{5-12}$$

即当各变量满足式（5-12）时，b < 1，$\bar{s}=b$，此时认证标准可行区间 $m_N^* <$
$s<\bar{s}$；反之 b≥1，$\bar{s}=1$，此时认证标准可行区间 $m_N^* < s < 1$。

（2）当 $s<m_N^*$ 时，求解式（5-6）、式（5-7），解得企业进行认证的最优
产品质量控制水平 $m_C^*=\dfrac{\zeta L}{g+\zeta L}$，企业未进行认证的最优产品质量控制水平 $m_N^*=$
$\dfrac{\zeta L}{g+\zeta L}$，且 $m_C^*=m_N^*$。

将其分别代入式（5-1）和式（5-2）可分别得企业进行认证的最优收益
水平 $U_C(m_C^*)$ 以及未进行认证的最优收益水平 $U_N(m_N^*)$，

$$U_C(m_C^*)=w_c-C-g_1-\frac{g\zeta L}{g+\zeta L} \tag{5-13}$$

$$U_N(m_N^*)=w_n+\frac{X+P(A)-1}{X}(w_c-w_n)-g_1-\frac{g\zeta L}{g+\zeta L} \tag{5-14}$$

将式（5-13）和式（5-14）代入式（5-5）中，求解不等式 $U_C(m_C^*)>U_N$
(m_N^*)，解得 $w_c{}'-w_n{}'>C$，且 $0<s<m_N^*$。但当 $0<s<m_N^*$ 时，$m_C^*=m_N^*$，不满足式
（5-8）要求。

综上所述，当 $w_c{}'-w_n{}'>C$，且 $m_N^* < s < \bar{s}$ 时，$U_C(m_C^*)>U_N(m_N^*)$ 且 $m_C^*>m_N^*$，

其中 $\bar{s}\equiv\min\{1,\ b\}$，$b=\sqrt{\dfrac{[(1-\lambda_n)(w_c-w_n)-C][k(1-\lambda_n)}{[k(1-\lambda_n)(w_c-w_n)+v](g+\zeta L)}}$ $+\dfrac{\zeta L}{\zeta L+g}$，区间长

度 $h\equiv\min\left\{\dfrac{g}{\zeta L+g},\ b-\dfrac{\zeta L}{\zeta L+g}\right\}$，$\lambda_n=\dfrac{(1-p(C\mid A))(1-p(B))}{(1-p(C\mid A))(1-p(B))+p(B)}$。当且

仅当各变量满足关系式 $g^2 k+\dfrac{g^2 v}{(1-\lambda_n)(w_c-w_n)}>\big[k(1-\lambda_n)(w_c-w_n)+$

$\left(1-\dfrac{C}{(1-\lambda_n)(w_c-w_n)}\right)(v+g+\zeta L)-Ck\big](g+\zeta L)$ 时，$b<1$，$\bar{s}=b$，$h=b-$

$\dfrac{\zeta L}{\zeta L+g}$；反之 $b\geqslant 1$，$\bar{s}=1$，$h=\dfrac{g}{\zeta L+g}$。证毕。

图 5 - 2（a）以及图 5 - 3（a）分别描述了 $w'_c - w'_n > C$，$b < 1$，$\bar{s} = b$ 时乳制品核心企业最优收益水平以及最优产品质量控制水平随认证标准变化的变动趋势；图 5 - 2（b）以及图 5 - 3（b）分别描述了 $w'_c - w'_n > C$，$b < 1$，$\bar{s} = b$ 时，乳制品核心企业最优收益水平以及最优产品质量控制水平随认证标准变化的变动趋势。在图 5 - 2 和图 5 - 3 中，"- -" 线表示乳制品核心企业认证后的最优收益水平以及最优产品质量控制水平的变化趋势；"—" 线表示其未认证后的最优收益水平以及最优产品质量控制水平的变化趋势。

结合图 5 - 2（a）与图 5 - 3（a）可知，当企业通过产品认证带来的价格溢价 $w'_c - w'_n$ 可以弥补进行认证的固定成本 C 时，若认证标准 s 在（0，b）范围内变动，则企业进行认证的最优收益水平 U_C（m^*_C）高于不认证的最优收益 U_N（m^*_N），即乳制品核心企业为提高收益会选择认证；若认证标准在（b，1）范围内变动，则较高的认证标准导致价格溢价无法弥补生产成本以及认证费用的增加，因而企业进行认证的最优收益水平低于不认证的最优收益，企业没有动力进行认证。此外，尽管认证标准在（0，b）范围内变动时，企业都会选择进行认证，但当认证标准高于企业未进行认证的最优产品质量控制水平时，即 $s \in$（m^*_N，b），企业选择认证的同时也可提高产品的质量水平；当认证标准低于企业未进行认证的最优产品质量控制水平时，即 $s \in$（0，m^*_N］，企业认证无法改变产品的质量水平。

值得注意的是，当 $b > 1$ 时，认证标准在（0，1）范围内变动时，企业都会选择进行认证，但当认证标准高于企业未进行认证的最优产品质量控制水平时，即 $s \in$（m^*_N，1），企业选择认证的同时也可提高产品的质量水平；当认证标准低于企业未进行认证的最优产品质量控制水平时，即 $s \in$（0，m^*_N］，企业认证无法改变产品的质量水平。

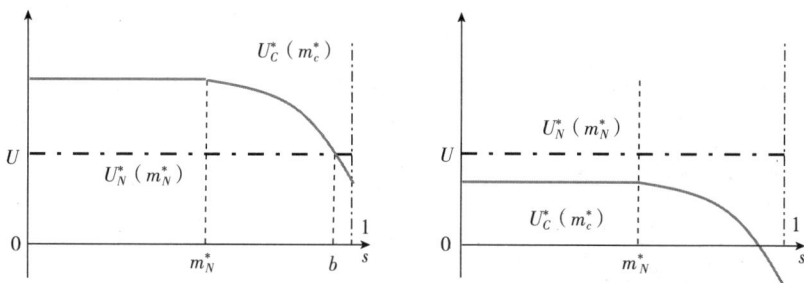

（a）$w'_c - w'_n > C$，企业最优收益与认证标准关系　（b）$w'_c - w'_n < C$，企业最优收益与认证标准关系

图 5 - 2　不同条件下企业最优收益与认证标准的关系

结合图 5-2（b）与图 5-3（b）可知，当企业通过产品认证带来的价格溢价较低，无法弥补认证的固定成本时，无论认证标准如何取值，企业进行认证的最优收益水平始终低于不认证的最优收益，即企业没有动力进行认证。

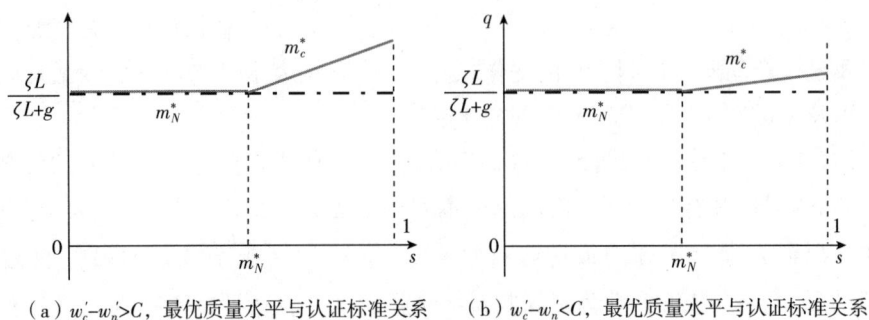

（a）$w_c'-w_n'>C$，最优质量水平与认证标准关系　（b）$w_c'-w_n'<C$，最优质量水平与认证标准关系

图 5-3　不同条件下产品最优质量控制水平与认证标准的关系

综上所述，存在可行的认证标准，执行该认证标准的认证体系可以使企业主动选择对产品进行认证，为消费者传递质量信息的同时提高产品质量水平，从而提高消费者的净效用。该认证标准存在的条件为企业进行认证与未进行认证的产品溢价大于进行认证的固定成本，且可行的认证标准须高于企业未认证时的最优产品质量控制水平并小于最大临界值。

第三节　认证标准可行区间以及最优认证标准分析

一、认证标准可行区间的影响因素分析

当企业进行认证与未进行认证的产品溢价大于进行认证的固定成本，且认证标准处于可行区间内（高于企业未认证时的最优产品质量控制水平并小于最大临界值时），企业会主动选择对产品进行认证，为消费者传递质量信息的同时提高产品质量水平。影响认证标准可行区间的主要因素有消费者在购买前认为产品非优质的可能性 $p(B)$，该参数反映了消费者对于乳制品行业整体的质量水平的信

心；消费者认为产品质量优质安全时具有认证标识的概率 p $(C\mid A)$，该参数反映了消费者对认证系统以及认证标识接受认可程度；外部损失赔偿 L。下面对各因素具体的影响作用进行理论分析。

推论 5 - 1　随着消费者在购买前认为产品非优质的可能性不断提高，即消费者对于乳制品行业信心逐渐越来越低时，能使企业主动认证并提高产品质量水平的认证标准可行区间以及最大临界值随之增加，且在消费者对行业整体质量水平评估较为悲观的情况下达到最大值并保持不变。即当 $\dfrac{C(1-p(C\mid A))}{w_c-w_n-C+C(1-p(C\mid A))}<p$

(B) $<\dfrac{(1-p(C\mid A))(C+R^*)}{w_c-w_n-C-R^*+(1-p(C\mid A))(C+R^*)}$ 时，$\dfrac{\overline{\partial s}}{\partial p(B)}=\dfrac{\partial h}{\partial P(B)}>0$；当

$\dfrac{(1-p(C\mid A))(C+R^*)}{w_c-w_n-C-R^*+(1-p(C\mid A))(C+R^*)}\leqslant p(B)<1$ 时，$\dfrac{\overline{\partial s}}{\partial p(B)}=\dfrac{\partial h}{\partial p(B)}=0$，其中

$$R^*=\frac{-[(kC+v+g+\zeta L)(\zeta L+g)-kg^2]+\sqrt{[(kC+v+g+\zeta L)(\zeta L+g)-kg^2]^2+4kg^2(g+\zeta L)(kC+v)}}{k(g+\zeta L)}$$

证明：由命题 5 - 2 可知，当 $w'_c-w'_n>C$ 且 $m_N^*<s<\overline{s}$ 时，U_C (m_C^*) $>$ U_N (m_N^*) 且 $m_C^*>m_N^*$，其中 $\overline{s}\equiv\min$ $\{1,\ b\}$，

$$b=\sqrt{\frac{[(1-\lambda_n)(w_c-w_n)-C][k(1-\lambda_n)(w_c-w_n)+(v+g+\zeta L)]}{[k(1-\lambda_n)(w_c-w_n)+v](g+\zeta L)}}+\frac{\zeta L}{\zeta L+g},$$

区间长度 $h\equiv\min\left\{\dfrac{g}{\zeta L+g},\ b-\dfrac{\zeta L}{\zeta L+g}\right\}$，$\lambda_n=\dfrac{(1-p\ (C\mid A))\ (1-p\ (B))}{(1-p\ (C\mid A))\ (1-p\ (B))\ +p\ (B)}$。

当且仅当各变量满足关系式 $g^2k+\dfrac{g^2v}{(1-\lambda_n)(w_c-w_n)}>[k(1-\lambda_n)(w_c-w_n)+$

$\left(1-\dfrac{C}{(1-\lambda_n)(w_c-w_n)}\right)(v+g+\zeta L)-Ck](g+\zeta L)$ 时，$b<1$，$\overline{s}=b$，$h=b-$

$\dfrac{\zeta L}{\zeta L+g}$；反之 $b\geqslant 1$，$\overline{s}=1$，$h=\dfrac{g}{\zeta L+g}$。

设 $G=(w_c'-w_n'-C)=(1-\lambda_n)(w_c-w_n)-C>0$，代入式（5 - 12）整理可得，$k$ $(g+\zeta L)$ $G^2+[(kC+v+g+\zeta L)(\zeta L+g)-kg^2]$ $G-g^2$ $(kC+v)$ <0，可解得，$0<G<R^*$，其中

$$R^*=\frac{-[(kC+v+g+\zeta L)(\zeta L+g)-kg^2]+\sqrt{[(kC+v+g+\zeta L)(\zeta L+g)-kg^2]^2+4kg^2(g+\zeta L)(kC+v)}}{k(g+\zeta L)},$$

将 $\lambda_n = \dfrac{(1-p(C\mid A))(1-p(B))}{(1-p(C\mid A))(1-p(B))+p(B)}$ 代入可得：

$$\frac{C(1-p(C\mid A))}{w_c-w_n-C+C(1-p(C\mid A))} < p(B) < \frac{(1-p(C\mid A))(C+R^*)}{w_c-w_n-C-R^*+(1-p(C\mid A))(C+R^*)}$$

$$(5-15)$$

因此，当 $p(B)$ 满足式（5-15）时，$b<1$，$\overline{s}=b$，认证标准可行区域长度 $h=b-\dfrac{\zeta L}{\zeta L+g}$，对区间长度 h 求关于 $p(B)$ 的一阶偏导数，可得：

$$\frac{\partial h}{\partial p(B)} = \frac{\partial h}{\partial (w_c{'}-w_n{'}-C)}\frac{\partial (w_c{'}-w_n{'}-C)}{\partial p(B)}$$

$$=\frac{(g+\zeta L)\{[k(w_c{'}-w_n{'}-C)+\dfrac{kC+v]^2+(g+\zeta L)(kC+v)\}}{[k(w_c{'}-w_n{')+v]^2(g+\zeta L)^2}\times\dfrac{(1-p(C\mid A))}{[(1-p(C\mid A))(1-p(B))}(w_c-w_n)}{+p(B)]^2}}{2\sqrt{\dfrac{(w_c{'}-w_n{'}-C)[k(w_c{'}-w_n{'})+v+g+\zeta L]}{[k(w_c{'}-w_n{'})+v](g+\zeta L)}}} > 0$$

同时对 $\overline{s}$ 求关于 $p(B)$ 的一阶偏导数，可得 $\dfrac{\partial \overline{s}}{\partial p(B)}=\dfrac{\partial h}{\partial P(B)}>0$。

当 $\dfrac{(1-p(C\mid A))(C+R^*)}{w_c-w_n-C-R^*+(1-p(C\mid A))(C+R^*)}\leqslant p(B)<1$ 时，$b\geqslant 1$，$\overline{s}=1$，认证标准可行区域长度 $h=\dfrac{g}{\zeta L+g}$，对 h 和最大临界值 $\overline{s}$ 求关于 $p(B)$ 的一阶偏导数，可得 $\dfrac{\partial \overline{s}}{\partial p(B)}=\dfrac{\partial h}{\partial P(B)}=0$。证毕。

产品非优质的可能性 $p(B)$ 在一定程度上代表消费者对于该产品市场整体的质量安全水平的评估，同时也可以反映消费者对于乳制品行业整体质量安全水平的评估情况。消费者对于行业整体质量安全水平的评估越低，说明乳制品交易环节信息不对称程度越明显，消费者对于行业整体的质量水平的信心越低。推论5-1表明，随着消费者信心不断降低，能使企业主动认证并提高产品质量水平的认证标准可行区间以及最大临界值随之增加。若最优认证标准的确立取决于可行区间以及最大临界值，则当消费者信心较低时，为使企业主动认证并提高产品质量水平，政府以及权威部门机构应提高该认证的认证标准。

推论5-2 随着消费者认为产品质量优质安全时具有认证标识的可能性不断提高，即消费者对于认证系统以及认证标识认可度越来越高，能使企业主动认证并提高产品质量水平的认证标准可行区间以及最大临界值随之增加，且在消费者对其认可度较高的情况下达到最大值并保持不变。

即 $\max\left\{0,\ 1-\dfrac{p(B)(w_c-w_n-C)}{C\cdot(1-p(B))}\right\}<p(C\mid A)<1-\dfrac{p(B)(w_c-w_n-C)}{(C+R^*)(1-p(B))}$ 时，

$\dfrac{\overline{\partial s}}{\partial p(C\mid A)}=\dfrac{\partial h}{\partial p(C\mid A)}>0$；当 $1-\dfrac{p(B)(w_c-w_n-C)(w_c-w_n-C-R^*)}{(C+R^*)p(A)(1-p(B))}\leqslant p(C\mid A)\leqslant1$ 时，

$\dfrac{\overline{\partial s}}{\partial p(C\mid A)}=\dfrac{\partial h}{\partial p(C\mid A)}=0$，其中 $R^*=\dfrac{-[(kC+v+g+\zeta L)(\zeta L+g)-kg^2]+\sqrt{[(kC+v+g+\zeta L)(\zeta L+g)-kg^2]^2+4kg^2(g+\zeta L)(kC+v)}}{k(g+\zeta L)}$。

证明：证明过程和推论 5-1 相同。将 $\lambda_n=\dfrac{(1-p(C\mid A))(1-p(B))}{(1-p(C\mid A))(1-p(B))+p(B)}$ 代入

$0<G<R^*$ 得：

$$\max\left\{0,\ 1-\frac{p(B)(w_c-w_n-C)}{C\cdot(1-p(B))}\right\}<p(C\mid A)<1-\frac{p(B)(w_c-w_n-C)(w_c-w_n-C-R^*)}{(C+R^*)(1-p(B))}$$

$$(5-16)$$

因此，当 $p(C\mid A)$ 满足式（5-16）时，$b<1$，$\overline{s}=b$，认证标准可行区间

长度 $h=b-\dfrac{\zeta L}{\zeta L+g}$，对区间长度 h 求关于 $p(C\mid A)$ 的一阶偏导数，可得：

$$\frac{\partial h}{\partial p(C\mid A)}=\frac{\partial h}{\partial(w_c'-w_n'-C)}\cdot\frac{\partial(w_c'-w_n'-C)}{\partial p(C\mid A)}$$

$$=\frac{\dfrac{(g+\zeta L)\{[k(w_c'-w_n'-C)+kC+v]^2+(g+\zeta L)(kC+v)\}}{[k(w_c'-w_n')+v]^2(g+\zeta L)^2}\cdot\dfrac{p(B)(1-p(B))}{[(1-p(C\mid A))(1-p(B))+p(B)]^2}(w_c-w_n)}{2\sqrt{\dfrac{(w_c'-w_n'-C)[k(w_c'-w_n')+v+g+\zeta L]}{[k(w_c'-w_n')+v](g+\zeta L)}}}>0$$

同时对 $\overline{s}$ 求关于 $p(C\mid A)$ 的一阶偏导数，可得 $\dfrac{\overline{\partial s}}{\partial p(C\mid A)}=\dfrac{\partial h}{\partial p(C\mid A)}>0$。

当 $1-\dfrac{p(B)(w_c-w_n-C)(w_c-w_n-C-R^*)}{(C+R^*)p(A)(1-p(B))}\leqslant p(C\mid A)\leqslant1$ 时，$b\geqslant1$，

$\overline{s}=1$，认证标准可行区间长度 $h=\dfrac{g}{\zeta L+g}$，对区间长度 h 和最大临界值 $\overline{s}$ 求关于

$p(C\mid A)$ 的一阶偏导数，可得 $\dfrac{\overline{\partial s}}{\partial p(C\mid A)}=\dfrac{\partial h}{\partial p(C\mid A)}=0$。证毕。

消费者认为产品质量优质安全时具有认证标识的概率 $p(C|A)$ 在一定程度上反映认证标识的普及程度以及重要程度。随着认证标识普及程度的提高，消费者对于认证系统以及认证标识的认可程度以及接受程度都比较高。推论5－2表明，随着认证标识重要性以及普及程度的提高，能使企业主动认证并提高产品质量水平的认证标准可行区间以及最大临界值随之增加并达到最大值。若最优认证标准的确立取决于可行区间以及最大临界值，则在认证体系以及认证标识最初推广时，即消费者对该认证标识认可程度不高时，为使企业主动认证并提高产品质量水平，政府以及权威部门机构应提高该认证的认证标准。

推论5－3 随着外部损失赔偿不断提高，能使企业主动认证并提高产品质量水平的认证标准可行区间随之减少；最大临界值随之减少而增加，且在外部损失赔偿处于较高水平的情况下达到最大值并保持不变。即 $\frac{\partial h}{\partial L}<0$；当 $0<L<L^*$ 时，$\frac{\overline{\partial s}}{\partial L}>0$；当 $L\geq L^*$ 时，$\frac{\overline{\partial s}}{\partial L}=0$，其中

$$L^*=\frac{-[2Gg+kG^2+kCG+vG]+\sqrt{[2Gg+kG^2+kCG+vG]^2+4G[(kG+kC+v-G)g^2-kgG^2+kgCG+vgG]}}{2G\zeta},$$

$G=(w'_c-w'_n-C)=(1-\lambda_n)(w_c-w_n)-C>0$。

证明：证明过程和推论5－1类似。

设 $G=(w'_c-w'_n-C)=(1-\lambda_n)(w_c-w_n)-C>0$，代入式（5－12）整理可得：

$$G\zeta^2L^2+(2Gg+kCG+kG^2+vG)\zeta L-(kG+kC+v-G)g^2+G(kG+kC+v)g<0 \tag{5-17}$$

设 $Y=(kG+kC+v-G)g^2-G(kG+kC+v)g$，由模型参数设置部分可知 $k\geq1$，$g\geq2(w_c-w_n)$，$w_c-w_n\geq w'_c-w'_n$，因而可知 $kG+kC+v>G$，$g\geq2(G+C)$，由此可得，$Y\geq2(G+C)(kG+kC+v-G)[2(G+C)-\frac{G(kG+kC+v)}{kG+kC+v-G}]>0$。

求解式（5－17）可得，$0<L<L^*$，其中

$$L^*=\frac{-[2Gg+kG^2+kCG+vG]+\sqrt{[2Gg+kG^2+kCG+vG]^2+4G[(kG+kC+v-G)g^2-kgG^2+kgCG+vgG]}}{2G\zeta}$$

因此，当 $0<L<L^*$ 时，$b<1$，$\overline{s}=b$，认证标准可行区间长度 $h=b-\frac{\zeta L}{\zeta L+g}$，对区间长

度 h 求关于 L 的一阶偏导数，可得 $\dfrac{\partial h}{\partial L} = -\dfrac{\sqrt{(w_c{'} - w_n{'} - C) \cdot \dfrac{L}{(g + \zeta L)^2}}}{2\sqrt{\dfrac{[k(w_c{'} - w_n{'}) + v + g + \zeta L]}{[k(w_c{'} - w_n{'}) + v](g + \zeta L)}}} < 0$，同时

对最大临界值 $\bar{s}$ 求关于 L 的一阶偏导数，可得：

$$\frac{\partial \bar{s}}{\partial L} = \frac{\partial h}{\partial L} + \frac{Lg}{(g + \zeta L)^2} = \frac{L}{(g + \zeta L)^2}\left(g - \frac{1}{2} \cdot \sqrt{\frac{(w_c{'} - w_n{'} - C)[k(w_c{'} - w_n{'}) + v](g + \zeta L)}{k(w_c{'} - w_n{'}) + v + g + \zeta L}}\right)$$

$$(5-18)$$

由式（5-17）可知：

$$g > \sqrt{\frac{(w_c{'} - w_n{'} - C)[k(w_c{'} - w_n{'}) + v + g + \zeta L](g + \zeta L)}{k(w_c{'} - w_n{'}) + v}} \qquad (5-19)$$

显然，$g > \sqrt{\dfrac{(w_c{'} - w_n{'} - C)[k(w_c{'} - w_n{'}) + v + g + \zeta L](g + \zeta L)}{k(w_c{'} - w_n{'}) + v}} > \dfrac{1}{2} \cdot$

$\sqrt{\dfrac{(w_c{'} - w_n{'} - C)[k(w_c{'} - w_n{'}) + v](g + \zeta L)}{k(w_c{'} - w_n{'}) + v + g + \zeta L}}$，因此 $\dfrac{\partial \bar{s}}{\partial L} > 0$。

当 $L \geqslant L^*$ 时，$b \geqslant 1$，$\bar{s} = 1$，认证标准可行区间长度 $h = \dfrac{g}{\zeta L + g}$，对 h 求关于 L

的一阶偏导数，可得 $\dfrac{\partial h}{\partial L} = \dfrac{-g\zeta}{(g + \zeta L)^2} < 0$，同时对最大临界值 $\bar{s}$ 求关于 L 的一阶偏

导数，可得 $\dfrac{\partial \bar{s}}{\partial L} = 0$。证毕。

推论 5-3 表明，随着外部损失赔偿额度 L 的增加，认证标准的可行区间减小，但认证标准最大临界值增加。外部损失赔偿 L 代表提高产品的单位质量水平可以减少的潜在的外部损失成本。该潜在成本越大，企业提高质量水平的动力越强，因而认证标准的最小临界值（企业未认证时的最优产品质量控制水平）以及最大临界值都随之提高，但最小临界值的增加幅度大于最大临界值，因此，认证标准的可行区间随外部损失赔偿的增加而减小。若最优认证标准的确立取决于可行区间以及最大临界值，则在企业质量控制水平不断提高的情况下，为使企业主动认证并提高产品质量水平，政府以及权威部门机构应提高该认证的认证标准。

综上所述，当企业进行认证与未进行认证的产品溢价大于进行认证的固定成本，且认证标准处于可行区间内（高于企业未认证时的最优产品质量控制水平并小于最大临界值）时，企业会主动选择对产品进行认证，为消费者传递质

量信息的同时提高产品质量水平。影响企业最优收益以及认证后的最优产品质量控制水平的主要因素有认证标准 s，消费者在购买前认为产品非优质的可能性 $p(B)$，消费者认为产品质量优质安全时具有认证标识的概率 $p(C|A)$，外部损失赔偿 L；而影响企业未认证时最优产品质量控制水平的主要因素为外部损失赔偿 L。通过上面的理论分析可知，概率 $p(B)$、$p(C|A)$ 以及外部损失赔偿 L 又对认证标准的可行区间以及临界值有不同的影响作用，其对最优收益以及最优产品质量控制水平的影响作用机理更为复杂。本书将在实证研究部分具体分析各因素对最优收益以及最优产品质量控制水平的影响作用。

二、最优认证标准确立的依据

由第五章第一节的理论分析部分可知，促使企业主动认证，且可以提高产品的质量安全水平的可行认证标准的范围为 $s \in (m_N^*, \bar{s})$。但现实中政府在建立自愿性认证制度，协同权威机构制定认证标准时，需要在可行范围内，综合考虑以下三方面因素来制定最优认证标准：

（1）政府或者权威机构在制定认证标准的时候，要综合考虑且平衡消费者与企业的目标。从消费者角度考虑，消费者希望产品的质量水平得到保障，因此，认证标准越高，对消费者而言越有益，即认证标准无限趋近于最大临界值，此时产品质量水平提高的幅度最大。但通过上面的分析可知，太高的认证标准，反而可能导致价格溢价无法弥补生产成本以及认证费用的增加，降低企业的利润水平，致使企业选择不进行认证。从企业角度考虑，企业追求利润最大化，所以当认证标准无限接近企业不认证的最优质量水平时，即认证标准无限趋近于最小临界值时，企业所获得的利润最高，企业认证的动力最大，但通过上面的分析可知，这种认证标准下的认证过程并不能提高产品的质量水平。

（2）政府或权威机构在制定认证标准时，要考虑乳制品行业的整体质量水平状况。尽管本章的理论分析部分没有对企业类型进行区分，但现实中企业众多，其不同特质导致企业未认证时的最优产品质量控制水平各不相同，进而影响乳制品行业整体质量水平。

当行业整体质量水平较低，大部分企业不认证时产品质量水平较低。过高的认证标准会导致认证与未认证产品的价格溢价无法弥补生产成本以及认证费用的增加，降低企业收益。因此，大部分企业会按照原来的质量控制水平进行生产加工活动，从而无法提高整个行业的质量水平。此时，政府应强制规定最低的质量标准，或加大监管强度与惩处力度，提高不认证时最优产品质量控制水平，从而提高整体的质量水平。

当行业整体质量水平参差不齐，不认证时产品质量水平较低的企业（L）以及较高的企业（H）同时均等地存在于市场中。政府一方面可以将认证标准制定在无限接近但小于 H 型企业无认证最优产品质量控制水平处，激励 L 型企业主动提高产品质量水平；另一方面，采取技术补贴等手段维持并提高 H 型企业无认证时最优质量控制水平，从而提高整个行业的质量水平。

（3）为进一步区分市场中的产品质量，政府或权威机构制定的自愿性认证标准，应当高于市场最基本的质量安全标准。与强制性认证相比，具备独立性以及权威性的自愿性认证，对于消费者的引导作用以及由此带来的社会效用更大（Ortega 等，2012；高敏惠，2016；包含，2015）。强制性认证是政府对市场上的乳制品质量安全水平的基础性要求，其目的是保证产品的基本食用安全，维护消费者的基本权益，但这种认证无法进一步区分乳制品质量水平，无法促进市场的良性竞争。自愿性认证是产品快速便捷地显示优良品质或独特优势的方式，能够和市场中其他类似产品区分，以此来吸引消费者。因此，自愿性认证标准要在满足基本质量安全的基础上，对产品的品质或其他属性有更高的要求。例如，美国农业部农业市场局通过制定涉及细菌总数、乳脂含量、乳蛋白含量等多项指标的乳制品质量规格标准，将乳制品分为特级品（D）以及标准品（S），由企业自愿采纳和实施，旨在提高乳制品质量（龚广予，2015）。我国台湾省农业部实施的鲜奶标识制度，旨在区别市场中的鲜奶、复原乳、调制乳，为消费者提供明确的信息。中国农业科学院北京畜牧兽医研究所奶业创新团队所提出的"优质乳工程"，建立了生鲜乳用途分级标准，依据乳脂肪、乳蛋白、菌落总数以及体细胞数，将生鲜乳分为"特优级""优级""良级"以及"合格级"，其中"特优级"以及"优级"生鲜乳用于生产和加工优质乳工程巴氏奶和 UHT 奶。因此，通过"优质乳工程"验收的企业的产品质量水平大幅提高（王加启等，2016）。

此外，对于某一种产业的市场调控不能仅依赖一种手段或方法。政府想要提高乳制品行业整体的质量水平并解决市场信息不对称的问题，不可能仅靠制定质量认证标准来实现，应结合其他手段来达到政策目的，激励企业提高质量水平。例如，可以通过提高监管强度，加强惩处力度，实施技术补贴降低企业的边际生产成本等方式提高企业在不认证时的最优产品质量控制水平，同时将认证标准设定在不认证时最优产品质量控制水平附近。这样一方面可以提高企业的利润水平，增加企业认证的动力，使得消费者通过认证标准获取产品的质量信息；另一方面，企业在保障产品质量安全的同时，满足了消费者对于高质量产品的需求。值得注意的是，在行业整体质量水平较低且行业存在信任危机的情况下，政府监管等公开持续的市场干预手段是重建行业集体声誉的重要策略（莫佳颖等，2016；李想和石磊，2014）；但在行政资源约束以及规制俘获存在的情况下（王永钦等，2014；龚强等，2015），政府监管效果不稳定（汪鸿昌等，2013；吴元元，2012；谢康等，2016），行业不可长期依赖政府干预手段解决食品质量安全问题。只有通过设计合理的契约以及采取多种手段确保信息的披露和传播，激励企业主动提高质量控制水平，才能从根本上解决食品质量安全问题。

综上所述，最优认证标准的确立应同时考虑认证标准临界值以及可行区间的大小，认证标准以及可行区间不仅代表了消费者以及企业的目标，也代表了行业的整体质量水平。本章主要从契约的角度，分析自愿性认证对于企业质量控制行为的影响作用，探寻可以促使企业主动进行认证并能够有效提高最优产品质量控制水平的可行认证标准。因此，在确立自愿性最优认证标准时，相关决策者应更多地考虑认证标准的最大临界值。

第四节　结合调研数据的实例验证

通过理论分析部分可知，当企业进行认证与未进行认证的产品溢价大于进行认证的固定成本，且认证标准处于可行区间内（高于企业未认证时的最优产品质量控制水平并小于最大临界值时），企业会主动选择对产品进行认证，为消费者传递质量信息的同时提高产品质量水平。影响企业最优收益及最优产品质量控制水平的主要因素有认证标准 s，消费者在购买前认为产品非优质的可能性 $p(B)$，消费者认为产品质量优质安全时具有认证标识的概率 $p(C|A)$，外部损失赔偿 L。其中概率 $p(B)$ 以及 $p(C|A)$ 通过影响认证以及不认证的产品溢价 $w'_c - w'_n = (1-\lambda_n)(w_c-w_n)$ 继而影响决策变量。

本部分基于调研所得数据以及年鉴统计数据，对参数值进行合理的估算与设置，运用 Matlab 软件进行以下几个方面的实证研究：首先，分析当参数 $p(B)$、$p(C|A)$、L 在不同范围内取值时，认证标准可行区间最大临界值 $\overline{s} \equiv \max\{1, b\}$，最小临界值 $\underline{s}$，认证标准可行区间长度 h 的变化情况；其次，根据区间长度

以及最大临界值的变化情况，设置最优认证标准 s^*，分析 s^* 随之变动的变化趋势；最后，在给定最优认证标准的情形下，分析认证以及未认证情形下企业最优质量控制水平 m_C^*、m_N^*，以及认证与未认证情形下企业最优收益 U_C（m_C^*）、U_N（m_N^*）随之变动的变化趋势。

一、参数估计与设定

基于中国乳业年鉴数据，笔者在 2016 年前往内蒙古呼和浩特市和林格尔县盛乐镇上土城村奶牛养殖小区 A、内蒙古呼和浩特规模化牧场 B、河北省滦南县大沙窝村养殖小区 C 的走访调研，以及与现代牧业集团高层管理人员、蒙牛集团高层管理人员、规模化牧场 B 管理人员的访谈内容，本章在第四章参数设定的基础上，对模型中的参数进行设置：

（1）根据市场数据显示，一些普通的 UHT 牛奶产品市场售价普遍在 8～15 元/公斤，而一些低温巴氏奶、高端牛奶产品以及进口牛奶可以达到 20～25 元/公斤。因此，设定信息完全对称时，消费者愿意为优质安全的产品支付的价格为 $w_c = 20$，消费者愿意为一般质量产品支付的价格为 $w_n = 10$。

（2）根据模型假设部分的参数说明，消费者非常信任认证标识所传递的信息，认为质量一般的产品（B）无法通过认证获得认证标识（N），$p（N \mid B）= 1$，$p（C \mid B）= 0$。因此，当消费者看到产品具有认证标识（C）后，认为产品优质（A）的后验概率 $\lambda_c = p（A \mid C）= \dfrac{p（C \mid A）\cdot p（A）}{p（C \mid A）\cdot p（A）+ p（C \mid B）\cdot p（B）} = 1$，消费者愿意为其支付的价格 $w'_c = \lambda_c w_c +（1 - \lambda_c）w_n = w_c = 10$；看到产品不具有认证标识后，认为产品优质的后验概率 $\lambda_n = p（A \mid N）= \dfrac{（1 - p（C \mid A））\cdot p（A）}{（1 - p（C \mid A））\cdot p（A）+ \cdot p（B）}$，消费者愿意为其支付的价格 $w'_n = \lambda_n w_c +（1 - \lambda_n）w_n$。

由于本章讨论的是自愿性而非强制性认证，所以消费者并不能认为优质产品一定会有认证标识，即 $0 \leqslant p（C \mid A）< 1$，但认证体系以及认证标识就是为消费者传递信息，缓解信息不对称现象，提高消费者的支付意愿，因此，在现实中，企业为了吸引顾客，通常会通过多种途径传递优质产品的质量信息，以证明产品的优势。所以消费者认为，产品为优质而具有认证标识的可能性较高，因此，这里设 $p（C \mid A）= 0.6$。此外，设消费者在购买之前对产品质量水平估算的概率 p

$(B) = 0.5$，即先假设在信息不对称的情形下，消费者对行业整体的质量安全水平估算理性客观。根据以上参数设置，可求得 $\lambda_n = 0.3289$，$w'_n = 13.29$。

（3）根据某大型乳制品企业工作人员介绍，其液体乳以及乳制品毛利率为 34%，其中普通利乐枕的毛利率基本在 10% ~ 20%，而一些高端的牛奶的毛利率可以达到 40% 以上。设某优质液态奶市场售价为 20 元/公斤，毛利率为 30%，则总成本费用为 14 元/公斤；某普通的液态奶市场售价为 10 元/公斤，其毛利率为 10%，则总成本费用为 9 元/公斤。根据工作人员介绍，生鲜乳收购价格占总成本费用的 50%，企业生产牛奶产品的质量控制成本占总成本费用的 35%。由于本章模型设置中不存在生鲜乳供应商，可视为企业使用自建奶源进行生产，因此，企业的质量控制行为应包括对于生鲜乳的质量控制以及对于产品加工过程的质量控制。据此，设企业质量控制成本占总成本费用的 90%，当企业生产优质液态奶时，质量控制水平为 0.95，其质量控制成本为 12.6 元/公斤；当企业生产一般质量水平的液态奶时，质量控制水平为 0.85，其质量控制成本为 8.1 元/公斤，采用插值法近似估算出 $g = 25$，$g_1 = -9.96$。

（4）由于认证以及其他鉴定都是采取抽样检测批量使用的办法执行，所以具体到单位产品的认证费用并不高。设认证固定费用占液态奶总成本费用的 10% 左右，即 $C = 1$。假设产品的质量水平和认证标准相差 0.2 时，乳制品企业支付的惩罚（伪装成本）为产品获取认证后的售价，据此推算出 $v = 500$。此外，设产品通过认证系统的概率表达式中的外生调节系数 $k = 1$。

（5）就政府监督检验过程而言，由于政府检验水平较高，因而设政府质量检验机构对于销售的牛奶产品的质量检验水平 $\zeta = 0.95$，并设定外部损失 $L = 60$ 元/公斤。

相关参数估算结果整理如表 5-5 所示。

表 5-5　产品加工消费环节参数估计结果　　　　　单位：元/公斤

完全信息下一般质量产品价格 w_n	完全信息下优质产品价格 w_c	购买前质量非优质概率 $p(B)$	产品优质而无认证标识的概率 $p(N\mid A)$	有认证标识产品价格 w'_c	无认证标识产品价格 w'_n
10	20	0.5	0.4	20	13.29
产品质控可变成本参数 g	成本参数 g_1	认证固定成本 C	认证成本参数 v	政府检验水平 ζ	外部损失 L
25	-9.96	1	500	0.95	60

二、消费者信心的影响作用

产品质量水平非优质的概率 $p(B)$ 反映了消费者对乳制品行业整体质量水平的信心，该数值越高，则消费者对于行业整体的质量水平的评估较低，消费者对乳制品行业整体质量水平的信心较低。在保证变量符合理论设定的情况下，设消费者在购买之前认为产品质量水平非优质的概率 $p(B)$，即消费者对乳制品行业整体质量水平的信心的取值范围为 $p(B) \in [0.5, 1]$，且其他参数值不变。首先，分析消费者在购买之前认为产品质量水平非优质的概率 $p(B)$ 在可行范围内变动时，认证标准可行区间最大临界值 $\bar{s} \equiv \min\{1, b\}$，最小临界值 $\underline{s}$，认证标准可行区间长度 h 的变化情况；其次，根据区间长度以及最大临界值的变化情况，设置最优认证标准 s^*，分析 s^* 随 $p(B)$ 变动的变化趋势；最后，在给定最优认证标准的情形下，分析企业最优质量控制水平 m_C^*、m_N^*，以及企业最优收益水平 $U_C(m_C^*)$、$U_N(m_N^*)$，随 $p(B)$ 变动的变化趋势。最终结果如表 5-6、图 5-4 所示。

表 5-6 消费者信心与认证标准、最优质量控制水平、最优收益等变量的关系

$p(B)$	b	$\bar{s}$	$\underline{s}$	h	s^*	m_C^*	m_N^*	$U_C(m_C^*)$	$U_N(m_N^*)$
0.50	0.9901	0.9901	0.695	0.2950	0.9606	0.92367	0.695	6.606	5.439
0.55	0.9994	0.9994	0.695	0.3042	0.9689	0.93085	0.695	6.289	5.048
0.60	1.0076	1.0000	0.695	0.3049	0.9695	0.93137	0.695	6.266	4.687
0.65	1.0151	1.0000	0.695	0.3049	0.9695	0.93139	0.695	6.266	4.354
0.70	1.0218	1.0000	0.695	0.3049	0.9695	0.93141	0.695	6.265	4.045
0.75	1.0280	1.0000	0.695	0.3049	0.9695	0.93143	0.695	6.265	3.758
0.80	1.0336	1.0000	0.695	0.3049	0.9695	0.93145	0.695	6.265	3.491
0.85	1.0388	1.0000	0.695	0.3049	0.9695	0.93146	0.695	6.264	3.241
0.90	1.0435	1.0000	0.695	0.3049	0.9695	0.93148	0.695	6.264	3.008
0.95	1.0480	1.0000	0.695	0.3049	0.9695	0.93149	0.695	6.264	2.788
1.00	1.0521	1.0000	0.695	0.3049	0.9695	0.93151	0.695	6.263	2.582

随着消费者在购买之前认为产品质量水平非优质的概率 $p(B)$ 的增加，消费者对于行业整体质量水平的评估越来越低，即消费者信心越来越低时，主要有以下四个结论：

（1）从表 5-6 中数据可知，能使企业主动认证并提高产品质量水平的认证

标准最小临界值 $\underline{s}$ 不随之发生变化，最大临界值 $\bar{s}$ 随之增加，且达到最大值 1 后保持不变。具体分析如下：当消费者对行业整体质量水平的估计较为乐观时 $(0.5 \leqslant p(B) \leqslant 0.5537)$，$\bar{s}$ 稍有提高，当消费者对行业整体质量水平的估计越来越悲观时 $(0.5537 < p(B) \leqslant 1)$，$\bar{s}$ 不变。此外，认证标准的可行区间随信心的降低亦略有增加，且随着 $\bar{s}$ 达到最大值后亦保持不变，因此，推论 5 - 1 得到验证。

（2）根据本章第二节的分析可知，最优认证标准的确立应同时考虑认证标准临界值以及可行区间的大小。且本章主要从契约的角度，分析认证对于企业质量控制行为的影响作用，探寻可以促使企业主动进行认证并能够有效提高最优产品质量控制水平的可行认证标准。因此，在确立最优认证标准时，政策制定者应更多地考虑认证标准的最大临界值。此外，由于本章讨论的产品认证属于自愿认证，且认证标准高于普通的质量安全标准，此处最优认证标准应设置在 0.96 附近。根据以上条件，设定最优认证标准表达式 $s^* = 0.9\bar{s} + 0.1\underline{s}$。结合图 5 - 4（a）以及表 5 - 6 内容可知，最优认证标准 s^* 和最大临界值变化趋势相同，从 0.96 增加至最大值 0.97 后保持不变。

（3）企业不进行认证的最优质量控制水平 m_N^* 始终保持 0.7，不随之发生变化；企业选择认证的最优产品质量控制水平 m_C^* 随之增加。结合图 5 - 4（b）以及表 5 - 6 内容具体分析如下：当消费者对行业整体质量水平的估计较为乐观时 $(0.5 \leqslant p(B) \leqslant 0.5537)$，企业选择认证的最优产品质量控制水平 m_C^* 从 0.924 增至 0.93135，变化幅度较为明显；当消费者对行业整体水平的估计越来越悲观时 $(0.5537 < p(B) \leqslant 1)$，企业选择认证的最优产品质量控制水平 m_C^* 略增至 0.9315，且增加幅度越来越小。

（4）企业进行认证以及不进行认证的最优收益 $U_C(m_C^*)$、$U_N(m_N^*)$ 都随之减小，但企业不进行认证的最优收益减小的幅度较大，因而最优收益差距逐渐增加。结合图 5 - 4（d）以及表 5 - 6 内容具体分析：当消费者对行业整体水平的估计较为乐观时，企业进行认证的最优收益从 6.61 降低至 6.267，变化幅度较为明显；当消费者对行业整体水平的估计越来越悲观时，企业进行认证的最优收益略降至 6.263，且变化幅度越来越小。

综上所述，随着消费者信心的降低，能使企业主动认证并提高产品质量水平的认证标准增加，企业主动认证的最优质量控制水平提高，企业主动选择认证的最优收益减小，从侧面说明认证标准的提高可以较好地激励企业加强质量控制。此外，消费者信心对以上变量的影响程度逐渐降低，即表明选择认证可以较好地保证企业最优质量控制水平以及企业收益维持在一个稳定的水平。

根据表 5-2 的内容可知，和发达国家相比，我国 2010 年修订的《生乳》国家标准在乳脂肪、乳蛋白、菌落总数以及体细胞数等指标的设置上都明显偏低。较低的质量标准无法区分不同质量的产品，无法缓解市场中信息不对称现象（陆晓博，2016），势必制约我国乳制品行业整体质量水平的提高。尤其在消费者对乳制品质量安全信任偏低（李翠霞和姜冰，2015；李雪墨，2016）且对质量变化比较敏感的情况下，急需调整更新相关质量标准以及认证标准，逐步与国际标准接轨。

因此，当消费者信心较低时，政府以及权威部门机构应修订生鲜乳以及液态奶等产品的国家标准，推动分级标准体系等政策的制定实施，激励企业提高质量控制水平，在有效区分产品质量的基础上，提高整个行业的平均质量水平。

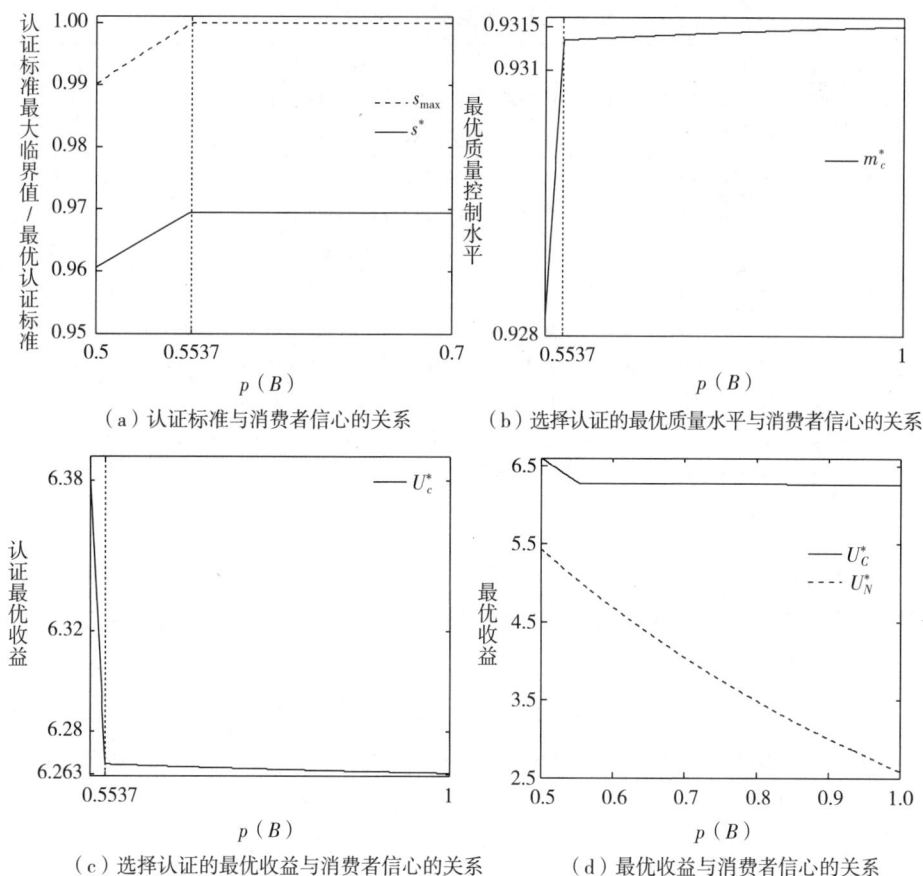

（a）认证标准与消费者信心的关系　　　　（b）选择认证的最优质量水平与消费者信心的关系

（c）选择认证的最优收益与消费者信心的关系　　（d）最优收益与消费者信心的关系

图 5-4　消费者信心与认证标准、最优质量控制水平、最优收益等变量的关系

三、认证被接受认可程度的影响作用

消费者认为产品质量优质安全时具有认证标识的概率 $p(C|A)$，反映了消费者对于认证系统以及认证标识的接受认可程度，该数值越高，则消费者对该认证的接受程度越高，同时也从侧面说明该认证的重要性以及普及程度的提高。在保证变量符合理论设定的情况下，设消费者认为产品质量优质安全时具有认证标识的概率取值范围为 $p(C|A) \in [0,1]$，且其他参数值不变。最终结果如表5-7、图5-5所示。

表5-7　认证被接受认可程度与认证标准、最优质量控制
水平、最优收益等变量的关系

$p(C|A)$	b	$\bar{s}$	$\underline{s}$	h	s^*	m_C^*	m_N^*	$U_C(m_C^*)$	$U_N(m_N^*)$
0.00	0.9332	0.9332	0.695	0.2381	0.9094	0.87949	0.695	8.342	7.582
0.10	0.9409	0.9409	0.695	0.2458	0.9164	0.88547	0.695	8.129	7.319
0.20	0.9492	0.9492	0.695	0.2541	0.9238	0.89190	0.695	7.892	7.026
0.30	0.9582	0.9582	0.695	0.2630	0.9319	0.89884	0.695	7.627	6.700
0.40	0.9679	0.9679	0.695	0.2728	0.9406	0.90638	0.695	7.330	6.332
0.50	0.9785	0.9785	0.695	0.2834	0.9501	0.91462	0.695	6.992	5.915
0.60	0.9901	0.9901	0.695	0.2950	0.9606	0.92367	0.695	6.606	5.439
0.70	1.0030	1.0000	0.695	0.3049	0.9695	0.93136	0.695	6.267	4.890
0.80	1.0174	1.0000	0.695	0.3049	0.9695	0.93140	0.695	6.266	4.249
0.90	1.0336	1.0000	0.695	0.3049	0.9695	0.93145	0.695	6.265	3.491
1.00	1.0521	1.0000	0.695	0.3049	0.9695	0.93151	0.695	6.263	2.582

消费者认为产品质量优质安全时具有认证标识的概率 $p(C|A)$ 增加，消费者对于认证的接受认可程度越来越高，即认证的重要性以及普及程度逐渐增加时，主要有以下结论：

（1）从表5-7中数据可知，能使企业主动认证并提高产品质量水平的认证标准最小临界值 $\underline{s}$ 不随之发生变化，最大临界值 $\bar{s}$ 随之增加，且达到其最大值1后保持不变。具体分析如下：当该认证被接受认可程度较低时（$0 \leqslant p(C|A) \leqslant 0.6776$），$\bar{s}$ 显著增加；当接受认可程度较高时（$0.6776 < p(C|A) < 1$），$\bar{s}$ 不变。此外，认证标准的可行区间随接受度的增加亦略有增加，且随着 $\bar{s}$ 达到最大值后保持不变，因此，推论5-2得到验证。

（2）结合图 5 - 5（a）以及表 5 - 7 内容可知，最优认证标准s^*和最大临界值$\bar{s}$的变化趋势相同：当该认证被接受认可程度较低时，s^*从 0.91 显著增加到 0.97；当认可程度较高时，s^*保持不变。

（3）企业不进行认证的最优质量控制水平m_N^*始终保持在 0.7，不随之发生变化；企业选择认证的最优产品质量控制水平m_C^*随之增加。结合图 5 - 5（c）以及表 5 - 7 内容具体分析如下：当该认证被接受认可程度较低时，m_C^*从 0.88 显著增至 0.93135；当接受认可程度较高时，m_C^*略有增加，但基本没有发生变化。

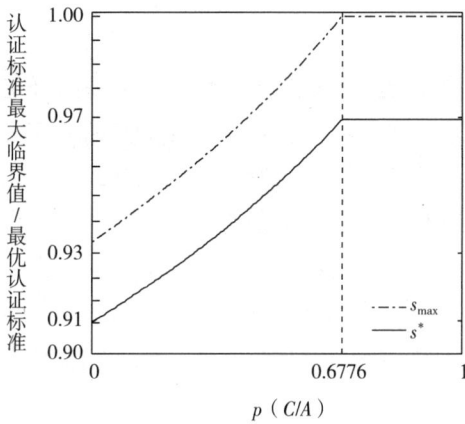

（a）认证标准与被接受认可度的关系

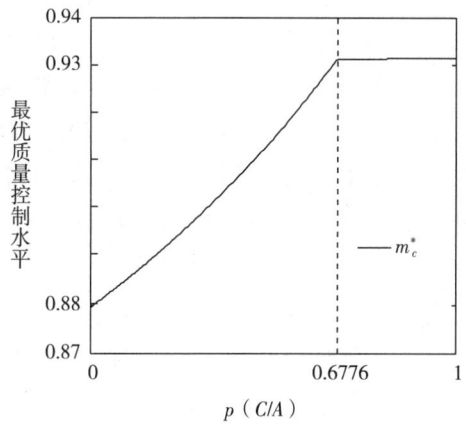

（b）选择认证的最优质量水平与被接受认可度的关系

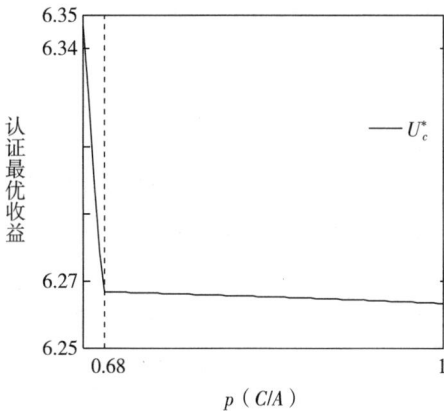

（c）选择认证的最优收益与被接受认可度

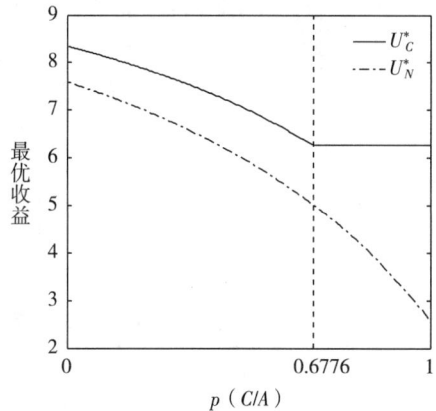

（d）最优收益与被接受认可度的关系

图 5 - 5　认证被接受认可程度与认证标准、最优质量
控制水平、最优收益等变量的关系

（4）企业进行认证以及不进行认证的最优收益$U_C(m_C^*)$、$U_N(m_N^*)$都随之减小，但企业不进行认证的最优收益减小的幅度较大，因而最优收益差距逐渐增加。如图5-5（d）所示：当该认证被接受认可程度较低时，$U_C(m_C^*)$降低幅度较为明显；当接受认可程度较高时，$U_C(m_C^*)$略有减少，但基本没有发生太大变化。

综上所述，随着消费者对该认证的接受认可程度的提高，能使企业主动认证并提高产品质量水平的认证标准增加，企业主动认证的最优质量水平增加，从侧面说明认证标准的提高可以较好地激励企业加强质量控制。此外，认证标识接受度对以上变量的影响程度逐渐降低，即表明选择认证可以较好地保证企业最优质量控制水平以及企业收益维持在一个稳定的水平。

尽管目前我国消费者对于乳制品行业的相关质量认证的认可度有待提高（王常伟和顾海英，2013；李雪墨，2016），但在公众对乳制品质量安全问题高度关注的背景下，随着政府的大力宣传与广泛普及，以及生鲜乳质量信息强化标识的推广，消费者对自愿性质量认证的接受程度和信赖度会逐步提高（王小楠，2016）。在此背景下，政府以及权威部门机构应提高认证标准，激励企业提高质量控制水平，在有效区分产品质量的基础上，提高整个行业的平均质量水平。较高的质量认证标准也可进一步提高消费者对于质量认证的信任度，从而提高消费者对于乳制品行业的信心。

四、外部损失的影响作用

外部损失赔偿额度L一方面反映了政府惩罚强度；另一方面，反映了提高产品的单位质量水平可以减少的潜在的外部损失成本，该值越大，企业提高质量水平的动力越强。在保证变量符合理论设定的前提下，设外部损失赔偿取值范围为$L \in [50, 150]$，且其他参数值保持不变。最终结果如表5-8、图5-6所示。

表5-8　外部损失与认证标准、最优质量控制水平、最优收益等变量的关系

L	b	$\overline{s}$	$\underline{s}$	h	s^*	m_C^*	m_N^*	$U_C(m_C^*)$	$U_N(m_N^*)$
50	0.9664	0.9664	0.655	0.3112	0.9352	0.90022	0.655	7.605	6.438
60	0.9901	0.9901	0.695	0.2950	0.9606	0.92367	0.695	6.606	5.439
70	1.0083	1.0000	0.727	0.2732	0.9727	0.93509	0.727	6.104	4.648
80	1.0225	1.0000	0.752	0.2475	0.9752	0.93825	0.752	5.968	4.005

续表

L	b	$\bar{s}$	$\underline{s}$	h	s^*	m_C^*	m_N^*	$U_C\ (m_C^*)$	$U_N\ (m_N^*)$
90	1.0340	1.0000	0.774	0.2262	0.9774	0.94095	0.774	5.854	3.473
100	1.0433	1.0000	0.792	0.2083	0.9792	0.94329	0.792	5.757	3.026
110	1.0510	1.0000	0.807	0.1931	0.9807	0.94535	0.807	5.672	2.643
120	1.0574	1.0000	0.820	0.1799	0.9820	0.94719	0.820	5.598	2.314
130	1.0629	1.0000	0.832	0.1684	0.9832	0.94885	0.832	5.532	2.026
140	1.0676	1.0000	0.842	0.1582	0.9842	0.95035	0.842	5.473	1.773
150	1.0716	1.0000	0.851	0.1493	0.9851	0.95172	0.851	5.419	1.549

随着外部损失赔偿 L 增加，主要有以下结论：

（1）从表 5-8 中数据可知，能使企业主动认证并提高产品质量水平的认证标准最小临界值 $\underline{s}$ 以及最大临界值 $\bar{s}$ 都随之增加，且 $\underline{s}$ 增加幅度大于 $\bar{s}$ 增加的幅度。具体分析如下：当外部损失赔偿较低时（$50 \leq L < 65.3$），$\underline{s}$ 显著增加；当外部损失赔偿较高时（$65.3 \leq L < 1$），$\bar{s} = 1$ 不变。此外，由于 $\underline{s}$ 增加幅度大于 $\bar{s}$ 增加的幅度，认证标准的可行区间随外部损失的增加而减少，验证推论 5-3。

（2）结合图 5-6（a）以及表 5-8 内容可知，最优认证标准 s^* 随之增加，但增加幅度越来越小。

（3）企业进行认证以及不进行认证的最优质量控制水平 m_C^*、m_N^* 都随之增加，m_N^* 增加幅度较大（见图 5-6（b））。

（4）企业进行认证以及不进行认证的最优收益 $U_C\ (m_C^*)$、$U_N\ (m_N^*)$ 都随之减小，但企业不进行认证的最优收益减小的幅度较大，因而最优收益差距逐渐增加（见图 5-6（c））。

综上所述，随着外部损失赔偿的提高，能使企业主动认证并提高产品质量水平的认证标准增加，企业主动认证的最优质量水平增加，从侧面说明认证标准的提高可以较好地激励企业加强质量控制。此外，外部损失赔偿对以上变量的影响程度逐渐降低，即表明选择认证可以较好地保证企业最优质量控制水平以及企业收益维持在一个稳定的水平。

我国食品质量安全事件频发，公众对食品质量安全问题越来越关注，国家打击和惩治食品安全的违法犯罪行为的力度也在不断加强。众多研究表明，加大惩罚力度确实可以在短期内抑制食品市场中的机会主义行为（李想和石磊，2014；

李新春和陈斌，2013），提高平均质量水平①。由于我国国情所决定的事后处罚量较大（高敏慧，2016；谢康等，2015），且公共执法资源有限，政府监管作用难以长期发挥效用（莫佳颖，2016；王威和杨敏杰，2009a）。因此，在行业整体的质量水平有所提高的前提下，社会公众会对优质产品的认证标准有更高的要求，政府以及权威部门机构应制定更高的认证标准，激励企业提高质量控制水平。

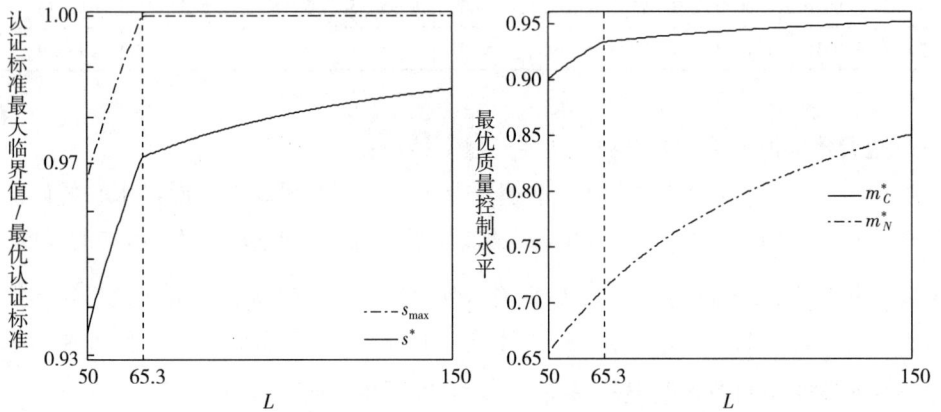

（a）认证标准与外部损失的关系　　　　（b）最优质量水平与外部损失的关系

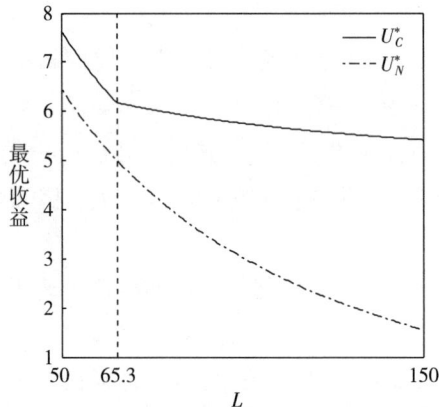

（c）最优收益与外部损失的关系

图5-6　外部损失与认证标准、最优质量控制水平、最优收益等变量的关系

① 根据《中国奶业质量报告（2016）》数据显示，乳品质量安全水平大幅提升，2015年全国乳制品抽检合格率达到99.5%，"三聚氰胺"等违禁添加物检测合格率连续7年保持100%。

第五节　本章小结

　　本章在对认证有效性以及我国认证制度发展现状分析的基础上，考虑乳制品信任品属性，运用委托代理理论，从契约的角度建立单边道德风险下基于自愿认证的乳制品加工—销售阶段的质量控制模型，求解促使企业主动认证传递信息，提高质量控制水平的认证标准可行区间，并结合调研数据，分析消费者信心、消费者对于认证的认可接受程度、外部损失赔偿等相关参数对认证标准区间、最优认证标准、最优质量控制水平以及企业最优收益的影响作用，并得出以下四个结论：

　　第一，众多的理论分析以及实证研究都证明了认证制度能把食品的信任品特性转译为容易读懂的质量信号，为消费者传递重要的质量信息，帮助消费者辨识产品的优劣。目前我国乳制品行业实施的质量认证主要包括 QS 认证、GMP 认证、HACCP 认证、有机认证、绿色认证等，其中除 QS 认证以及 GMP 认证属于强制认证以外，其余的质量认证皆属于自愿性认证。与强制性认证相比，自愿性认证不仅能够促进市场的良性竞争，而且对于消费者有积极的引导。但从实际情况来看，目前我国乳制品企业实施自愿性认证的比例不高；且由于宣传以及普及力度不够、第三方认证缺乏重要的认证标识、第三方机构认证过程不规范等原因，我国消费者对于第三方非政府机构引导的自愿性认证的信任程度不高。此外，我国乳制品行业现存的各类认证缺乏对于原料的质量等级以及加工参数等信息的说明，且各类认证所依据的指标无法满足行业发展需要和消费者的期待。

　　第二，当企业进行认证与未进行认证的产品溢价大于进行认证的固定成本，且可行的认证标准高于企业未认证时的最优产品质量控制水平并小于最大临界值时，政府执行该认证标准的认证制度可以使企业主动选择对产品进行认证，为消费者传递质量信息的同时提高产品质量水平。影响认证标准可行区间的主要因素有：消费者在购买前认为产品非优质的可能性，即消费者对于乳制品行业整体的质量水平的信心；消费者认为产品质量优质安全时具有认证标识的概率，即消费者对认证的接受认可程度；外部损失赔偿。

　　第三，政府或第三方权威机构在制定认证标准时，要综合考虑且平衡消费者与企业的目标；要考虑乳制品行业的整体质量水平状况；制定自愿性认证标准时，应当高于市场最基本的质量安全标准。总之，最优认证标准的确立应同时考虑认证标准临界值以及可行区间的大小，认证标准以及可行区间不仅代表了消费者以及企业者的目标，也代表了行业的整体质量水平。此外，在确立最优自愿性认证标准时，应更多地考虑认证标准的最大临界值。

第四，当企业进行认证与未进行认证的产品溢价大于进行认证的固定成本时，随着消费者信心的降低、消费者对于认证的接受认可程度的增加、外部损失的增加，能使企业主动认证并提高产品质量水平的认证标准提高，企业主动认证的最优质量水平增加，企业主动选择认证的最优收益减小。因此，政府在制定认证标准时，要同时考虑消费者对于整个行业的质量水平的估计，消费者对于认证的接受认可程度以及外部损失赔偿的大小。当这些因素变化时，及时调整认证标准的大小，满足行业发展的需要和消费者的期待。

本章考察了乳制品核心企业单边道德风险下基于认证的乳制品加工—销售阶段的质量协调过程。现实中，越来越多的认证过程涉及上游的供应商的质量控制行为，因此，需基于供应链整体视角来研究认证的作用。

第六章
无认证情形下乳制品供应链整体质量行为协调

　　我国乳制品供应链中的小规模养殖模式、乳企基于奶站或小区层面的平均检验模式以及乳制品信任品特性致使乳制品供应链存在信息不对称现象。这种不对称现象会导致乳制品供应链主体行为关系协调不一致，不仅使最终产品存在质量安全隐患，而且严重制约产品质量水平的提高。作为一种外部干预手段，政府监管作用有限，如何设计合理的契约，激励并约束养殖户和乳制品企业质量控制行为是治理乳制品质量安全问题的关键。乳业发达的国家经长期发展，乳制品供应链原料生产、产品加工、产品销售等各环节互相依存，各主体之间形成了非常紧密的利益联结关系，乳制品质量安全得到保障。我国乳制品供应链上下游主体之间仅依靠简单松散的生鲜乳购销契约关系相联结，缺乏强有力的激励机制和约束惩罚机制，从而加重了养殖户以及乳制品企业降低质量控制水平的倾向。基于此，本章首先在对国内外乳制品供应链"利益共享"及"风险分担"现状分析的基础上，考虑通过惩罚契约联结各主体；其次基于委托代理理论模型，建立无认证情形下基于质量损失分担契约的乳制品供应链质量协调模型；最后基于调研数据进行实例验证，选取外部损失等参数，对无认证情形下乳制品供应链实现协调后的最优质量控制水平、最优系数以及收益进行灵敏度分析，为乳制品核心企业确定最优损失分担系数、协调乳制品供应链各主体质量行为提供方法和依据。

第一节　国内外乳制品供应链的利益联结机制

一、国外乳制品供应链利益联结机制

乳业发达国家经长期发展，产业化程度高，乳制品供应链原料生产、产品加工、产品销售等各环节互相依存，各主体之间依靠多种激励约束机制形成了非常紧密的利益联结关系。

1. 新西兰的股份合作生产模式与内部惩罚机制

新西兰乳制品行业通过养殖户（场）参股入股乳制品企业形成了股份合作生产模式。新西兰 96% 以上的养殖场和加工企业之间是股份制的经济联合体（李栋，2013a），其中包括主要的乳制品加工企业恒天然集团、西部公司和塔图阿公司（高晓鸥，2010）。养殖户（场）拥有企业所有权，依据合同将生鲜乳提供给参股入股的乳制品企业，而企业则根据市场行情向牧场主支付奶价，且企业会定期将加工增值获取的利润分给牧场主。此外，养殖场一旦出现质量问题，就要承担运输车辆整批生鲜乳报废的经济责任，且在问题被解决之前，其生产的生鲜乳不会被企业收取。这种利益联结方式一方面保证了上游奶农在产业链中的地位和收益，使奶农关注生鲜乳质量安全，积极提高生鲜乳的质量水平；另一方面，通过严格的内部惩罚机制约束奶农的投机行为，减少生鲜乳生产环节的质量安全隐患。

2. 荷兰以质定价与按质量付费体系

荷兰乳制品行业的上游环节以适度规模家庭农场养殖模式为主。其高度市场化运作模式和健全的奶业生产经营服务体系不仅充分发挥了市场机制高效率的资源配置作用，而且通过广泛提供的育种、繁殖技术、饲养技术指导服务、饲料兽药供应服务、牛奶测定服务，充分保证了生鲜乳的质量安全。作为较早实施以质定价的乳业国家，荷兰生鲜乳的成交价格不仅市场化程度高，而且价格制定依据涵盖乳脂率、乳蛋白率、菌落总数、体细胞数、沉淀物以及抗生素等多个指标。此外，荷兰实施对生产高质量生鲜乳的奶农进行奖励，对生产低质量生鲜乳的奶农进行处罚的按质量付费的体系。这些政策法规都可以激励奶农全面提高生鲜乳的质量水平。

3. 美国保障奶农收益的各类合同项目

在美国乳制品行业中，上游养殖户和下游乳制品企业之间除了股份合作模式以外，还有通过合同形成利益联结体的合作模式。为了减少购销合同契约对上游养殖户的影响，美国政府通过颁布牛奶收入损失合同项目、乳制品价格支持项目、联邦牛奶销售规程、乳制品出口激励项目等一系列奶业政策项目（王世群和李文明，2010），确保养殖户的合理收益，激励养殖户提高生鲜乳质量安全水平。以牛奶收入损失合同项目为例，其内容主要为美国政府在生鲜乳市场价格低于设立目标价时，向参与该项目的牧场主提供部分收入补偿，以稳定奶农收入。联邦牛奶销售规程项目中，乳制品企业必须根据美国农业部对 A 级原料奶规定的四种不同最低销售价格①进行收购，从而通过政府干预确保奶农的收益。此外，若养殖场生产的生鲜乳若未能达标，则被拒收；如果被检查出存在掺假掺杂等现象，该牧场主会被禁止向乳品企业提供生鲜乳，从而减少乳制品质量安全隐患。

二、国内乳制品供应链利益联结现状

根据我国乳制品供应链上游不同的组织运作模式，我国乳制品企业和养殖户之间的利益联结关系主要有三种类型（李晶，2012）：随机市场契约；商品合同契约；松散要素契约。

随机市场契约出现在乳业发展初期，以"小农户＋小市场"的组织模式为依托，乳企和奶牛养殖户之间仅为简单随机的买卖关系，很少签订合同，且契约关系极其不稳定，乳制品的质量安全无法得到保证且双方的经济收益无法实现。

在散养农户较多的地区，商品契约是乳企和养殖户之间主要的利益联结方式，这种契约以"企业＋奶站＋奶农"的组织模式为依托，双方签订短期商品合同或达成口头协议，按照合同或协议要求收售生鲜乳。在这种利益联结方式下，生鲜乳的供应以及销售具有一定的保障，但规模小且分散的养殖户在生鲜乳交易过程中因缺乏价格谈判能力而处于弱势一方，占有垄断优势的乳企掌握质量检测、制定质量标准以及收购价格权力。笔者在调研过程中发现，即使是大型牧场，生鲜乳销售价格依然受制于乳制品企业。因此，上游养殖户的利润空间被严

---

① 分类定价是指美国农业部依据最终用途不同，对 A 级原奶规定了四种不同的最低销售价格，乳制品制造商收购 A 级原奶必须参照此规定执行。

重挤压。

随着养殖规模化水平的提高，松散要素契约成为乳企和养殖户之间新呈现的一种利益联结方式。这种契约以"企业＋养殖小区"或"企业＋规模牧场"组织模式为依托，双方多签订长期书面正式合同，合同内容包括生鲜乳交售数量、质量、奶款结算、交易的独占性、违约惩罚以及合约期限等（道日娜，2008）。在这种利益联结机制下，上游集中统一的养殖户或规模化水平较高的牧场具备一定的市场谈判势力，但这种契约联结仅限于生鲜乳的生产收购环节，养殖户（场）无法分享加工以及销售环节的产品增值，也无法分担质量安全问题产生的风险损失，致使生产、产品加工以及销售环节脱节。

由此可知，我国乳制品供应链在利益分配以及损失分担方面都存在不均衡的现象。一方面，仅限于生鲜乳收售环节的利益联结方式致使我国乳制品供应链利益分配呈现极度不均衡的倒金字塔模式（钱贵霞，2010；高晓鸥，2010），加重养殖户以及乳制品企业降低质量控制投入、掺假掺杂的动机，影响主体之间契约关系的稳定性以及长久性；另一方面，在第三方检测机制不完善以及生鲜乳生产环节全面监管较为困难的背景下，我国乳制品供应链风险损失分担不均衡，仅限于购销契约的养殖户非常容易向下游转移投机行为带来的风险损失，因而其实施掺假掺杂等投机行为的概率大大提高。

综上所述，当前我国乳制品供应链上下游主体之间依靠松散简单的仅限于生鲜乳收售的契约相联结，缺乏强有力的激励机制和约束惩罚机制。因此，需设计合理的利益共享以及风险分担机制，激励并约束养殖户和乳制品企业质量控制行为，从而保障乳制品质量安全。

第二节　模型描述与符号定义

基于现状分析可知，协调乳制品供应链主体的行为，一方面，可以通过惩罚手段来约束低质量投入行为；另一方面，可以通过激励手段来鼓励高质量投入行为。本章仅考虑通过惩罚手段来约束各主体的投机行为，基于委托代理理论，构建无认证情形下基于质量损失分担契约的乳制品供应链质量协调模型，讨论在无认证的情形下乳制品供应链主体质量行为协调问题。

本章节研究对象为包括一个规模化养殖户（场）或生鲜乳供应商、单个乳制品核心企业、消费者的液态奶乳制品供应链系统,针对乳制品供应链养殖—生鲜乳生产—检验—乳制品加工—消费的整个链条。此外,乳制品核心企业占主导地位,仅生产一种液态奶产品,产品不存在自愿性认证,且需接受国家相关机构的检验。最终产品的质量水平取决于乳制品企业以及养殖户的质量控制水平。模型设定基于朱立龙等(2014)、申强等(2014)的研究成果,并引入政府质量检验水平和质量检验频率等变量,具体过程如下:

(1)实施规模化养殖的生鲜乳供应商向乳制品核心企业提供标准化为一个单位的生鲜乳原料,并对生鲜乳的质量控制水平进行决策,设供应商质量控制水平为 q,表示生鲜乳供应商的质量投入水平或质量控制过程的努力程度($0 \leqslant q \leqslant 1$),相应的质量控制成本为 $F(q)$。

(2)乳制品核心企业需要对获得的生鲜乳原料进行质量检验,设 θ 表示质量检验水平,$D(\theta)$ 表示相应的质量检验成本。核心企业根据最终的检测结果,做出收购或者拒收生鲜乳的决策。当生鲜乳供应商提供了优质合格的原料时,检测系统能够完全识别;当供应商提供了存在质量安全问题的原料时,检测系统只能部分识别。如果系统成功识别不符合质量标准或存在质量安全问题的生鲜乳时,企业将拒收,因此,系统会产生内部损失 R,发生内部损失的概率为 $\gamma = \theta(1-q)$。通过质量检验的生鲜乳,则会被乳制品企业成功收购,一单位生鲜乳原料价格为 p。

(3)乳制品核心企业对通过质量检验的合格生鲜乳原料进行加工,生产出标准化为一个单位的产品并出售给消费者,消费者需求标准化为一个单位。企业对产品的质量控制水平进行决策,设乳制品核心企业质量控制水平为 m,代表乳制品核心企业在产品生产过程最终的质量投入水平或质量控制过程的努力程度($0 \leqslant m \leqslant 1$),相应的质量控制成本为 $M(m)$,最终产品存在质量缺陷的概率 $e = 1 - m + m(1-\theta)(1-q)$。

(4)牛奶产品具有信任品属性,消费者自己无法辨识产品是否存在质量缺陷,只能通过政府公布的信息进行分辨。政府质检机构对于销售的乳制品进行检验,其检验频率为 r,检验水平为 ζ。存在质量问题的产品最终能否被市场检测出来,主要取决于政府的检验频率以及检验水平。当政府质检机构检测出产品存在质量缺陷时,通过公布信息等途径告知消费者,消费者向乳制品核心企业提出索赔,乳制品供应链产生外部损失 L,系统发生外部损失的概率 $\varepsilon = r\zeta e$。

(5)消费者作为市场需求提供者,其总需求标准化为一个单位。当信息不对称时,消费者不能分辨产品的质量水平,对于没有认证的产品,消费者只会以整个市场中所有牛奶产品的均衡价格 w 购买企业生产的一个单位的牛奶产品。

本节所用到的变量定义以及解释如下：

q：生鲜乳供应商的质量控制水平，即生鲜乳的合格率，表示生鲜乳供应商的质量投入水平或质量控制过程的努力程度，且 $0 \leqslant q \leqslant 1$。

θ：乳制品核心企业的质量检验水平，即正确检测合格生鲜乳的概率，且 $0 \leqslant \theta \leqslant 1$。

m：乳制品核心企业在加工过程中的质量控制水平，代表生鲜乳供应商的质量投入水平或质量控制过程的努力程度，且 $0 \leqslant m \leqslant 1$。

$e(m, q, \theta)$：最终产品存在质量缺陷的概率，$e = [1 - m + m(1-\theta)(1-q)]$，其中，$e_1 = 1 - m$，表示因企业的原因而导致产品存在质量缺陷的概率；$e_2 = m(1-\theta)(1-q)$，表示在企业质量检验水平不变的情况下因供应商的原因而导致的产品存在质量缺陷的概率。

$F(q)$：生鲜乳供应商的质量成本，且 $F'(q) > 0$，$F''(q) > 0$，即生鲜乳供应商质量控制成本随着质量控制水平的提高而增加。

$M(m)$：乳制品核心企业的质量控制成本，且 $M'(m) > 0$，$M''(m) > 0$，即乳制品核心企业的质量控制成本随着质量控制水平的提高而增加。

$D(\theta)$：乳制品核心企业的质量检验成本，且 $D'(\theta) > 0$，$D''(\theta) > 0$，即乳制品核心企业的质量检验成本随着质量检验水平的提高而增加。

R：因为生鲜乳不合格而导致的内部损失成本，产品销售前由于原材料不合格所引发的成本，这里仅指企业重新购买生鲜乳原料的成本，或使用自身储备的原料粉还原为生鲜乳的成本。

$\gamma(q, \theta)$：发生内部损失的概率，$\gamma = \theta(1-q)$。

p：单位生鲜乳收购价格。

r：政府质量检验机构对于销售的牛奶产品的质量检验频率，外生变量。

ζ：政府质量检验机构对于销售的牛奶产品的质量检验水平，外生变量。

L：最终产品被政府检验出不合格而导致的外部损失成本，指销售不合格产品后引起的损失，主要包括产品召回成本、退货成本、商誉损失成本等，这里指消费者按照整个市场牛奶产品均衡价格数倍索要赔偿的额度，且为外生变量。

$\varepsilon(m, q, \theta, r, \zeta)$：发生外部损失的概率，$\varepsilon = r\zeta e$，主要取决于政府的检验频率、检验水平以及产品存在质量缺陷的概率。

w：整个市场所有牛奶产品的均衡价格，且为外生变量。

综上，该理论模型需满足假设条件如下：

①生鲜乳供应商实施规模化养殖，生鲜乳供应商分担供应链系统产生的内部损失。

②乳制品核心企业与生鲜乳供应商均追求收益最大化，消费者追求效用最大化。

③企业的质量控制决策、质量检验决策与供应商的质量控制决策是彼此独立的。

④企业质量检测系统存在一定失误，能够正确识别合格生鲜乳，但只能部分识别问题生鲜乳。

⑤企业的质量检验过程不改变生鲜乳的质量水平，且当生鲜乳质量水平存在缺陷时，企业的质量控制行为也不能改变其质量水平，最终产品的质量水平取决于企业的质量控制水平以及供应商的质量控制水平。

⑥当发生内部损失后，企业会还原备用原料粉或以高于基准收购价的价格获取新原料，且这部分原料不会产生质量安全问题。

⑦外部损失成本大于内部损失成本，且内部损失成本大于原料的收购成本。

⑧在供应链系统中，不存在销售成本以及渠道费用。

⑨牛奶产品具有信任品属性，消费者自己无法辨识产品是否存在质量缺陷。

⑩消费者具有理性，产品质量安全水平越高，期望效用越高，且不考虑消费者的收入约束。

第三节　集中决策下的乳制品供应链质量控制模型

在集中决策下，乳制品供应链各环节之间信息完全且充分，不存在道德风险，生鲜乳供应商被看作乳制品核心企业内部的一个部门，中心决策者以实现整体收益最大化为目标，联合决策生鲜乳的质量控制水平、质量检测水平、产品质量控制水平，生产并出售产品。

首先，构建认证体系下乳制品供应链集中决策收益函数 U^{NC}：

$$U^{NC} = w - \theta(1-q)R - \varepsilon L - D(\theta) - F(q) - M(m) \tag{6-1}$$

在集中决策状态下，供应链系统质量控制最优化问题为：

$$\max_{0 \leqslant m, q, \theta \leqslant 1} U^{NC}(m, q, \theta) = w - \theta(1-q)R - \varepsilon L - D(\theta) - F(q) - M(m) \tag{6-2}$$

$$\text{s. t. } m = \arg\max_{m>0} U^{NC}(m, q, \theta) \tag{6-3}$$

$$q = \arg \max_{q>0} U^{NC}(m, q, \theta) \qquad (6-4)$$

$$\theta = \arg \max_{\theta>0} U^{NC}(m, q, \theta) \qquad (6-5)$$

令 $\partial U^{NC}/\partial q = \partial U^{NC}/\partial m = \partial U^{NC}/\partial \theta = 0$，可得式（6-6）～式（6-8）

$$r\zeta L m_{NC}^{*}(1-\theta_{NC}^{*}) + \theta_{NC}^{*} R = F'(q_{NC}^{*}) \qquad (6-6)$$

$$r\zeta L(\theta_{NC}^{*} + q_{NC}^{*} - \theta_{NC}^{*} q_{NC}^{*}) = M'(m_{NC}^{*}) \qquad (6-7)$$

$$r\zeta m_{NC}^{*}(1-q_{NC}^{*}) L - (1-q_{NC}^{*}) R = D'(\theta_{NC}^{*}) \qquad (6-8)$$

此时乳制品供应链系统利润达到最大，其中，m_{NC}^{*}、q_{NC}^{*}、θ_{NC}^{*} 表示集中决策下乳制品供应链最优产品质量控制水平，最优原料生产质量控制水平，最优质量检验水平。

第四节　基于质量损失分担契约的乳制品供应链质量协调模型

　　由于乳制品供应链各环节之间存在信息不对称的现象，各环节的成员并不会从供应链整体最优的角度进行决策，而是以最大化个体利益为原则进行决策。这样的行为决策最终会偏离全局最优解，导致供应链整体收益降低。实际中，需要设计不同的契约来保证乳制品供应链质量控制水平以及整体收益最优。乳制品供应链质量协调契约中应用最为广泛的是损失分担契约。基于相关研究成果以及本书第四章的研究结论，本章试以内外部损失分担契约协调乳制品供应链成员的质量行为。

　　在乳制品供应链内外部损失分担契约的协调下，不合格生鲜乳以及不合格的最终产品会分别产生内部损失以及外部损失。生鲜乳供应商和乳制品核心企业按照一定比例分担内外部损失，生鲜乳供应商承担的内部损失的比例为 ψ（$0 < \psi$），外部损失的比例为 φ（$0 < \varphi$），且可能出现承担比例大于1的情况，即上游生鲜乳供应商承担了过多的责任。

　　此外，由于最终产品存在质量缺陷的概率 $e = 1 - m + m(1-\theta)(1-q)$，其中，$e_1 = 1 - m$ 表示因企业的原因而导致产品存在质量缺陷的概率；$e_2 = m(1-\theta)(1-q)$ 表示在企业质量检验水平不变的情况下因供应商的原因而导致的产品存在质量缺陷的概率。因此，需要确定发生质量缺陷的产品的责任归属。本书结合已有研究成果（Balachandran 和 Radhakrishnan，2005；申强等，2014；严建援；2015），做出如下设定：

当售出产品被检测出存在质量缺陷后，存在独立的第三方责任鉴定机构负责对不合格的牛奶产品进行检测，且该机构的检测系统不能完全识别产品产生质量缺陷的原因，存在一定的误差。设第三方检测机构认定生鲜乳供应商需为不合格产品承担责任的比例为 k：

$$k = \sigma(1 - m) + hm(1 - \theta)(1 - q) \tag{6-9}$$

其中，σ 表示生鲜乳供应商对乳制品核心企业生产加工过程中的质量失误所引致的产品质量缺陷而承担的责任比例，$\sigma \in [0, 1]$；h 表示生鲜乳供应商应承担产品缺陷的责任比例，$h \in [0, 1]$。当 σ 越低、h 越大时，第三方检测机构责任认证的准确性越高，当且仅当 $\sigma = 0$、$h = 1$ 时，系统正确鉴定了生鲜乳供应商的责任。

双边道德风险下双方基于内外部损失分担的质量协调契约的决策过程如下：

（1）养殖户（或生乳供应商）和乳企签订相关契约，就契约中的参数 $\{\psi, \varphi\}$ 达成一致。

（2）乳企选择质量检验水平 θ，企业没有隐匿质量检验水平的动机，即 θ 为共同知识。

（3）根据质量检验水平 θ，生鲜乳供应商以自身收益最大化为原则，选择生鲜乳质量控制水平 q，q 不可观测。

（4）乳企对供应商提供的生鲜乳进行检验，以契约协定的单价 p 收购合格的生鲜乳；不合格的生鲜乳无法被收购，且造成内部损失成本 R，双方根据协议规定共同承担。

（5）乳企以自身收益最大化为原则，选择产品加工过程的质量控制水平 m，m 不可观测。

（6）消费者无法分辨产品是否存在质量缺陷，当政府检测出产品存在质量问题时，消费者获得相关信息，并向乳企提出索赔要求，产生外部损失 L，双方根据签订的契约，共同承担责任。

据此可构建生鲜乳供应商和乳制品核心企业的收益函数：

$$U_m^{NC} = w - (1 - \gamma)p - \gamma R - r\zeta eL + r\zeta \varphi kL + \psi\gamma R - M(m) - D(\theta) \tag{6-10}$$

$$U_f^{NC} = (1 - \gamma)p - r\zeta \varphi kL - \psi\gamma R - F(q) \tag{6-11}$$

由以上分析可知，乳制品核心企业不存在隐匿质量检验水平的动机，因此，基于委托代理模型的最优化问题可描述为：

$$\max_{m,q,\varphi,\psi} U_m^{NC} \tag{6-12}$$

$$\text{s. t. } (IR)\, U_f^{NC}(m_{NC1}^*,\ q_{NC1}^*,\ \theta_{NC1}^*) \geq u \tag{6-13}$$

$$(IC)\frac{\partial U_f^{NC}}{\partial q} = 0 \tag{6-14}$$

$$(IC)\frac{\partial U_m^{NC}}{\partial m} = 0 \tag{6-15}$$

$$0 \leq \{m_{NC1}^*,\ q_{NC1}^*,\ \theta_{NC1}^*\} \leq 1 \tag{6-16}$$

$$0 < \{\varphi^*,\ \psi^*\} \tag{6-17}$$

式（6-14）和式（6-15）分别为生鲜乳供应商和乳制品核心企业的激励相容约束，式（6-13）为生鲜乳供应商的参与约束，其中，u 表示生鲜乳供应商的保留效用。m_{NC1}^*、θ_{NC1}^*、q_{NC1}^* 分别表示双边道德风险下，在内外部损失分担的质量契约协调后，乳制品供应链双方最优生鲜乳质量控制水平、最优质量检验水平、最优产品质量控制水平，ψ^*，φ^* 分别表示生鲜乳供应商最优分担系数。

命题6 双边道德风险下，内外部损失分担契约能够实现对乳制品供应链产品质量的最优协调，即 $\{m_{NC}^*,\ q_{NC}^*,\ \theta_{NC}^*\}$ 是该模型的解，此时养殖户内部损失分担以及外部损失分担比例分别为 ψ^*，φ^*，且满足 $\varphi^*=0$，$\psi^*=\dfrac{r\zeta L m_{NC}^*}{R}\left(\dfrac{1}{\theta_{NC}^*}-1\right)+1-\dfrac{p}{R}$。

证明：式（6-13）取等号，并对式（6-12）至式（6-15）构建拉格朗日函数 L：

$$L = U_m^{NC} + \mu(U_f^{NC} - u) + \lambda\frac{\partial U_f^{NC}}{\partial q} + \eta\frac{\partial U_m^{NC}}{\partial m} \tag{6-18}$$

其中，μ、λ、η 分别为各约束式的拉格朗日因子。令 L 分别对 α，β 求偏一阶导数并令其等于0，可得 $\mu=1$，$\lambda=0$，$\eta=0$，将其代入式(6-18)，令 $\frac{\partial L}{\partial q_{NC1}^*}=0$，$\frac{\partial L}{\partial m_{NC1}^*}=0$，$\frac{\partial L}{\partial \theta_{NC1}^*}=0$ 解得：

$$L_q(m_{NC1}^*,\ q_{NC1}^*,\ \theta_{NC1}^*) = r\zeta L m_{NC1}^*(1-\theta_{NC1}^*) + \theta_{NC1}^* R - F'(q_{NC1}^*) = 0 \tag{6-19}$$

$$L_m(m_{NC1}^*,\ q_{NC1}^*,\ \theta_{NC1}^*) = r\zeta L(\theta_{NC1}^* + q_{NC1}^* - \theta_{NC1}^* \cdot q_{NC1}^*) - M'cm_{NC1}^* = 0 \tag{6-20}$$

$$L_\theta(m_{NC1}^*,\ q_{NC1}^*,\ \theta_{NC1}^*) = r\zeta m_{NC1}^*(1-q_{NC1}^*)L - (1-q_{NC1}^*)R - D'(\theta_{NC1}^*) = 0 \tag{6-21}$$

式（6-19）至式（6-21）与集中决策情形下的最优质量水平 $\{m_{NC}^*,\ q_{NC}^*,$

θ_{NC}^* 满足的条件与式（6-6）至式（6-8）一样，因此，在双边道德风险下，内外损失分担契约可实现对乳制品供应链的协调，且最优生鲜乳质量控制水平、质量检验水平以及产品质量控制水平与集中决策的最优水平相同：$m_{NC1}^* = m_{NC}^*$，$q_{NC1}^* = q_{NC}^*$，$\theta_{NC1}^* = \theta_{NC}^*$。

将式（6-6）、式（6-7）分别代入式（6-20）、式（6-21），整理可得 $\varphi^* = 0$，$\psi^* = \dfrac{r\zeta Lm_{NC}^*}{R}\left(\dfrac{1}{\theta_{NC}^*} - 1\right) + 1 - \dfrac{p}{R}$。即此时生鲜乳供应商不分担外部损失，仅承担内部损失，且承担内部损失的比例可能大于1。因此，该契约属于内部损失分担的质量协调契约。

考虑企业产品质量控制水平后，产品出现缺陷的概率发生变化，分担外部损失风险不能提供足够的动力促使上游生鲜乳供应商签订契约。但内部损失的发生，主要责任方仍为供应商。当生鲜乳在检测过程中出现质量不合格现象而产生内部损失时，企业要求供应商承担部分损失或接受相应的惩罚，其惩罚额度有时可能超过内部损失。这种针对内部损失而签订的契约，可以促使供应商提高质量水平，进而实现供应链的协调。

在第三方检测机制以及可追溯信息平台仍需完善的背景下，问题乳制品的原料不能被追溯，且问题乳制品的责任认定不能明确。因此，一些因生鲜乳质量问题造成的外部损失无法在供应链上下游之间分担。现实中，基于内部损失的质量协调契约应用更为广泛。很多乳制品企业对奶农以及上游的养殖牧场所生产的不合格生鲜乳都有相应的惩罚措施，从而督促奶农提高生鲜乳的质量控制水平。

第五节　内部损失分担契约协调结果与实例验证

通过以上分析可知，在双边道德风险下，内部损失分担契约能实现乳制品供应链整体质量水平的最优协调。本节，将奶农养殖户（场）和乳制品核心企业的质量控制成本以及质量检验成本具体化，分析相关参数对最优决策变量以及最终收益水平的影响作用。

基于学者 Baiman（2001）、朱立龙（2014）、申强（2014）的研究成果，假设生鲜乳供应商质量控制成本函数、乳制品核心企业质量控制成本函数、乳制品核心企业质量检验成本函数分别为 $F(q) = (1/2)fq^2 + f_1$，$M(m) = (1/2)gm^2 +$

g_1，$D(\theta) = (1/2)n\theta^2 + n_1$，其中 $f > 0$，$g > 0$，$n > 0$ 分别为可变成本参数，且为保证研究结论有意义，设 $f > R$。

将成本函数分别代入式（6-6）至式（6-8），可得无认证体系下最优决策变量关系式：

$$Z_{NC}m_{NC}^*(1-\theta_{NC}^*) + \theta_{NC}^*R = fq_{NC}^* \tag{6-22}$$

$$Z_{NC}(\theta_{NC}^* + q_{NC}^* - \theta_{NC}^*q_{NC}^*) = gm_{NC}^* \tag{6-23}$$

$$(Z_{NC}m_{NC}^* - R)(1-q_{NC}^*) = n\theta_{NC}^* \tag{6-24}$$

其中，$Z_{NC} = r\zeta L$ 表示单位产品缺陷导致的边际成本，此时乳制品供应链系统的总收益为：

$$U^{NC} = w - e_{NC}^*Z_{NC} - \theta_{NC}^*(1-q_{NC}^*)R - \frac{1}{2}fq_{NC}^{*2} - f_1 - \frac{1}{2}gm_{NC}^{*2} - g_1 - \frac{1}{2}n\theta_{NC}^{*2} - n_1 \tag{6-25}$$

其中，$e_{NC}^* = 1 - m_{NC}^* + m_{NC}^*(1-q_{NC}^*)(1-\theta_{NC}^*)$ 表示最优决策下的质量缺陷概率。$e_{NC}^*Z_{NC}$ 表示乳制品供应链因产品缺陷而增加的成本费用，在无认证情形下，仅包括实际发生的赔偿损失 $r\zeta e_{NC}^*L$。在内部损失分担契约的协调下，生鲜乳供应商仅就实际发生的内部损失分担风险，乳制品供应链可实现最优协调，此时乳制品核心企业以及生鲜乳供应商的收益为：

$$U_m^{NC} = w - (1-\theta_{NC}^*(1-q_{NC}^*))p - \theta_{NC}^*(1-q_{NC}^*)R - e_{NC}^*Z_{NC} + \psi^*\theta_{NC}^*(1-q_{NC}^*)R - $$
$$\frac{1}{2}gm_{NC}^{*2} - g_1 - \frac{1}{2}n\theta_{NC}^{*2} - n_1 \tag{6-26}$$

$$U_f^{NC} = (1-\theta_{NC}^*(1-q_{NC}^*))p - \psi^*\theta_{NC}^*(1-q_{NC}^*)R - \frac{1}{2}fq_{NC}^{*2} - f_1 \tag{6-27}$$

其中，$\psi^* = \dfrac{r\zeta Lm_{NC}^*}{R}\left(\dfrac{1}{\theta_{NC}^*} - 1\right) + 1 - \dfrac{p}{R}$ 为此时生鲜乳供应商分担内部损失的比例。

通过上面的表达式可以发现，影响最优决策变量以及供应链收益的因素有很多，此处仅选择供应商以及企业质量决策的可变成本参数 f，g，外部损失成本 L 以及政府检验概率 r。由于最优化模型属于多元多次方程组，在变量有意义的范围内，存在多个解。为更加符合实际情况，本章基于调研数据，分析以上参数在其允许的范围内变动时，各环节最优质量控制水平 m_{NC}^*、q_{NC}^*、θ_{NC}^*；产品缺陷概率 e_{NC}^*，实际发生的外部损失 E^{NC}、实际发生的内部损失 I^{NC}；供应商最优损失分担比例以及实际分担的损失 ψ^*、I_f^{NC}；乳制品供应链及成员最优收益 U^{NC}、U_m^{NC}、U_f^{NC} 的变动情况。

此外，为进一步研究所选参数对相关变量的影响作用，本章计算了不同参数的弹性系数 ϵ。弹性系数表示某参数变化一个单位，各环节最优质量控制水平、分担比例、最优收益等变量随之变动的程度。

一、参数估计与设定

数据资料来源：笔者在2016年前往内蒙古呼和浩特市和林格尔县盛乐镇上土城村奶牛养殖小区A、内蒙古呼和浩特规模化牧场B、河北省滦南县大沙窝村家庭牧场C的调研经历，以及与现代牧业集团高层管理人员、蒙牛集团高层管理人员、规模化牧场B管理人员的访谈内容；统计年鉴和官方统计数据；实地调研。基于第四章以及第五章的参数设定信息，本章对无认证情形下基于内部损失分担契约的质量协调模型的参数进行统一估算。

（1）就上游生鲜乳生产供应阶段而言，根据农业部资料显示，全国十个生鲜乳主产省生鲜乳收购价格基本稳定在3.5元/公斤，而生产成本为2.3~2.8元/公斤[①]。笔者在调研过程中发现，随着养殖规模化水平的提高，生鲜乳收购价格以及生产成本都有所增加。例如，在家庭牧场C，生鲜乳收购价格为3.5元/公斤，生产成本为2.3元/公斤；养殖小区A生鲜乳收购价格以及生产成本分别为3.5元/公斤和2.5元/公斤；规模化牧场B生鲜乳生产成本为2.6~2.7元/公斤，牧场生鲜乳收购价格为3.6元/公斤；国内拥有自建牧场的某大型乳制品企业生鲜乳生产成本为2.8元/公斤，且生鲜乳价格可以提高至3.6~3.9元（见表6-1）。

表6-1　不同养殖规模收购价格和生产成本情况　　　　单位：元/公斤

项目 \ 不同养殖规模	家庭牧场C	养殖小区A	规模化牧场B	大型自建牧场
生鲜乳收购价格	3.5	3.5	3.6	3.6~3.9
生鲜乳生产成本	2.3	2.5	2.6~2.7	2.8

随着养殖规模化水平的提高，生鲜乳生产阶段的投入会增加，因而生鲜乳的质量水平得到提高。一般情况下，乳制品企业会根据生鲜乳的质量水平调整收购

[①] 《中国奶业年鉴（2016）》。

价格，但变动范围不会太大。假设当生鲜乳质量水平为 0.95 时，生鲜乳供应商生产成本为 2.8 元/公斤；质量水平为 0.9 时，供应商生产成本为 2.5 元/公斤，采用插值法近似估算出 $f = 6$，$f_1 = 0.1$，并设定生鲜乳市场收购价格 $p = 3.5$ 元/公斤。

（2）就市场销售阶段而言，一些普通的 UHT 牛奶市场售价为 10 元/公斤，而一些低温巴氏奶、高端牛奶产品以及进口牛奶可以达到 25 元/公斤。由于本章假设供应链不存在经销商，所以按照渠道费用较低的网络价格对产品最终售价进行估计。表 6 – 2 为几种伊利牛奶的价格比较。

表 6 – 2　几种伊利牛奶产品的价格比较　　　　　　　　单位：元/公斤

产品	普通利乐枕	金典纯牛奶	金典低脂奶	金典有机奶
价格	10.8	16.25	17	25.3

根据商务部对国内市场上的各类乳制品产品的价格监测，2017 年 3 月，我国市场上牛奶的基本价格为 13 元/公斤。结合上表以及国家统计数据，设定市场上所有牛奶产品的均衡价格 $w = 15$ 元/公斤。

（3）就企业加工控制阶段而言，根据伊利集团 2015 年年报显示，其液体乳以及乳制品毛利率为 34%，液体乳及乳制品包括牛奶、调味奶、酸奶等产品。根据国内某大型乳制品企业管理人员介绍，普通利乐枕的毛利率基本在 10% ~ 20%，而一些高端牛奶的毛利率可以达到 40% 以上，纯利率可以达到 25%。假设某高端牛奶市场售价为 25 元/公斤，毛利率为 40%，则总成本费用（包括收购价格在内的，下同）为 15 元/公斤；另一个售价为 18 元/公斤的牛奶产品的毛利率为 25%，则包括收购价格在内的总成本费用为 13.5 元/公斤。根据工作人员介绍，企业生产牛奶产品的质量控制成本占总成本费用的 35%，高端牛奶的质量控制成本占总成本费用的比例稍有提高，为 37% ~ 38%，且假定生鲜乳收购成本以及产品运输等其他成本费用不变。当企业生产高端牛奶且质量控制水平为 0.95 时，估算此时企业质量控制成本为 5.68 元/公斤；当企业生产另一款普通液态奶产品时，其质量水平为 0.9，根据信息估算企业质量控制成本为 4.44 元/公斤，采用插值法近似估算出 $g = 27$，$g_1 = -6.5$。

（4）就检验阶段而言，根据企业管理人员介绍，近年来检验成本占总成本的比例提升至近 10%。据此对检验成本参数进行推算：当企业的检验水平为

0.95 时，检测费用为加工控制成本的 10%，即 0.5 元/公斤；当检验水平为 0.9时，检验费用为 0.4 元/公斤，采用插值法近似估算出 $n = 2$，$n_1 = -0.4$。

（5）就政府监督检验过程而言，存在质量隐患的产品发生外部损失的概率不仅取决于产品缺陷率，还取决于政府的检验频率以及检验水平。假设政府的检验水平 $\zeta = 1$，检验频率参考吴强等（2016）相关参数设定，即监管力度可用现有的《食品抽样检验工作制度》中要求对批发企业、大中型超市乳品的抽检频率（每月抽检天数/30 天）来表示，设 $r = 0.12$。且根据《中华人民共和国食品安全法》第一百四十八条第二款规定："生产不符合食品安全标准的食品或经营明知是不符合食品安全标准的食品，消费者可以向生产者或经营者要求支付价款十倍或损失三倍的赔偿金。"据此设定外部损失 $L = 200$ 元/公斤。在发生质量安全事件后，独立第三方责任认定机构会对缺陷产品重新检测，为保证契约有意义，假设责任认定结果非常准确，$h = 1$，$\sigma = 0$，即 $h/\sigma = \infty$。

（6）此外，由于一头奶牛市场售价约为 10000 元，且一头牛一年产奶量为 6~8 吨，因此，估算生鲜乳供应商的保留效用为 $u = 1.25$ 元/公斤；生鲜乳经检验不合格，则供应链内部产生损失 R，这里假设内部损失为企业以高于市场价格的费用获取新原料的成本，且假设这部分原料质量水平为 1，设 $R = 4$ 元/公斤，如表 6 - 3 所示。

表 6 - 3　无认证情形下乳制品供应链参数估计结果　　单位：元/公斤

收购价 p	生乳质控可变成本参数 f	成本参数 f_1	检验参数 n	检验参数 n_1	产品质控可变成本参数 g	成本参数 g_1
3.5	6	0.1	2	-0.4	27	-6.5
基本售价 w	内部损失 R	外部损失 L	政府检验水平 ζ	政府检验强度 r	责任认定准确性 h/σ	保留效用 u
10	4	200	1	0.12	1	1.25

需要说明的是，产品质量控制可变成本参数 g 与生鲜乳质量控制可变参数 f 不同。现阶段我国生鲜乳生产环节规模养殖系统性成本较高，生鲜乳质量控制可变成本参数 f 的增加代表养殖规模、生产水平以及生产能力的提高。我国乳制品加工环节已处于规模经济阶段，即产品质量控制可变成本参数 g 的减小代表生产规模、加工技术、加工水平以及加工效率的提高。

此外，最优化质量控制模型属于多元非线性方程组，其可行解很多。考虑到提高质量水平是本书的主要研究目的，因此，在模型求解时，选取质量控制水平大于 0.5 的可行解进行研究。本章继续使用 Matlab 进行非线性规划仿真求解。

二、外部损失的影响

为进一步研究外部损失 L 对相关变量的影响作用，本部分计算了外部损失弹性系数 ϵ，表示外部损失变化一单位，其他变量随之变动的程度，即

$$\epsilon_X^L = \frac{\text{变量 } X \text{ 的变化率}}{\text{外部损失 } L \text{ 的变化率}}。$$

在保证变量符合理论设定的前提下，设赔偿额度，即外部损失 L 的取值范围为 $L \in [160, 200]$，并保持生鲜乳质量控制可变成本参数 $f = 6$，产品质量控制可变成本参数 $g = 27$，政府检验强度 $r = 0.12$ 不变，结果如表 6-4（a）、表 6-4（b）、图 6-1 所示。

表 6-4（a）　无认证情形下外部损失与最优质量水平、最优分担比例、
最优收益等变量的关系

L	m_{NC}^*	q_{NC}^*	θ_{NC}^*	e_{NC}^*	E^{NC}	I^{NC}	ψ^*	I_f^{NC}	ΔI_{m-f}^{NC}	U^{NC}	U_m^{NC}	U_f^{NC}	U_f^{NC}/U^{NC}（%）
160	0.699	0.807	0.911	0.313	6.013	0.705	0.453	0.319	0.066	5.707	5.195	0.512	8.98
165	0.722	0.823	0.909	0.290	5.745	0.642	0.484	0.311	0.020	5.526	5.033	0.494	8.93
170	0.744	0.838	0.908	0.267	5.442	0.590	0.508	0.300	-0.010	5.359	4.880	0.479	8.94
175	0.767	0.850	0.909	0.243	5.109	0.546	0.527	0.288	-0.030	5.206	4.738	0.468	8.98
180	0.790	0.861	0.911	0.220	4.746	0.508	0.542	0.275	-0.043	5.067	4.609	0.458	9.05
185	0.813	0.870	0.913	0.196	4.357	0.475	0.554	0.263	-0.051	4.942	4.492	0.451	9.12
190	0.836	0.878	0.916	0.173	3.940	0.446	0.564	0.251	-0.057	4.832	4.387	0.444	9.20
195	0.859	0.886	0.918	0.149	3.497	0.419	0.572	0.240	-0.060	4.735	4.296	0.439	9.27
200	0.881	0.893	0.921	0.126	3.027	0.396	0.579	0.229	-0.062	4.652	4.218	0.435	9.34

表 6-4（b）　无认证情形下外部损失弹性系数

L	ϵ_{mnc}^{L*}	ϵ_{qnc}^{L*}	$\epsilon_{\theta nc}^{L*}$	ϵ_{enc}^{L*}	ϵ_{Enc}^{L}	ϵ_{Inc}^{L}	ϵ_{ψ}^{L*}	ϵ_{Incf}^{L}	ϵ_{Unc}^{L}	ϵ_{Uncm}^{L}	ϵ_{Uncf}^{L}
170	1.044	0.546	0.007	-2.874	-1.902	-2.719	1.481	-1.278	-1.010	-1.018	-0.930
180	1.043	0.426	0.075	-3.687	-2.722	-2.485	0.923	-1.583	-0.936	-0.963	-0.671

L	ϵ^L_{mnc*}	ϵ^L_{qnc*}	$\epsilon^L_{\theta nc*}$	ϵ^L_{enc*}	ϵ^L_{Enc}	ϵ^L_{Inc}	$\epsilon^L_{\psi*}$	ϵ^L_{Incf}	ϵ^L_{Unc}	ϵ^L_{Uncm}	ϵ^L_{Uncf}
190	1.038	0.347	0.105	−4.884	−3.928	−2.340	0.619	−1.734	−0.821	−0.853	−0.502
200	1.033	0.290	0.117	−6.893	−5.951	−2.246	0.437	−1.818	−0.661	−0.690	−0.386
$\overline{\epsilon}^L$	1.040	0.446	0.053	−4.058	−3.095	−2.530	1.064	−1.493	−0.900	−0.919	−0.714

结合图 6 - 1 以及表 6 - 4 的内容可得，随着外部损失 L 的增加，主要有以下四个结论：

（1）最优生鲜乳质量控制水平 q_{NC}^*、质检水平 θ_{NC}^* 以及产品质量控制水平 m_{NC}^* 都有所提高，其中，m_{NC}^* 对 L 的变化敏感，外部损失提高 1%，产品质量控制水平提高 1.04%（见图 6 - 1（a））。外部损失的增加会直接导致单位不合格产品产生的边际成本或潜在损失增加，即企业因质量缺陷付出的成本增加，所以外部损失增加对企业的激励效果更为明显。

（2）产品的缺陷率 e_{NC}^* 从 31.32% 降至 12.61%（见图 6 - 1（b）），系统实际发生的外部损失 $E^{NC} = re_{NC}^* L$ 从 6 降至 3。由表 6 - 4（b）可知，e_{NC}^* 以及 E^{NC} 对 L 变化十分敏感，外部损失每提高 1%，产品缺陷率平均降低 4.06%，实际发生的外部损失平均降低 3.1%，且随着外部损失的增加，两者降低幅度越来越大。

（3）乳制品供应链实际发生的内部损失 I^{NC} 从 0.7 显著降至 0.4，且上游供应商以及乳制品企业各自承担的内部损失都有所减少（见图 6 - 1（c））。通过比较两者实际承担的内部损失差额 $\Delta I_{m-f}^{NC} = I_m^{NC} - I_f^{NC}$ 可以发现，生鲜乳供应商实际承担的内部损失 I_f^{NC} 越来越多，且在 $L \geq 168.3$ 时，$I_m^{NC} < I_f^{NC}$，因而生鲜乳供应商内部损失分担比例 ψ^* 从 0.45 增至 0.58（见图 6 - 1（b））。由表 6 - 4（b）可知，I^{NC} 以及 I_f^{NC} 对 L 的变化敏感，而 ψ^* 对其变化越来越不敏感，外部损失每提高 1%，实际发生的内部损失降低 2.53%，供应商实际承担的损失平均降低 1.5%。

（4）乳制品供应链最优收益 U^{NC} 从 5.7 降至 4.65，乳企以及生鲜乳供应商的最优收益 U_m^{NC}、U_f^{NC} 分别降至 4.22 和 0.44，且供应商收益显著低于其保留收益 $u = 1.25$（见图 6 - 1（d））。尽管 90% 以上的供应链系统总收益被企业占据，但生鲜乳供应商最优收益所占比例 U_f^{NC}/U^{NC} 逐渐提升至 9.34%，说明随着外部损失的增加，生鲜乳供应商和乳制品企业的最优收益差额逐渐减小。由表 6 - 4（b）可知，U^{NC}、U_m^{NC}、U_f^{NC} 对 L 的变化都越来越不敏感，随着外部损失的增加，供应链最优收益、企业最优收益以及供应商的最优收益降低幅度越来越低。

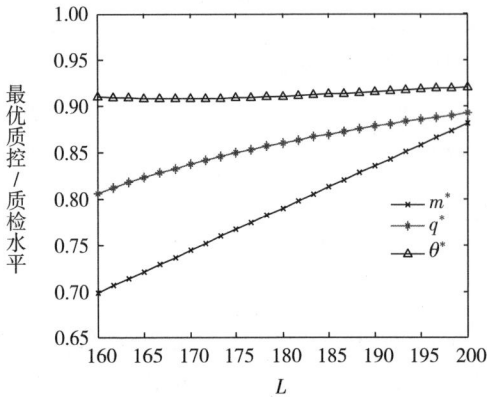

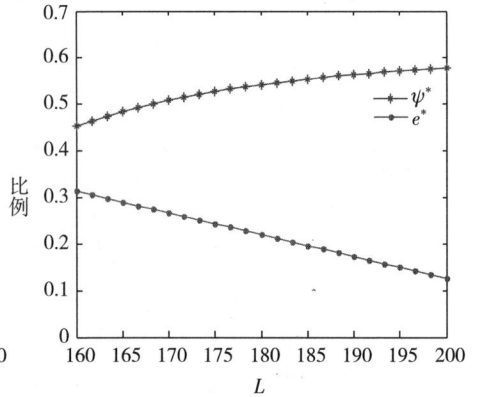

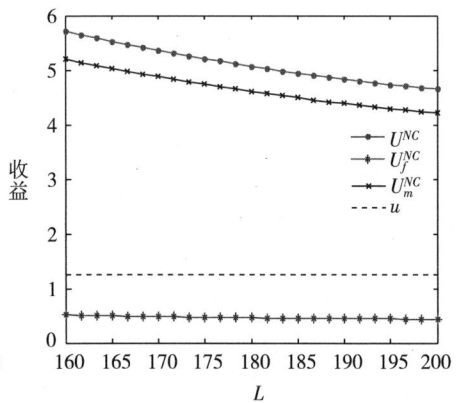

（a）外部损失L对最优质量水平的影响作用　　（b）外部损失L对比率的影响作用

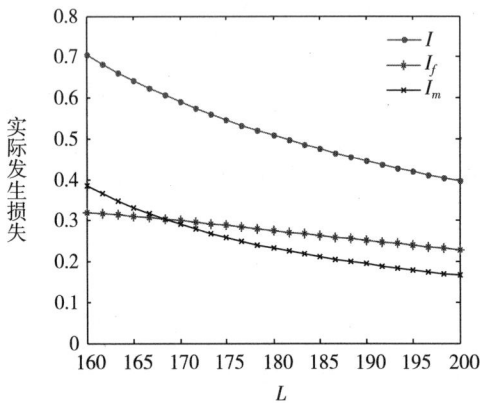

（c）外部损失L对实际内部损失的　　　　（d）外部损失L对收益水平的影响作用
　　　影响作用

图6－1　无认证体系下外部损失对各变量的影响作用

注：图中与供应链系统、生鲜乳供应商、乳制品核心企业相关的变量分别用●线、＊线、×线和△线表示。

　　综合来看，产品缺陷率、实际发生的外部损失、实际发生的内部损失对外部损失的变化非常敏感；供应商实际承担的损失、最优产品质量控制水平对外部损失的变化较为敏感；供应商损失分担比例、系统最优收益、企业以及奶农的最优收益对外部损失的变化越来越不敏感。

　　外部损失的增加会导致单位不合格产品产生的边际成本或潜在损失增加，即提高质量水平的边际收益大于边际成本。因此，供应链成员，尤其是核心企业会积极提高各环节质量控制水平，降低产品缺陷率，从而降低供应链实际发生的损失成本。尽管供应链的均衡收益以及成员各自的均衡收益会因质量控制成本的增加而略有减少，但生鲜乳供应商和乳制品企业的均衡收益差距不断减小，缓解了乳制品供应链收益分配不均衡的局面。

从质量改进以及平衡收益分配的角度来看，提高赔偿额度，可以在一定程度上提高乳制品行业总体的质量水平，减少养殖户和企业的收益差距。值得注意的是，赔偿额度过多，还是会影响行业总体绩效，进而制约行业的发展。因此，在合理范围内提高赔偿额度是切实有效地改进质量水平以及平衡收益分配的手段。尽管内部损失契约可以实现对乳制品供应链的最优协调，但上游养殖户均衡收益普遍低于其保留收益。近年来奶农倒奶卖牛、退出养殖行业的新闻屡见不鲜，由此可见，设计切实可行的利益联结机制，提高上游养殖户的收益水平，是乳制品行业亟待解决的问题。

三、生鲜乳质量控制可变成本的影响

在保证变量符合理论设定的前提下，设生鲜乳质量控制可变成本参数的取值范围为 $f \in [5, 11]$，并保持外部损失 $L = 200$，产品质量控制可变成本参数 $g = 27$，政府检验强度 $r = 0.12$ 不变，部分结果如表 $6-5$（a）、表 $6-5$（b）、图 $6-2$ 所示。其中 $\epsilon_X^f = \dfrac{\text{变量 } X \text{ 的变化率}}{\text{外部损失 } L \text{ 的变化率}}$，表示生鲜乳质量控制可变成本参数变化一个单位，其他变量随之变动的程度。

表 6 – 5（a）　无认证情形下生鲜乳质量控制可变成本与最优质量水平、
最优收益等变量的关系

f	m_{NC}^*	q_{NC}^*	θ_{NC}^*	e_{NC}^*	E^{NC}	I^{NC}	ψ^*	I_f^{NC}	ΔI_{m-f}^{NC}	U^{NC}	U_m^{NC}	U_f^{NC}
5	0.886	0.887	0.975	0.116	2.788	0.440	0.263	0.116	0.209	5.048	4.116	0.932
6	0.881	0.893	0.921	0.126	3.027	0.396	0.579	0.229	-0.062	4.652	4.218	0.435
7	0.877	0.898	0.866	0.135	3.245	0.352	0.941	0.331	-0.310	4.251	4.315	-0.064
8	0.873	0.905	0.809	0.143	3.438	0.309	1.361	0.421	-0.532	3.845	4.409	-0.564
9	0.869	0.911	0.751	0.150	3.603	0.268	1.854	0.496	-0.725	3.433	4.497	-1.064

f	m_{NC}^{*}	q_{NC}^{*}	θ_{NC}^{*}	e_{NC}^{*}	E^{NC}	I^{NC}	ψ^{*}	I_{f}^{NC}	ΔI_{m-f}^{NC}	U^{NC}	U_{m}^{NC}	U_{f}^{NC}
10	0.866	0.918	0.692	0.156	3.737	0.228	2.441	0.557	-0.885	3.015	4.581	-1.566
11	0.864	0.925	0.631	0.160	3.837	0.191	3.152	0.600	-1.011	2.591	4.660	-2.069

表 6-5（b）　　　无认证情形下生鲜乳质量控制可变成本弹性系数

f	$\epsilon_{mnc}^{f}{}^{*}$	$\epsilon_{qnc}^{f}{}^{*}$	$\epsilon_{\theta nc}^{f}{}^{*}$	$\epsilon_{enc}^{f}{}^{*}$	ϵ_{Enc}^{f}	ϵ_{Inc}^{f}	$\epsilon_{\psi}^{f}{}^{*}$	ϵ_{Incf}^{f}	ϵ_{Unc}^{f}	ϵ_{Uncm}^{f}	ϵ_{Uncf}^{f}
6	-0.032	0.036	-0.334	0.449	0.449	-0.626	3.850	3.119	-0.481	0.137	-5.119
7	-0.034	0.044	-0.428	0.441	0.441	-0.809	3.048	2.148	-0.625	0.151	-55.340
8	-0.034	0.053	-0.538	0.418	0.418	-1.026	2.757	1.639	-0.802	0.162	-8.838
9	-0.033	0.063	-0.669	0.378	0.378	-1.285	2.664	1.281	-1.025	0.170	-4.670
10	-0.029	0.072	-0.823	0.320	0.320	-1.595	2.681	0.977	-1.313	0.175	-3.399
11	-0.023	0.082	-1.009	0.244	0.244	-1.967	2.777	0.683	-1.700	0.177	-2.783
$\overline{\epsilon}^{f}$	-0.031	0.055	-0.585	0.388	0.388	-1.121	3.147	1.921	-0.903	0.159	-10.398

结合图 6-2 以及表 6-5 的内容，随着生鲜乳质量控制可变成本 f 的增加，主要有以下四个结论：

（1）各环节最优质量水平变化情况不同，其中最优生鲜乳质量控制水平 q_{NC}^{*} 有所提高，但最优质检水平 θ_{NC}^{*} 以及产品质量控制水平 m_{NC}^{*} 都随之降低（图 6-2（a））。由表 6-5（b）可知，q_{NC}^{*} 和 m_{NC}^{*} 对 f 的变化不敏感，但 θ_{NC}^{*} 对其变化越来越敏感，生鲜乳质量控制可变成本每增加 1%，最优质检水平平均降低 0.59%，随着可变成本的增加，最优质检水平降低幅度越来越大。

（2）产品的缺陷率 e_{NC}^{*} 从 11.6% 增至 16%（见图 6-2（b）），系统实际发生的外部损失 $E^{NC}=re_{NC}^{*}L$ 从 2.8 提高至 3.8。由表 6-5（b）可知，产品缺陷率以及实际发生的外部损失对可变成本变化不敏感，可变成本每提高 1%，产品缺陷率与实际发生的外部损失平均降低 0.38%。

（3）乳制品供应链实际发生的内部损失 I^{NC} 随着最优质量检验水平以及最优生鲜乳质量控制水平的变化从 0.4 降至 0.2，其中乳制品企业承担的内部损失逐渐减少，但上游供应商承担的内部损失显著增加（见图 6-2（c））。通过比较两者实际承担的内部损失差额 ΔI_{m-f}^{NC} 可知，生鲜乳供应商实际承担的内部损失 I_{f}^{NC} 越来越多，因而供应商损失分担比例ψ^*显著提高（见图$6-2$（b））。当$f \geqslant 6$时，$I_f^{NC} > I_m^{NC}$，即供应商实际承担的内部损失大于企业承担的内部损失；当$f \geqslant 7.25$时，$\psi^* > 1$，$I_f^{NC} > I^{NC}$，即供应商实际分担的损失大于系统实际发生的内部损失，说明生鲜乳供应商不仅完全承担了系统实际发生的内部损失，还向企业额外支付了惩罚费用。由表$6-5$（b）可知，I^{NC}、I_f^{NC}、ψ^*对f的变化都较为敏感，可变成本提高1%，实际发生的内部损失平均降低1.12%，供应商实际承担的损失以及最优损失分担比例平均提高1.9%和3.1%。

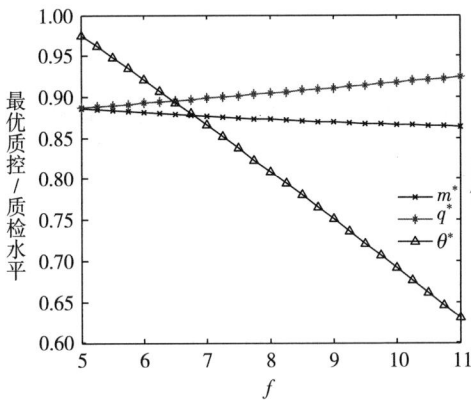

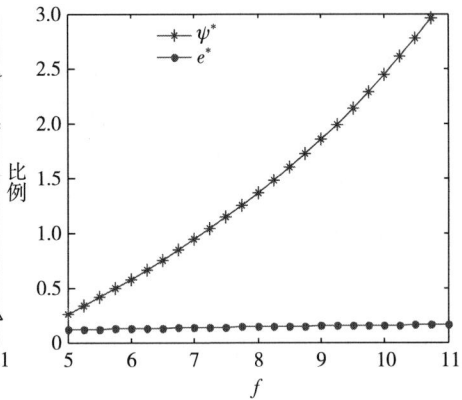

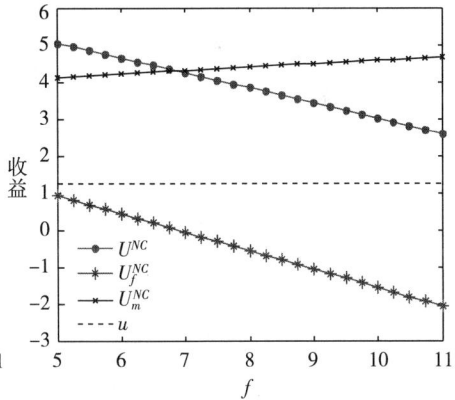

（a）可变成本参数f对最优质量水平的影响作用　　（b）可变成本参数f对比率的影响作用

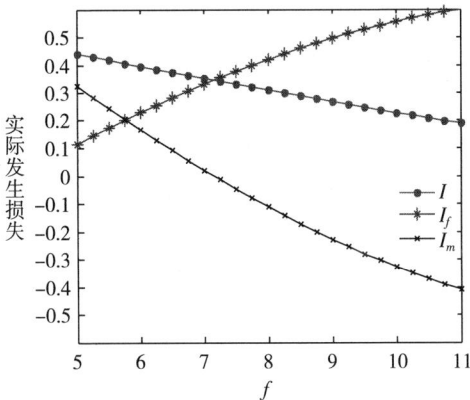

（c）可变成本参数f对实际内部损失的影响作用　　（d）可变成本参数f对收益的影响作用

图$6-2$　无认证体系下生鲜乳质量控制可变成本对各变量的影响作用

注：图中与供应链系统、生鲜乳供应商、乳制品核心企业相关的变量分别用•线、＊线、×线和△线表示。

（4）乳制品供应链系统最优收益 U^{NC} 从 5 显著降至 2.6，其中生鲜乳供应商的最优收益 U_f^{NC} 从 0.9 降至 -2，但乳企的最优收益 U_m^{NC} 从 4 增加至 4.6，两者收益差距越来越大，且供应商收益显著低于其保留收益 $u = 1.25$（见图 6 - 2（d））。当 $f \geqslant 7$，$U_f^{NC} < 0$，供应商入不敷出，必然会选择退出养殖行业。由表 6 - 5（b）可知，系统最优收益和供应商最优收益对可变成本参数的变动较为敏感，可变成本每提高 1%，前者平均降低 0.9%，后者平均降低 10.4%。

综合来看，供应商损失分担比例、供应商最优收益对生鲜乳质量控制可变成本的变化非常敏感，系统实际发生的内部损失、供应商实际分担的损失、系统最优收益对生鲜乳质量控制可变成本的变化比较敏感。

生鲜乳质量控制可变成本的增加直接导致乳制品供应链维持高质量控制水平所需的总成本增加，即提高质量水平的边际成本超过边际收益。因此，最优产品质量控制水平与质检水平都有所降低。根据奶业发达国家的经验可知，提高养殖规模不仅可以提高生鲜乳的质量水平，也可凭借规模经济效益降低成本，从而增加生鲜乳生产阶段的收益。当前，我国奶业规模化养殖风险过高，扩大养殖规模，的确可以在一定程度上提高最优质量控制水平，但相应的质量控制成本也会增加，即生鲜乳质量控制可变成本增加可以提高生鲜乳质量控制水平。尽管内部损失随着生鲜乳质量控制水平的提高而减少，但产品质量控制水平以及质检水平的降低导致最终产品缺陷率与实际发生的损失赔偿提高。供应链系统均衡收益因质量控制成本以及实际发生损失的增加而降低，但供应链成员各自均衡收益的变化情况却大不相同。在无认证情形下，受内部损失分担契约协调，供应商损失分担比例随原料质量控制可变成本的增加而显著提高，其实际承担的损失不断增加，从而导致生鲜乳供应商均衡收益显著降低，甚至出现亏损；在该契约协调下，乳制品企业受上游原料质量控制成本变动的影响较小，其均衡收益不仅不会降低，反而因供应商承担过多的内部损失而逐渐增加。

由此可见，在内部损失分担契约协调下，养殖户独自承受扩大生产规模而增加的质量控制成本以及分担过多的损失风险，从而严重影响自身收益，加重乳制品供应链收益分配不均衡的局面。

中国乳制品行业的困境即在于此，提高生鲜乳质量水平需扩大养殖规模，但现阶段扩大养殖规模会增加质量控制成本，甚至降低经济效益。但在养殖户因生鲜乳不合格而接受惩罚的机制下，当上游养殖户为提高生鲜乳质量水平而扩大生产规模时，处于主导地位的核心乳企的利益基本不受影响，但处于弱势地位的养殖户独自承受增加的成本和潜在的损失风险，自身收益受到严重损害。近年来，随着规模化养殖水平的不断提高，众多奶农以及牧场主因收益不断减少而逐渐退出奶牛养殖行业。据相关报道显示，2016 年中旬，国内超过 50% 的牧场出现亏损，而国内两个大型奶牛养殖企业现代牧业和原生态牧业在 2016 年上半年纷纷出现上亿元的亏损[①]。

四、产品质量控制可变成本的影响

在保证变量符合理论设定的前提下，设产品质量控制可变成本参数的取值范围为 $g \in [26.5, 34]$，并保持外部损失 $L = 200$，生鲜乳质量控制可变成本参数 $f = 6$，政府检验强度 $r = 0.12$ 不变，部分结果如表 6-6（a）、表 6-6（b）、图 6-3 所示。其中，产品质量控制可变成本弹性系数 $\epsilon_X^g = \dfrac{\text{变量 } X \text{ 的变化率}}{\text{可变成本 } g \text{ 的变化率}}$，表示产品质量控制可变成本参数变化一单位，其他变量随之变动的程度。

表 6-6（a）　　无认证情形下产品质量控制可变成本与最优质量水平等变量的关系

g	m_{NC}^*	q_{NC}^*	θ_{NC}^*	e_{NC}^*	E^{NC}	I^{NC}	ψ^*	I_f^{NC}	ΔI_{m-f}^{NC}	U^{NC}	U_m^{NC}	U_f^{NC}	U_f^{NC}/U^{NC}（%）
26.5	0.898	0.895	0.922	0.109	2.619	0.387	0.581	0.225	−0.063	4.850	4.417	0.433	8.93
27	0.881	0.893	0.921	0.126	3.027	0.396	0.579	0.229	−0.062	4.652	4.218	0.435	9.34
28	0.849	0.888	0.919	0.158	3.801	0.412	0.574	0.237	−0.061	4.278	3.840	0.438	10.23
29	0.820	0.883	0.917	0.188	4.521	0.429	0.569	0.244	−0.059	3.930	3.489	0.441	11.22
30	0.792	0.878	0.916	0.216	5.194	0.447	0.564	0.252	−0.057	3.606	3.161	0.445	12.33
31	0.766	0.873	0.914	0.243	5.824	0.465	0.558	0.259	−0.054	3.302	2.854	0.449	13.58
32	0.741	0.868	0.913	0.267	6.414	0.483	0.551	0.266	−0.050	3.019	2.566	0.453	14.99
33	0.718	0.862	0.911	0.290	6.969	0.502	0.544	0.273	−0.045	2.752	2.295	0.457	16.60
34	0.697	0.857	0.910	0.312	7.491	0.521	0.537	0.280	−0.039	2.502	2.041	0.461	18.44

①　栾立. 奶价下跌考验超大牧场［EB/OL］. http：//business. sohu. com/20160825/n465864776. sht-ml, 2016 - 08 - 25.

表 6-6 （b） 无认证情形下产品质量控制可变成本弹性系数

g	$\epsilon_{mnc}^{g}*$	$\epsilon_{qnc}^{g}*$	$\epsilon_{\theta nc}^{g}*$	$\epsilon_{enc}^{g}*$	ϵ_{Enc}^{g}	ϵ_{Inc}^{g}	$\epsilon_{\psi}^{g}*$	ϵ_{Incf}^{g}	ϵ_{Unc}^{g}	ϵ_{Uncm}^{g}	ϵ_{Uncf}^{g}
27	-1.006	-0.142	-0.059	7.662	7.662	1.134	-0.209	0.923	-2.208	-2.449	0.187
29	-1.009	-0.160	-0.056	4.643	4.643	1.165	-0.265	0.898	-2.426	-2.753	0.225
30	-1.010	-0.170	-0.053	3.880	3.880	1.183	-0.297	0.882	-2.552	-2.935	0.245
32	-1.012	-0.191	-0.046	2.920	2.920	1.223	-0.375	0.844	-2.848	-3.386	0.291
34	-1.014	-0.216	-0.036	2.339	2.339	1.270	-0.471	0.794	-3.221	-4.001	0.344
$\overline{\epsilon}^{f}$	-1.010	-0.175	-0.051	4.176	4.176	1.194	-0.320	0.870	-2.638	-3.079	0.257

结合图 6-3 以及表 6-6 的内容可得，随着产品质量控制可变成本 g 的增加，主要有以下四个结论：

（1）最优产品质量控制水平 m_{NC}^{*}、生鲜乳质量控制水平 q_{NC}^{*}、质检水平 θ_{NC}^{*} 都有所降低（见图 6-3 （a）），且产品质量控制水平对 g 的变化最为敏感，可变成本提高 1%，产品质量控制水平降低 1% （见表 6-3 （b））。

（2）产品的缺陷率 e_{NC}^{*} 从 11% 显著提高至 31% （见图 6-3 （b）），系统实际发生的外部损失 $E^{NC}=re_{NC}^{*}L$ 从 2.6 提高至 7.5。由表 6-6 （b） 可知，e_{NC}^{*} 以及 E^{NC} 对 g 的变化十分敏感，可变成本每提高 1%，产品缺陷率与实际发生的外部损失平均提高 4.18%。

（3）乳制品供应链实际发生的内部损失 I^{NC} 从 0.39 增加至 0.52，其中生鲜乳供应商以及乳制品企业各自承担的内部损失都所有增加，最终维持在 0.28 和 0.24 （见图 6-3 （c））。通过比较两者实际承担的内部损失差额 ΔI_{m-f}^{NC} 可知，虽然生鲜乳供应商实际承担的内部损失比企业多，但这种差距在逐渐减小，因而生鲜乳供应商损失分担比例 ψ^{*} 从 0.58 缓慢降低为 0.54 （见图 6-3 （b））。由表 6-6 （b） 可知，I^{NC}、I_{f}^{NC} 对 g 的变化较为敏感，可变成本提高 1%，实际发生的内部损失平均提高 1.2%，供应商实际承担的损失平均提高 0.87%。

（4）乳制品供应链系统最优收益 U^{NC} 从 4.9 降至 2.5，供应链成员各自的最优收益变化情况不同。其中乳企的最优收益 U_{m}^{NC} 从 4.4 减少为 2，生鲜乳供应商的最优收益 U_{f}^{NC} 从 0.43 增至 0.46，两者收益差距逐渐减小，且供应商最优收益显著低于其保留收益 $u=1.25$ （见图 6-3 （d））。尽管供应链系统近 80% 的总收益由企业占据，但供应商最优收益所占比例 U_{f}^{NC}/U^{NC} 逐渐提升至 18.6%，即乳制品供应链收益分配更加均衡。由表6-6（b）可知，系统最优收益以及乳企最优收益对可变成本的变动十分敏感，可变成本每提高1%，前者平均降低2.64%，后者平均降低3.08%，且随着可变成本的提高，系统最优收益以及乳企最优收益减小幅度增大。

综合来看，产品缺陷率、实际发生的外部损失、系统最优收益以及企业最优收益对产品质量控制可变成本参数的变动十分敏感，产品质量控制水平、实际发生的内部损失以及供应商承担的损失对参数的变动较为敏感。

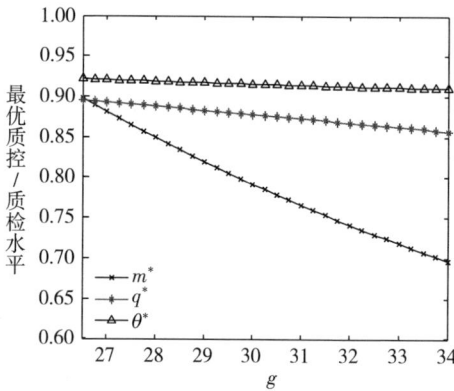

（a）可变成本参数g对最优质量水平的影响作用

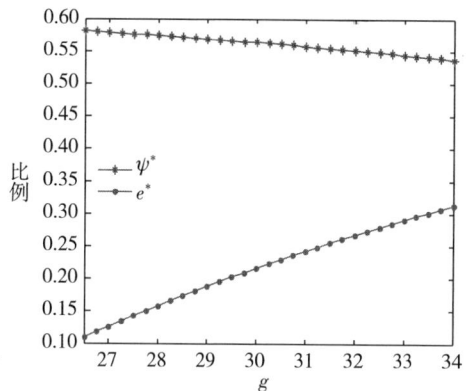

（b）可变成本参数g对比率的影响作用

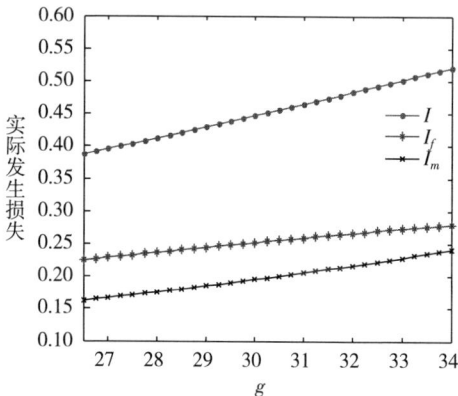

（c）可变成本参数g对实际内部损失的影响作用

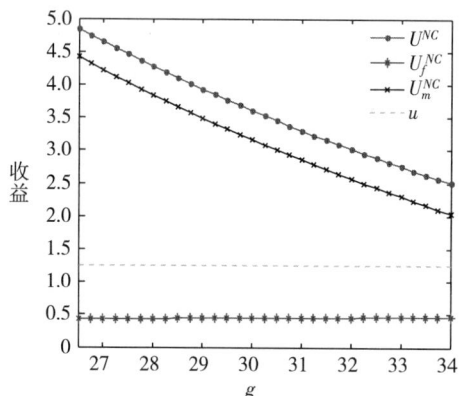

（d）可变成本参数g对收益的影响作用

图6-3 无认证情形下产品质量控制可变成本对各变量的影响作用

注：图中与供应链系统、生鲜乳供应商、乳制品核心企业相关的变量分别用●线、*线、×线和△线表示。

由于乳企加工控制阶段的边际成本显著高于乳制品供应链原料生产以及检验阶段的边际质量控制成本，所以产品质量控制可变成本的增加会导致供应链维持高质量控制水平所需的总成本显著增加，即提高产品质量水平的边际收益小于边际成本，因而各环节最优质量控制水平都随之降低。产品缺陷率随之显著提高，实际发生的外部损失、实际发生的内部损失都相应增加。供应链系统均衡收益在质量控制成本以及实际发生损失的共同作用下显著降低，但供应链成员各自均衡收益变化趋势不同。

在内部损失分担契约的协调下，企业承担的损失随产品质量水平的降低而显著增加，其均衡收益在产品质量控制成本与损失成本共同作用下显著减小。在此契约协调下，生鲜乳供应商仅按照契约约定的损失分担比例承担部分内部损失，即产品质量控制成本的变动对供应商均衡收益影响较小。尽管供应商分担的内部损失略有增加，均衡收益随产品质量控制成本的提高略有增加，但其收益水平仍明显低于保留收益。

由此可见，在企业质量控制成本增加的情况下，内部损失分担契约可以使企业与供应商的收益差距不断减小，乳制品供应链收益分配不均衡的局面得到缓解。

乳制品加工阶段属于乳制品供应链的核心阶段，该阶段质量控制水平的高低显著影响最终产品的质量水平。需要说明的是，产品质量控制可变成本参数 g 与生鲜乳质量控制可变成本参数 f 不同。在我国现阶段生鲜乳质量控制可变成本参数 f 的增加代表养殖规模、生产水平以及生产能力的提高；但乳制品加工环节的发展已处于规模经济阶段，即产品质量控制可变成本 g 的减小代表生产规模、加工技术、加工水平、加工效率的提高。

此外，尽管内部损失契约可以减少企业加工能力的变化对上游养殖户收益的影响，但养殖户最终的均衡收益仍明显低于保留收益。因此，设计有效的激励机制，提高上游养殖户的收益水平，是乳制品行业亟待解决的问题。

第六节　本章小结

当前我国乳制品行业不存在传递生鲜乳质量信息的认证，且上下游收益分配不均衡。由于投资规模化养殖的成本以及风险过高，现实中，很多企业都通过实施内部损失分担契约对养殖户进行惩罚，从而激励养殖户提高生鲜乳质量水平。

1. 本章两个研究结论

（1）在双边道德风险下，当供应链整体不存在生鲜乳质量信息认证时，双方协定内部损失分担比例等契约参数后，内部损失分担契约可以实现对乳制品供应链质量控制水平的最优协调。但内部损失分担系数可能出现大于 1 的情况，即上游养殖户可能承担比实际发生的内部损失更多的责任，从而影响养殖户的收益。

（2）在内部损失分担契约协调下：

1）当外部损失增加时，乳制品供应链各环节质量控制水平提高，产品缺陷率、实际发生的外部损失赔偿与内部损失降低，供应链整体收益以及成员各自的收益也有所下降，且养殖户和企业之间的收益差距减少，缓解了上下游收益分配不均衡的现象。

2）当企业加工技术水平降低时，各环节质量控制水平都下降，产品缺陷率、实际发生的外部损失赔偿以及内部损失都有所增加，供应链整体收益以及企业的收益显著下降，但内部损失分担契约使得养殖户的收益得到保护。

3）当生鲜乳生产规模扩大时，生鲜乳质量控制水平提高，产品质量控制水平以及检验水平都降低，缺陷率以及实际发生的外部损失赔偿增加，养殖户损失分担比例以及实际分担的损失显著增加，养殖户独自承受扩大生产规模而增加的质量控制成本以及分担过多的损失风险，从而严重影响其收益，加重乳制品供应链收益分配不均衡的局面。

4）此外，在无认证情形下及内部损失分担契约协调下，上游养殖户均衡收益普遍低于其保留收益。

2. 保障质量安全的四个途径

（1）政府可以加强监管，增加实施投机行为的惩罚成本，激励企业以及养殖户提高质量控制水平。

（2）从质量改进的角度讲，政府要鼓励企业兼并重组，逐步淘汰落后产能，优化产业结构，逐步提高乳企的加工技术水平、加工效率，进一步降低加工环节的质量控制边际成本，最终实现乳制品行业总体质量水平全面提高，增强乳制品行业的核心竞争力。

（3）从推动规模化养殖进程的角度讲，一方面，政府应鼓励因地制宜地发展多元化的养殖模式，倡导家庭牧场、养殖小区等适度规模的养殖模式的发展；另一方面，要进一步完善规模养殖补贴政策，扩大粮改饲的范围，减少养殖户质量控制成本。

（4）乳制品核心企业需设计更为合理的利益分配以及风险分担机制，在切实提高上游养殖户收益水平的同时，分担养殖户因生产规模扩大而增加的成本，帮助上游养殖户分享质量水平提高带来的超额利润，从而激励养殖户主动提高生鲜乳质量水平，促进乳制品行业质量水平的全面提升。

第七章
认证情形下乳制品供应链
整体质量行为协调

　　我国乳制品供应链中存在信息不对称现象。这种现象一方面会诱使上游养殖户和乳制品企业降低质量投入，而激励约束机制的缺乏会进一步加重养殖户及乳企的投机倾向；另一方面，在缺乏有效的信息传递机制的前提下，消费者会降低安全乳制品的支付意愿，在产生信任危机后拒绝交易，从而导致企业缺乏改进质量的动力，致使乳制品质量安全水平无法提高。基于此，本章在无认证情形下基于内部损失分担契约的质量协调模型的基础上，进一步扩展，考虑乳制品信任品特征，同时考虑"风险分担"和"利益共享"，基于委托代理理论模型，构建认证情形下基于收益分享损失分担契约的乳制品供应链质量控制协调模型；根据调研数据比较两类契约的质量协调结果，探讨不同质量契约的选择问题，为乳制品核心企业确定最优收益分享比例和损失分担比例，协调乳制品供应链各主体质量行为提供方法和依据。

第一节　基于生鲜乳质量信息认证的利益联结

　　根据第五章第一节的现状分析可知，我国消费者对于生鲜乳质量安全非常关注，但无法获得奶源相关信息。已有研究指出，消费者对原材料质量的信任程度显著影响消费者对于乳制品行业的信心（姜冰和李翠霞，2016）。但从实际情况来看，现有的乳制品行业中的质量认证缺乏对于原材料质量信息的披露，消费者对奶源的质量水平知之甚少。为缓解信息不对称且提高消费者的信心，本章考虑实施包括生鲜乳质量信息的自愿性认证，要求获得认证的乳制品在外包装上明确显示信息以及认证标识。这种认证可以通过分级形式来体现，从而让消费者更直观地了解乳制品所使用原材料的质量水平。

根据第六章第一节的现状分析可知，仅限于上游环节生鲜乳收售的契约关系无法切实地提高养殖户的地位，并加重乳制品供应链利益分配不均衡的现象。目前存在的"养殖户入股养殖场"、"以质定价"、"建立稳定的生鲜乳购销关系"等协调上下游利益关系的手段中，都没有实现上游养殖户对供应链销售端超额利润的分享。为构建利益共享与风险共担的机制，本章考虑增加养殖户对销售收益的分享，同时增加养殖户对外部损失的分担，切实提高养殖户的收益，加强上下游紧密的利益联结关系。

第二节　模型描述与符号定义

本章考虑结合激励手段与惩罚手段来协调乳制品供应链主体的质量控制行为以及质量检验行为。本章在第六章针对无认证情形下乳制品供应链质量行为协调的研究基础之上，构建认证情形下基于收益分享损失分担契约的乳制品供应链质量协调模型，讨论存在生鲜乳质量信息认证时的乳制品供应链主体质量行为协调问题。

为提高产品质量水平，促进市场良性竞争，政府鼓励乳制品企业实施标识生鲜乳质量信息的自愿性认证，企业接受该自愿性认证，且最终销售的产品接受国家相关机构的检验。本章模型设定参考龚强和陈丰（2012）、李晶（2012）、Pouliot 和 Sumner（2008）、朱立龙等（2014）、申强等（2014）的研究成果，引入乳制品企业进行认证的成本、通过认证的牛奶产品的均衡价格、政府检验频率、政府检验水平等变量，具体过程如下：

（1）实施规模化养殖的养殖户向乳制品核心企业提供标准化为一个单位的生鲜乳原料，并对生鲜乳的质量控制水平进行决策，设供应商质量控制水平为 q，相应的质量控制成本为 $F(q)$。

（2）乳制品核心企业原料质量检验水平为 θ，相应的质量检验成本为 $D(\theta)$。核心企业根据最终的检测结果，做出收购或拒收生鲜乳的决策。当系统成功识别不符合质量标准或存在质量安全问题的生鲜乳时，企业将拒收，系统因

此会产生内部损失 R，发生内部损失的概率为 $\gamma = \theta(1-q)$；通过质量检验的生鲜乳，则会被乳制品企业成功收购，一单位生鲜乳基准价格为 p。

（3）乳制品核心企业对通过质量检验的合格生鲜乳进行加工，生产出标准化为一个单位的产品并出售给消费者。企业对产品的质量控制水平进行决策，设供应商质量控制水平为 m，相应的质量控制成本为 $M(m)$，最终产品存在质量缺陷的概率 $e = [1-m+m(1-\theta)(1-q)]$。

（4）牛奶具有信任品属性，消费者自己无法辨识产品是否存在质量缺陷，只能通过政府公布的信息进行分辨。政府质检机构对于销售的乳制品进行检验，其检验频率为 r，检验水平为 ζ。当政府质检机构检测出产品存在质量缺陷时，通过公布信息等途径告知消费者，消费者向乳制品核心企业提出索赔，乳制品供应链产生外部损失 L，系统发生外部损失的概率 $\varepsilon = r\zeta e$。

（5）为减少消费者和企业之间信息不对称程度，政府鼓励乳制品企业实施标识生鲜乳质量信息的自愿性认证，将具有信任品特征的牛奶产品转变为具有搜寻品特征的产品。该认证规定，一旦企业成功通过认证，其产品需要在外包装上明确显示相关标志以及所使用原材料的质量信息（或等级）。此外，该认证的认证过程由政府或者政府授意的权威认证机构具体执行，但认证程序、认证规则、认证标准，以及认证过程中违规行为的惩处措施等都由政府制定并公示，且政府出台相应的法律法规确保认证体系的有效性与合法性。达到认证体系的认证标准 s^* 后，企业生产的这种产品可以获得相应的认证标识，且认证费用为 $Q = ev + C$。

（6）消费者总需求标准化为一个单位。当信息不对称时，消费者不能分辨产品的质量水平，当产品获得质量认证后，消费者愿意支付的最高价格为 $w' = tw$，且 $t > 1$。最终产品的市场均衡价格 $W = (1-\varepsilon)w' + \varepsilon w_0$，其中，$w_0$ 为消费者愿意支付的最低价格。

（7）此外，在企业实施标识生鲜乳质量信息的自愿性认证情形下，生鲜乳供应商可以按照一定比例 α 分享成功售出的通过认证的牛奶产品的收益；并按照一定比例 β 分担其外部损失。

本节所用到的变量定义及解释如下：

q：生鲜乳供应商的质量控制水平，$0 \leqslant q \leqslant 1$。

θ：乳制品核心企业的质量检验水平，$0 \leqslant \theta \leqslant 1$。

m：乳制品核心企业在加工过程中的质量控制水平，$0 \leqslant m \leqslant 1$。

$e(m, q, \theta)$：最终产品存在质量缺陷的概率，$e = 1-m+m(1-\theta)(1-q)$，其中 $e_1 = 1-m$，表示因企业导致产品存在质量缺陷的概率；$e_2 = m(1-$

θ）$(1-q)$，表示在企业质量检验水平不变的情况下因供应商的原因而导致的产品存在质量缺陷的概率。

F (q)：生鲜乳供应商的质量成本，且 $F'(q)>0$，$F''(q)>0$。

M (m)：乳制品核心企业的质量控制成本，且 $M'(m)>0$，$M''(m)>0$。

D (θ)：乳制品核心企业的质量检验成本，且 $D'(\theta)>0$，$D''(\theta)>0$。

R：因为生鲜乳不合格而导致的内部损失成本，外生变量。

p：单位生鲜乳的基准收购价格，外生变量。

γ (q, θ)：发生内部损失的概率，$\gamma=\theta(1-q)$。

r：政府质量检验机构对于销售的牛奶产品的质量检验频率，外生变量。

ζ：政府质量检验机构对于销售的牛奶产品的质量检验水平，外生变量。

L：最终产品被政府检验出不合格而导致的外部损失成本，且为外生变量。

ε (m, q, θ, r, ζ)：发生外部损失的概率，$\varepsilon=r\zeta e$。

Q (m, q, θ)：乳制品核心企业进行认证的费用，$Q=ev+C$，其中，标准认证费用为 C，ve 为可变认证费用，随产品质量水平的变化而变化。认证机构能检测产品质量是否达到或超过认证标准 s^*，但并不能准确检测产品是否存在缺陷，但产品质量缺陷率越高，企业无法达到认证标准的可能性越大，从而为通过认证所需的伪装成本越高，即认证费用越高，C 和 v 为外生变量。

w：整个市场中所有牛奶产品的均衡价格，且为外生变量。

w' (t, w)：对于通过认证的牛奶产品，消费者愿意支付的最高价格，$w'=tw$，$t>1$，且 t 为外生变量。

w_0：对于通过认证的牛奶产品，消费者愿意支付的最低价格，即表示具有认证标识的牛奶产品被检测出存在质量安全问题后为消费者带来的效用，这里设定 $w_0=0$。

W $(m, q, \theta, r, \zeta, t, w)$：对于通过认证的牛奶产品，由单位生鲜乳制成后的市场均衡价格，$W=(1-\varepsilon)w'+\varepsilon w_0$，代表理性消费者在购买具有认证标准的牛奶产品时的最终期望效用，其大小取决于产品发生外部损失的概率以及消费者对产品的最高支付意愿。

α：通过认证的牛奶产品成功售出后，生鲜乳供应商分享收益（售价）的比例，$0<\alpha<1$。

β：通过认证的牛奶产品发生外部损失后，生鲜乳供应商分担损失的比例，$0<\beta<1$。

综上，该理论模型除满足第六章中的假设条件之外，还需满足以下假设条件：

①消费者期望效用等于支付价格，消费者具有理性，产品质量安全水平越高，期望效用越高，且不考虑消费者的收入约束。

②该自愿性认证的认证过程由政府或者政府授意的权威认证机构具体执行，但认证程序、认证规则、认证标准，以及认证过程中违规行为的惩处措施等都由政府制定并公示，且政府出台相应的法律法规确保认证体系的有效性与合法性。

③认证过程不存在寻租行为，一旦企业通过认证，其产品需要在外包装上明确显示相关标志以及奶源质量信息（或等级）。

④认证机构能检测产品质量是否达到或超过认证标准s^*，但不能准确检测产品是否存在缺陷。

第三节　集中决策下的乳制品供应链质量控制模型

在集中决策下，乳制品供应链各环节之间信息完全且充分，不存在道德风险。首先，构建认证体系下乳制品供应链集中决策收益函数U^C：

$$U^C = W - \gamma R - \varepsilon L - D(\theta) - F(q) - M(m) - Q(m, q, \theta) \tag{7-1}$$

在集中决策状态下，供应链系统质量控制最优化问题为：

$$\max_{0 \leqslant m,q,\theta \leqslant 1} U^C(m, q, \theta) = W - \gamma R - \varepsilon L - D(\theta) - F(q) - M(m) - Q(m, q, \theta) \tag{7-2}$$

$$\text{s. t. } m = \arg\max_{m>0} U^C(m, q, \theta) \tag{7-3}$$

$$q = \arg\max_{q>0} U^C(m, q, \theta) \tag{7-4}$$

$$\theta = \arg\max_{\theta>0} U^C(m, q, \theta) \tag{7-5}$$

令总收益函数U^C分别对m、q和θ求一阶偏导数，并令$\partial U^C / \partial q = \partial U^C / \partial m = \partial U^C / \partial \theta = 0$得以下三式：

$$r\zeta m^*(1-\theta^*)(tw+L) + \theta^* R + vm^*(1-\theta^*) = F'(q^*) \tag{7-6}$$

$$r\zeta(\theta^* + q^* - \theta^* q^*)(tw+L) + v(\theta^* + q^* - \theta^* q^*) = M'(m^*) \tag{7-7}$$

$$r\zeta m^*(1-q^*)(tw+L) - (1-q^*)R + vm^*(1-q^*) = D'(\theta^*) \tag{7-8}$$

此时，乳制品供应链系统利润实现最大化，原料生产质量控制边际收益等于边际成本，质量检验变价收益等于边际成本，产品生产质量控制边际收益等于边际成本，其中，m^*，q^*，θ^* 表示存在认证体系的情形下，集中决策下乳制品供应链最优产品质量控制水平，最优原料生产质量控制水平，最优质量检验水平。

第四节　基于收益分享损失分担契约的乳制品供应链质量协调模型

本书第四章的研究结论表明，如果损失分担契约不能直接提高供应链成员的收益时，这种契约不能对供应链实现最优协调。因此，本章基于以上研究结果，设计并分析双边道德风险下基于收益分享损失分担质量契约如何实现对乳制品供应链的协调。

首先，存在生鲜乳质量信息认证时，供应商可以按照一定比例 α 分享成功售出的通过认证的牛奶产品的收益（产品价格），$0 < \alpha < 1$；并按照一定比例 β 分担其外部损失，$0 < \beta < 1$。

其次，第三方检测机构认定生鲜乳供应商为不合格产品所需承担责任的比例为：

$$k = \sigma(1 - m) + hm(1 - \theta)(1 - q) \tag{7-9}$$

其假设条件满足第三章第一节中的设定，当 σ 越低、h 越大时，第三方检测机构责任认定的准确性越高，当且仅当 $\sigma = 0$、$h = 1$ 时，系统正确鉴定了生鲜乳供应商的责任。

双边道德风险下双方基于收益分享损失分担的质量协调契约的决策过程如下：

（1）生鲜乳供应商和乳企选择实施认证，并签订相关契约，就契约中的参数 $\{\alpha, \beta\}$ 达成一致。

（2）乳制品核心企业选择生鲜乳质量检验水平 θ，θ 为共同知识。

（3）根据质量检验水平 θ，生鲜乳供应商以自身收益最大化为原则，选择生鲜乳质量控制水平 q，q 不可观测。

（4）乳企对供应商提供的生鲜乳进行检验，以单价 p_0 收购合格的生鲜乳；不合格的生鲜乳无法被收购，且造成内部损失成本 R，该损失由企业全部承担。

（5）乳企以自身收益最大化为原则，选择产品加工过程的质量控制水平 m，m 不可观测。

（6）乳企将最终产品送去认证，产生认证费用 Q。

（7）通过认证的牛奶产品最终的市场均衡价格为 W，根据双方签订的契约，通过认证的牛奶产品成功售出后，生鲜乳供应商分享收益的比例为 α。

（8）消费者无法分辨产品是否存在质量缺陷，当政府检测出产品存在质量问题时，消费者获得相关信息，并向乳制品企业提出索赔要求，产生外部损失成本 L，根据双方签订的契约，企业承担的外部损失为 $(1-\beta)L$，生鲜乳供应商承担的外部损失为 βL。

据此可构建生鲜乳供应商和乳制品核心企业的收益函数：

$$U_m^C = W - (1-\gamma)p - \gamma R - \alpha(1-\gamma)W - r\zeta eL + r\zeta\beta kL - M(m) - D(\theta) - Q(m, q, \theta) \tag{7-10}$$

$$U_f^C = (1-\gamma)p + \alpha(1-\gamma)W - r\zeta\beta kL - F(q) \tag{7-11}$$

由于乳企不存在隐匿质量检验水平的动机，因此，基于委托代理模型的最优化问题可描述为：

$$\max_{m,q,\alpha,\beta} U_m^C \tag{7-12}$$

$$s.t. \ (IR)\, U_f^C(m_1^*, q_1^*, \theta_1^*) \geqslant u \tag{7-13}$$

$$(IC)\frac{\partial U_f^{C_m}}{\partial q} = 0 \tag{7-14}$$

$$(IC)\frac{\partial U_m^{C_m}}{\partial m} = 0 \tag{7-15}$$

$$0 \leqslant \{m_1^*, q_1^*, \theta_1^*\} \leqslant 1, \ 0 < \{\alpha^*, \beta^*\} < 1 \tag{7-16}$$

其中，u 是生鲜乳供应商的保留效用。m_1^*、q_1^*、θ_1^* 分别表示双边道德风险下，在收益分享以及损失分担的质量契约协调后，乳制品供应链最优生鲜乳质量控制水平、最优质量检验水平、最优产品质量控制水平，生鲜乳供应商收益分享及外部损失分担比例分别为 α^*、β^*。

命题 7-1 如果第三方机构责任认定越不准确，则收益分享以及损失分担的质量协调契约实现对乳制品供应链产品质量最优协调的可能性越低，即若 $h/\sigma \leqslant 1/(1-\theta^*)(1-q^*)$，则 $\{m^*, q^*, \theta^*\}$ 不是该模型的最优解。

证明：采用反证法，设 $h/\sigma \leqslant 1/(1-\theta^*)(1-q^*)$，且 $\{m^*, q^*, \theta^*\}$ 为该契约协调下的模型的最优解，此时生鲜乳供应商分享收益以及分担损失的最优比例分别为 α^*，β^*，模型满足式（7-15）：

$$r\zeta(\theta^* + q^* - \theta^*q^*)(tw+L) + v(\theta^* + q^* - \theta^*q^*) + r\zeta L\beta^*[h(1-\theta^*)(1-q^*) - \sigma] - r\zeta tw\alpha^*(\theta^* + q^* - \theta^*q^*)[1-\theta^*(1-q^*)] = M'(m^*) \tag{7-17}$$

由式（7-7）可知，$r\zeta(\theta^* + q^* - \theta^* q^*)(tw + L) + v(\theta^* + q^* - \theta^* q^*) = M'(m^*)$，整理可得 $h(1 - \theta^*)(1 - q^*) - \sigma = \alpha^* tw(\theta^* + q^* - \theta^* q^*)[1 - \theta^*(1 - q^*)]/L\beta^* > 0$，与假设条件 $h(1 - \theta^*)(1 - q^*) - \sigma \leq 0$ 相矛盾，所以在收益分享以及损失分担的质量契约协调下，当 $h/\sigma \leq 1/(1 - \theta^*)(1 - q^*)$ 时，双边道德风险下的乳制品供应链不能达到集中决策状态下的最优生鲜乳质量控制水平、质量检测水平、产品质量控制水平。

命题 7-2 当第三方机构对于生鲜乳供应商以及乳制品核心企业的责任认定比例满足 $h/\sigma > 1/(1 - \theta^*)(1 - q^*)$ 时，该收益分享以及损失分担的质量协调契约通过最优的收益分担比例系数以及外部损失分担比例系数能够实现对乳制品供应链的最优协调，即若 $h/\sigma \leq 1/(1 - \theta^*)(1 - q^*)$，则 $m_1^* = m^*$、$q_1^* = q^*$、$\theta_1^* = \theta^*$，生鲜乳供应商收益分享比例以及外部损失分担比例分别为 α^*、β^*：

$$\alpha^* = \frac{r\zeta m^*(1 - \theta^*)(tw + L) + \theta^*(R - p) + vm^*(1 - \theta^*)}{(1 - \theta^*)twH^*}$$

$$\beta^* = \frac{[r\zeta m^*(1 - \theta^*)(tw + L) + \theta^*(R - p) + vm^*(1 - \theta^*)](1 - \theta^* + \theta^* q^*)(\theta^* + q^* - \theta^* q^*)}{(1 - \theta^*)L[h(1 - \theta^*)(1 - q^*) - \sigma]H^*}$$

证明：式（7-13）取等号，并对式（7-12）至式（7-16）构建拉格朗日函数 L：

$$L = U_m^C + \mu(U_f^C - u) + \lambda \frac{\partial U_f^C}{\partial q} + \eta \frac{\partial U_m^C}{\partial m} \tag{7-18}$$

其中，μ，λ，η 分别为各约束式的拉格朗日因子。令 L 分别对 α，β 求一阶偏导数并等于0，可得 $\mu = 1$，$\lambda = 0$，$\eta = 0$，将其代入式（7-18），令 $\frac{\partial L}{\partial q_1^*} = 0$，$\frac{\partial L}{\partial m_1^*} = 0$，$\frac{\partial L}{\partial \theta_1^*} = 0$ 解得：

$$L_q(m_1^*, q_1^*, \theta_1^*) = r\zeta m_1^*(1 - \theta_1^*)(tw + L) + \theta_1^* R + vm_1^*(1 - \theta_1^*) -$$
$$F'(q_1^*) = 0 \tag{7-19}$$

$$L_m(m_1^*, q_1^*, \theta_1^*) = r\zeta(\theta_1^* + q_1^* - \theta_1^* q_1^*)(tw + L) +$$
$$v(\theta_1^* + q_1^* - \theta_1^* q_1^*) - M'(m_1^*) = 0 \tag{7-20}$$

$$L_\theta(m_1^*, q_1^*, \theta_1^*) = r\zeta m_1^*(1 - q_1^*)(tw + L) - (1 - q_1^*)R +$$
$$vm_1^*(1 - q_1^*) - D'(\theta_1^*) = 0 \tag{7-21}$$

式（7-19）至式（7-21）与集中决策情形下的最优质量水平 $\{m^*, q^*, \theta^*\}$ 满足的条件与式（7-6）至式（7-8）一样，因此，在双边道德风险下，收益分享以及损失分担契约可实现对乳制品供应链的协调, 且最优生鲜乳质量控制水平、质量检验水平以及产品质量控制水平与集中决策的最优水平相同: $m_1^* = m^*$, $q_1^* = q^*$, $\theta_1^* = \theta^*$。

当乳制品供应链生鲜乳质量控制水平、质量检验水平以及产品质量控制水平达到最优时, 联立式 (7-14)、式 (7-15)、式 (7-6)、式 (7-7), 解得:

$$\alpha^* = \frac{r\zeta m^*(1-\theta^*)(tw+L) + \theta^*(R-p) + vm^*(1-\theta^*)}{(1-\theta^*)twH^*} \qquad (7-22)$$

$$\beta^* = \frac{[r\zeta m^*(1-\theta^*)(tw+L) + \theta^*(R-p) + vm^*(1-\theta^*)](1-\theta^*+\theta^*q^*)(\theta^*+q^*-\theta^*q^*)}{(1-\theta^*)L[h(1-\theta^*)(1-q^*)-\sigma]H^*}$$
$$(7-23)$$

其中,

$$H^* = \frac{\theta^*}{1-\theta^*}(1-r\zeta+r\zeta m^*) + r\zeta m^*(1-2\theta^*+2\theta^*q^*) + \frac{r\zeta m^*(1-\theta^*+\theta^*q^*)}{\frac{(\theta^*+q^*-\theta^*q^*)}{(1-\theta^*)(1-q^*)-\frac{\sigma}{h}}}。$$

第五节 收益分享损失分担契约协调结果与实例验证

根据以上分析可知, 收益分享损失分担契约能实现对乳制品供应链整体质量水平的最优协调。本章依然沿用学者 Baiman (2001)、朱立龙 (2014)、申强 (2014) 的研究成果, 将各主体的质量控制成本以及质量检验成本具体化, 分析各参数对最优决策变量以及最终收益水平的影响作用。

假设生鲜乳供应商质量控制成本函数、乳制品核心企业质量控制成本函数、乳制品核心企业质量检验成本函数分别为 $F(q) = (1/2)fq^2 + f_1$, $M(m) = (1/2)gm^2 + g_1$, $D(\theta) = (1/2)n\theta^2 + n_1$, 其中, $f>0$, $g>0$, $n>0$ 分别为可变成本参数, 且为保证研究结论有意义, 设 $f>R$。

将成本函数分别代入式 (7-6) 至式 (7-8), 可得认证情形下最优质量控制水平以及质量检验水平关系式:

$$Zm^*(1-\theta^*) + \theta^*R = fq^* \qquad (7-24)$$
$$Z(\theta^*+q^*-\theta^*q^*) = gm^* \qquad (7-25)$$

$$(Zm^* - R)(1 - q^*) = n\theta^* \tag{7-26}$$

其中，$Z = r\zeta\ (w' + L)\ + v$，此时，乳制品供应链系统的总收益为：

$$U^C = w' - e^* Z - \theta^* (1 - q^*) R - \frac{1}{2}fq^{*2} - f_1 - \frac{1}{2}gm^{*2} - g_1 - \frac{1}{2}n\theta^{*2} - n_1 - C$$

$$\tag{7-27}$$

其中，$e^* = 1 - m^* + m^*\ (1 - q^*)\ (1 - \theta^*)$ 为质量损失概率，$e^* Z$ 表示乳制品供应链因产品缺陷而增加的成本费用，包括实际发生的赔偿损失 $r\zeta e^* L$，认证过程增加的伪装成本 ve^*，以及产品最终售价的减少 $r\zeta e^* w'$。在收益分享和损失分担契约的协调下，生鲜乳供应商仅就实际发生的外部损失进行风险分担，乳制品供应链实现了最优质量协调，此时乳制品核心企业以及生鲜乳供应商的收益为：

$$U_m^C = w' - e^* Z - \theta^* (1 - q^*) R - (1 - \theta^* (1 - q^*))[p_0 - \alpha^* (1 - r\zeta e^*) w'] +$$

$$r\zeta\beta^* m^* (1 - q^*)(1 - \theta^*) L - \frac{1}{2}gm^{*2} - g_1 - \frac{1}{2}n\theta^{*2} - n_1 - C \tag{7-28}$$

$$U_f^C = (1 - \theta^* (1 - q^*))[p_0 - \alpha^* (1 - r\zeta e^*) w'] -$$

$$r\zeta\beta^* m^* (1 - q^*)(1 - \theta^*) L - \frac{1}{2}fq^{*2} - f \tag{7-29}$$

其中，α^*、β^* 为生鲜乳供应商分享收益以及分担风险的比例，表达式如式（7-22）、式（7-23）所示。

在决策过程中，最优质量水平，系统以及成员各自的收益，协调契约的参数以及质量缺陷率是供应链成员最为关心的变量。通过以上表达式可以发现，影响这些变量的主要因素有很多，包括供应商以及企业质量决策的可变成本参数 f，g，外部损失成本 L 以及政府检验强度 r。

由于最优化模型属于多元多次方程组，在变量有意义的范围内，存在多个可行解。为符合实际情况，本章将在实地调研数据的基础上，选取供应商以及企业质量决策的可变成本参数 f，g，外部损失成本 L 以及政府检验强度 r 进行分析。本章具体分析以上参数在允许的范围内变动时，各环节最优质量控制水平 m^*、q^*、θ^*；产品缺陷概率 e^*，实际发生的外部损失 E；供应商最优损失分担比例以及实际分担的损失 β^*、E_f，供应商最优收益分享比例以及实际分享收益 α^*、π_f；乳制品供应链以及成员最优收益 U^C、U_m^C、U_f^C 的变动情况。此外，本章也计算了不同参数的弹性系数 ε。弹性系数表示某参数变化一个单位，各环节最优质量控制水平、分担比例、最优收益等变量随之变动的程度。

一、参数估计与设定

本章在第六章参数设定结果（见表 6 - 3）的基础上，补充认证相关的参数的取值。

（1）根据表 6 - 3 可知，市场均衡价格估计值 $w = 15$ 元/公斤。根据众多学者针对消费者消费有机食品以及认证食品的研究文献可知，消费者会为具有有机认证的产品提高支付意愿，比例为 15% ~ 35%（戴晓武等，2017；赵元凤，2011；王志刚和毛燕娜，2006）。据此，假设消费者为具有认证标识的牛奶增加 30% 的支付意愿，设 $w' = 20$ 元/公斤。

（2）由于认证以及其他鉴定都采取抽样检测、批量使用的办法执行，所以单位产品的认证费用按照 $C = 1$ 设定，且单位可变成本参数为 $v = 0.2$。

由于最优化质量控制模型属于非线性多元多次方程组，其可行解很多，但考虑到认证体系下的质量水平较高，且提高质量水平是本书主要的研究目的，因此，在模型求解时，选取质量控制水平大于 0.5 的可行解来进行研究。

二、外部损失的影响

为详细研究外部损失 L 对相关变量的影响作用，本部分计算了外部损失成本弹性系数 ϵ，该系数表示外部损失变化一单位，相关变量随之变动的程度，即

$$\epsilon_X^L = \frac{\text{变量 } L \text{ 的变化率}}{\text{外部损失 } L \text{ 的变化率}}。$$

在保证变量有意义的前提下，设外部损失成本 L 的取值范围为 $L \in [145, 200]$，并保持生鲜乳质量控制可变成本参数 $f = 6$，产品质量控制可变成本参数 $g = 27$，政府检验强度 $r = 0.12$ 不变，部分结果如表 7 - 1（a）、表 7 - 1（b）、图 7 - 1 所示。

表 7 - 1 （a）　认证情形下外部损失与最优质量水平、最优分担比例、
最优收益等变量的关系

L	m^*	q^*	θ^*	e^*	E	β^*	E_f	ΔE_{m-f}	α^*	π_f	U^C	U_m^C	U_f^C	U_f^C/U^{NC}
145	0.729	0.828	0.908	0.282	4.91	0.499	0.100	4.715	0.069	1.117	9.187	7.374	1.813	0.197
155	0.775	0.854	0.910	0.235	4.38	0.564	0.107	4.164	0.068	1.138	8.923	7.145	1.778	0.199
165	0.821	0.873	0.914	0.188	3.73	0.626	0.111	3.508	0.065	1.116	8.716	7.003	1.712	0.197

L	m^*	q^*	θ^*	e^*	E	β^*	E_f	ΔE_{m-f}	α^*	π_f	U^C	U_m^C	U_f^C	U_f^C/U^{NC}
175	0.866	0.888	0.919	0.142	2.97	0.683	0.112	2.750	0.061	1.072	8.564	6.931	1.633	0.191
185	0.912	0.900	0.924	0.095	2.11	0.736	0.112	1.890	0.057	1.017	8.469	6.918	1.550	0.183
195	0.957	0.911	0.930	0.049	1.15	0.785	0.110	0.928	0.053	0.957	8.428	6.960	1.468	0.174
200	0.980	0.916	0.932	0.026	0.69	0.807	0.109	0.476	0.050	0.926	8.429	7.001	1.428	0.169

表 7 - 1 （b） 认证情形下外部损失弹性系数

L	$\epsilon_{m^*}^L$	$\epsilon_{q^*}^L$	$\epsilon_{\theta^*}^L$	$\epsilon_{e^*}^L$	ϵ_E^L	$\epsilon_{\beta^*}^L$	ϵ_{Ef}^L	$\epsilon_{\alpha^*}^L$	$\epsilon_{\pi f}^L$	ϵ_{Uc}^L	ϵ_{Ucm}^L	ϵ_{Ucf}^L
150	0.911	0.460	0.016	− 2.558	− 1.601	1.885	1.219	− 0.141	0.352	− 0.438	− 0.485	− 0.248
160	0.917	0.364	0.070	− 3.313	− 2.365	1.694	0.602	− 0.661	− 0.257	− 0.381	− 0.334	− 0.571
170	0.919	0.300	0.095	− 4.437	− 3.503	1.517	0.206	− 0.991	− 0.641	− 0.306	− 0.192	− 0.775
180	0.920	0.253	0.104	− 6.347	− 5.437	1.363	− 0.076	− 1.227	− 0.912	− 0.213	− 0.050	− 0.914
190	0.921	0.218	0.107	− 10.36	− 9.495	1.229	− 0.292	− 1.408	− 1.118	− 0.105	0.096	− 1.015
200	0.922	0.191	0.106	− 24.17	− 17.46	1.111	− 0.465	− 1.556	− 1.284	0.018	0.248	− 1.089
$\overline{\epsilon}^L$	0.918	0.296	0.084	− 8.429	− 7.474	1.465	0.190	− 1.005	− 0.652	− 0.239	− 0.119	− 0.773

结合图 7 - 1 以及表 7 - 1 的内容可知，随着外部损失 L 的增加，主要有以下五个结论：

（1）最优产品质量控制水平 m^*、生鲜乳质量控制水平 q^*、质检水平 θ^* 随之提高；三者中最优产品质量控制水平对外部损失 L 的变化较为敏感，外部损失提高 1%，最优产品质量控制水平提高 0.92%（见图 7 - 1 （a））。

（2）各环节最优质量控制水平的普遍提高致使产品缺陷率 e^* 从 28% 降至 2.6%（见图 7 - 1 （b）），从而导致系统实际发生的外部损失 $E = re^* L$ 从 4.9 显著降低至 0.7 左右（见图 7 - 1 （c））。由表 7 - 1 （b）可知，e^* 以及 E 对 L 的变化十分敏感，外部损失每提高 1%，产品缺陷率平均降低 8.4%，实际发生的外部损失平均降低 7.5%，且随着外部损失的增加，两者降低幅度越来越大。

（3）在实际发生的外部损失显著降低的情况下，企业实际承担的外部损失 E_m 随之降低，而生鲜乳供应商实际承担的损失 E_f 先增加后减小，维持在 0.1 左右（见图 7 - 1 （c））。通过比较两者实际承担的外部损失差额 $\Delta E_{m-f} = E_m - E_f$ 可以发现，生鲜乳供应商实际承担的外部损失越来越多，其最优损失分担比例 β^* 从 0.5 增至

0.8 左右（见图 7 - 1（b））。由表 7 - 1（b）可知，β^* 对 L 的变化较为敏感，E_f 对 L 的变化不敏感，外部损失每提高 1%，供应商最优分担比例提高 1.47%。

（4）供应商最优分享比例 α^* 从 0.069 降至 0.05（见图 7 - 1（b）），供应商实际分享收益 π_f 随之减小，且维持在 1 左右。由表 7 - 1（b）可知，α^* 和 π_f 对 L 的变化越来越敏感，外部损失每提高 1%，供应商最优分享比例平均降低 1%，实际分享收益平均降低 0.65%。

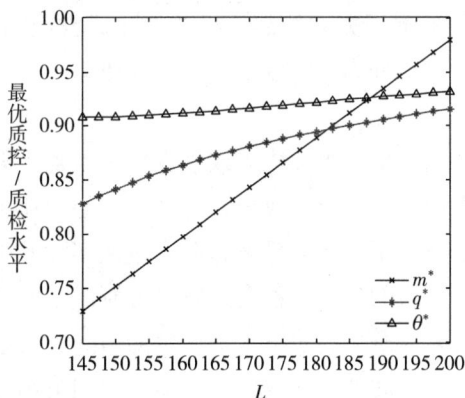

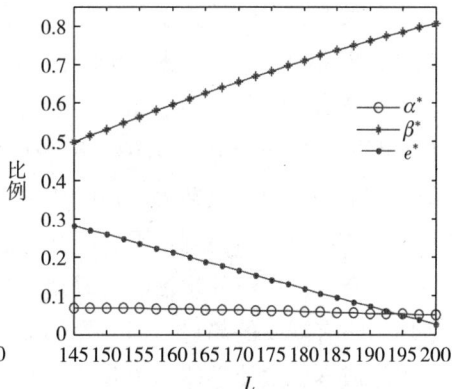

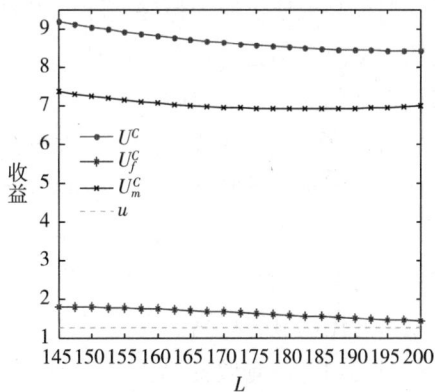

（a）外部损失 L 对最优质量水平的影响作用　　（b）外部损失 L 对比率的影响作用

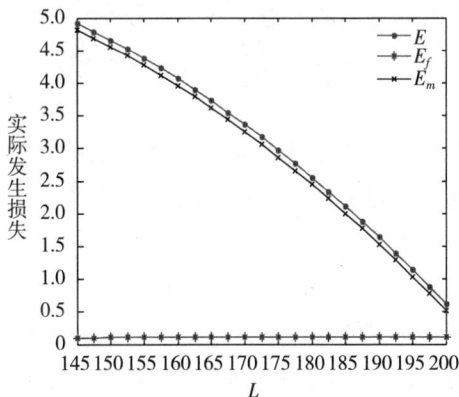

（c）外部损失 L 对实际发生外部损失的影响作用　　（d）外部损失 L 对收益的影响作用

图 7 - 1　认证情形下外部损失对各变量的影响作用

注：图中与供应链系统、生鲜乳供应商、乳制品核心企业相关的变量分别用 ·线、∗线、O 线、×线和 △线表示。

（5）乳制品供应链最优收益 U^c 和企业的最优收益 U^c_m 呈现出先减少后增加的

倒"U"型变化趋势,当 $L \geq 180$ 时, U_m^c 随着 L 的增加而增加,最终维持在 8.43 左右;当 $L \geq 195$ 时, U^c 随 L 的增加而增加,最终维持在 7 左右;生鲜乳供应商最优收益 U_f^c 从 1.8 降至 1.43,但始终高于保留收益 $u = 1.25$(见图 7 - 1(d))。尽管供应链系统总收益的大部分由企业占据,但供应商最优收益所占比例 U_f^c/U^c 显著提升至 17% 以上。由表 7 - 1(b)可知,与总收益及企业收益相比较,供应商最优收益对 L 的变化较为敏感,外部损失每提高 1%,供应商最优收益降低 0.77%,且随着外部损失增加,供应商最优收益降低幅度越来越大。

综合来看,产品缺陷率、实际发生的外部损失对外部损失的变化非常敏感,最优产品质量控制水平、损失分担比例、收益分成比例以及实际分享收益、供应商最优收益对其变化较为敏感。

外部损失的增加会导致单位不合格产品产生的边际成本或潜在损失增加,即提高质量水平的边际收益大于边际成本。因此,供应链成员,尤其是核心企业会积极提高各环节质量控制水平,降低产品缺陷率,从而显著降低供应链实际发生的损失赔偿。供应链的均衡收益以及成员各自的均衡收益会因质量控制成本的增加呈现出略有减少的趋势,但当外部损失较高时,高质量水平产生的边际收益超过其边际成本,致使整体均衡收益有所增加。此外,在收益分享损失分担契约的协调下,尽管生鲜乳供应商分担损失的比例增加,分享收益的比例减少,但质量水平的提高致使供应商最终实际分担的损失和分享的收益变动范围较小,保证供应商均衡收益不会出现较大波动,从而帮助处于弱势地位的上游供应商对抗因外部损失增加而带来的风险。

从质量改进的角度来讲,一方面,提高赔偿额度可以激励乳制品行业各主体提高质量水平,尤其对核心企业的激励效果更为明显;另一方面,可以提升行业总体绩效,促进行业发展。值得注意的是,在认证情形下,经过收益共享损失分担契约协调,上游养殖户的均衡收益水平明显高于其保留收益,且养殖户收益占总收益的比例显著提高。由此可见,实施基于生鲜乳质量信息认证的收益分享损失分担契约可以有效提高上游养殖户的收益,提高乳制品供应链收益分配的均衡性。

三、政府检验强度的影响

政府检验强度(检验频率) r 的增加会导致单位不合格产品产生的边际成本或潜在损失增加,从而可以提高各环节的质量控制水平,进而显著降低产品缺陷率与供应链实际发生的损失赔偿，其作用原理和外部损失 L 相同，此处不再赘述。

为比较外部损失 L 和检验强度 r 的其他差异，令政府检验强度的取值范围为 $r \in [0.09, 0.122]$，从中选取两个参数变动下各环节最优质量控制水平一致的点，比较实际发生的外部损失差 ΔE；供应商最优损失分担比例差与实际分担损失差 $\Delta\beta^*$、ΔE_f，供应商最优收益分享比例差以及实际分享收益差 $\Delta\alpha^*$、$\Delta\pi_f$；乳制品供应链成员最优收益 ΔU_m^C、ΔU_f^C 的变动情况。部分结果如表 7－2（a）、表 7－2（b）所示。此外，本部分计算了政府检验强度弹性系数 ϵ_X^r，并比较政府检验强度平均弹性系数 $\overline{\epsilon}_X^r$ 与外部损失平均弹性系数 $\overline{\epsilon}_X^l$，分析不同变量对于两个参数的敏感度的差异。

表 7－2（a）　　认证情形下政府检验强度与外部损失对各变量影响作用比较

r	L	Δm^*	Δq^*	$\Delta\theta^*$	Δe^*	ΔE	$\Delta\beta^*$	ΔE_f	$\Delta\alpha^*$	$\Delta\pi_f$	ΔU^C	ΔU_m^C	ΔU_f^C
0.090	145	0	0	0	0	0.169	−0.107	−0.019	0.006	0.103	0	−0.122	0.122
0.095	155	0	0	0	0	0.116	−0.092	−0.015	0.005	0.099	0	−0.114	0.114
0.101	165	0	0	0	0	0.072	−0.072	−0.011	0.005	0.084	0	−0.095	0.095
0.106	175	0	0	0	0	0.039	−0.052	−0.007	0.003	0.063	0	−0.070	0.070
0.112	185	0	0	0	0	0.016	−0.030	−0.004	0.002	0.038	0	−0.042	0.042
0.117	195	0	0	0	0	0.003	−0.010	−0.001	0.001	0.012	0	−0.014	0.014
0.120	200	0	0	0	0	0.000	0.000	0.000	0.000	0.000	0	0.000	0.000

表 7－2（b）　　认证情形下政府检验强度与外部损失平均弹性系数比较

L	$\overline{\epsilon}_{m*}$	$\overline{\epsilon}_{q*}$	$\overline{\epsilon}_{\theta*}$	$\overline{\epsilon}_{e*}$	$\overline{\epsilon}_E$	$\overline{\epsilon}_{\beta*}$	$\overline{\epsilon}_{Ef}$	$\overline{\epsilon}_{\alpha*}$	$\overline{\epsilon}_{\pi f}$	$\overline{\epsilon}_{Uc}$	$\overline{\epsilon}_{Ucm}$	$\overline{\epsilon}_{Ucf}$
$\overline{\epsilon}^L$	0.918	0.296	0.084	−8.429	−7.474	1.465	0.190	−1.005	−0.652	−0.239	−0.119	−0.773
$\overline{\epsilon}^r$	1.026	0.332	0.094	−9.346	−8.461	2.470	0.918	−1.413	−1.047	−0.268	−0.075	−1.099

结合表 7－2（a）和表 7－2（b）的内容可知，在政府检验强度 r 以及外部损失 L 变动，且最优产品质量控制水平 m^*、生鲜乳质量控制水平 q^*、质检水平 θ^* 不变时，可得以下结论：

（1）政府检验强度变动下的产品缺陷率不变，供应链实际发生外部损失提高，供应商实际分担损失降低，供应商最优损失分担比例降低，即 $\Delta m^* = \Delta q^* =$

$\Delta\,\theta^*=0$，$\Delta\,e^*=0$，$\Delta E>0$，$\Delta E_f<0$，$\Delta\beta^*<0$。

（2）政府检验强度变动下的供应商最优收益分享比例提高，供应商实际分享收益提高，即 $\Delta m^*=\Delta\,q^*=\Delta\,\theta^*=0$，$\Delta\alpha^*>0$，$\Delta\,\pi_f>0$。

（3）政府检验强度变动下的系统最优收益不变，乳制品企业最优收益降低，供应商最优收益提高，即 $\Delta m^*=\Delta\,q^*=\Delta\,\theta^*=0$，$\Delta\,U^C=0$，$\Delta U_m^C<0$，$\Delta U_m^C>0$。

（4）除企业最优收益之外，其他变量对政府检验强度的变动更为敏感，即 $\overline{\epsilon_X^r}>\epsilon_X^L$，$X$ 表示除企业最优收益之外的其他变量。

通过以上结论可知，加强政府检验强度与提高赔偿额度可以互为替代手段激励乳制品供应链成员提高各环节质量控制水平。针对乳制品这类具有信任品特征的食品，消费者即使在食用后也难以判断这类产品是否存在质量安全隐患。因此，作为一种治理食品安全的重要事前控制手段，增加政府检验强度，可有效缓解信息不对称问题，从而更有效地保护消费者的权益（谢康，2015；李新春，2013）；增加损失赔偿属于一种事后控制手段，当产品因质量安全问题发生赔偿时，消费者的权益已受到侵害，且维持高质量控制水平所需的赔偿额度较大，现实中难以有效执行（谢康，2015）。因此，提高政府对于食品质量的检验次数不仅可以激励企业以及养殖户提高质量控制水平，也可有效减少消费者在食品安全事件中的潜在损失。

现实中，提高检测频率需支付的抽检成本以及制造成本非常高昂，且一味依赖政府监管手段来治理食品行业的质量安全问题，也会造成法不责众，资源配置低效（李新春，2013），甚至出现政策规制俘获等现象（龚强等，2015）。这些原因都使得现实中的食品安全监管频率无法按照理论分析的结果无限提高。因此，政府一方面要协同包括媒体、行业组织、第三方检测机构等多主体形成有效的食品安全共治体系（谢康，2014）；另一方面，要突出市场的作用，设计有效的激励机制，促使企业以及上游养殖户主动提高质量控制水平，从根本上解决质量安全问题。

四、生鲜乳质量控制可变成本的影响

在保证变量有意义的前提下，设生鲜乳质量控制可变成本的取值范围为 $f\in[5，11]$，并保持外部损失 $L=200$，产品质量控制可变成本参数 $g=27$，政府检验强度 $r=0.12$ 不变，部分结果如表 7-3（a）、表 7-3（b）、图 7-2 所示。其中，$\epsilon_X^f=\dfrac{变量\,X\,的变化率}{可变成本\,f\,的变化率}$，表示生鲜乳质量控制可变成本参数变化一单位，其他变量随之变动的程度。

表 7 – 3（a） 认证情形下生鲜乳质量控制可变成本与最优质量水平、最优分担比例、
最优收益等变量的关系

f	m^*	q^*	θ^*	e^*	E	β^*	E_f	ΔE_{m-f}	α^*	π_f	U^C	U_m^C	U_f^C	U_f^C/U^{NC}
5	0.983	0.912	0.975	0.019	0.461	0.991	0.056	0.348	0.026	0.477	8.853	7.412	1.441	0.163
6	0.980	0.916	0.932	0.026	0.625	0.807	0.109	0.408	0.050	0.926	8.429	7.001	1.428	0.169
7	0.976	0.919	0.889	0.032	0.778	0.764	0.161	0.457	0.075	1.377	8.002	6.593	1.409	0.176
8	0.973	0.923	0.846	0.038	0.916	0.759	0.212	0.493	0.098	1.825	7.572	6.193	1.379	0.182
9	0.971	0.927	0.801	0.043	1.041	0.768	0.261	0.519	0.121	2.263	7.139	5.807	1.332	0.187
10	0.969	0.931	0.756	0.048	1.150	0.783	0.309	0.533	0.143	2.685	6.704	5.441	1.263	0.188
11	0.967	0.935	0.711	0.052	1.243	0.803	0.353	0.537	0.163	3.083	6.265	5.102	1.163	0.186

表 7 – 3（b） 认证情形下生鲜乳质量控制可变成本弹性系数

f	ϵ_{m*}^f	ϵ_{q*}^f	$\epsilon_{\theta*}^f$	ϵ_{e*}^f	ϵ_E^f	$\epsilon_{\beta*}^f$	ϵ_{Ef}^f	$\epsilon_{\alpha*}^f$	$\epsilon_{\pi f}^f$	ϵ_{Uc}^f	ϵ_{Ucm}^f	ϵ_{Ucf}^f
6	– 0.020	0.022	– 0.260	1.574	1.574	– 0.725	3.146	3.142	3.186	– 0.287	– 0.332	– 0.059
7	– 0.021	0.027	– 0.325	1.343	1.343	– 0.190	2.363	2.356	2.404	– 0.356	– 0.409	– 0.107
8	– 0.022	0.032	– 0.398	1.172	1.172	0.018	1.970	1.959	2.012	– 0.435	– 0.487	– 0.196
9	– 0.023	0.036	– 0.480	1.028	1.028	0.137	1.717	1.702	1.759	– 0.524	– 0.563	– 0.350
10	– 0.022	0.042	– 0.574	0.894	0.894	0.221	1.524	1.504	1.565	– 0.625	– 0.630	– 0.603
11	– 0.020	0.047	– 0.680	0.761	0.761	0.285	1.356	1.329	1.393	– 0.742	– 0.678	– 1.019
$\overline{\epsilon}^f$	– 0.021	0.033	– 0.431	1.171	1.171	– 0.114	2.117	2.105	2.158	– 0.471	– 0.500	– 0.333

结合图 7 – 2 以及表 7 – 3 的内容可知，随着生乳质量控制可变成本 f 的增加，有以下五个结论：

（1）最优生鲜乳质量控制水平 q^* 随之提高，最优产品质量控制水平 m^*、质检水平 θ^* 随之减低（见图 7 – 2（a））。由表 7 – 3（b）可知，q^* 和 m^* 对 f 的变化不敏感，但 θ^* 对 f 的变化越来越敏感，可变成本提高 1%，最优质检水平平均降低 0.43%，且随着可变成本的增加，最优质检水平降低幅度越来越大。

（2）产品缺陷率 e^* 从 1.9% 增至 5.2%（见图 7 – 2（b）），从而导致系统实际发生的外部损失 $E = re^*L$ 从 0.46 增至 1.24（见图 7 – 2（c））。由表 7 – 3（b）

可知，e^* 以及 E 对 f 的变化较为敏感，可变成本每提高 1%，产品缺陷率以及实际发生的外部损失平均降低 1.17%，但随着可变成本的增加，两者提高幅度越来越小。

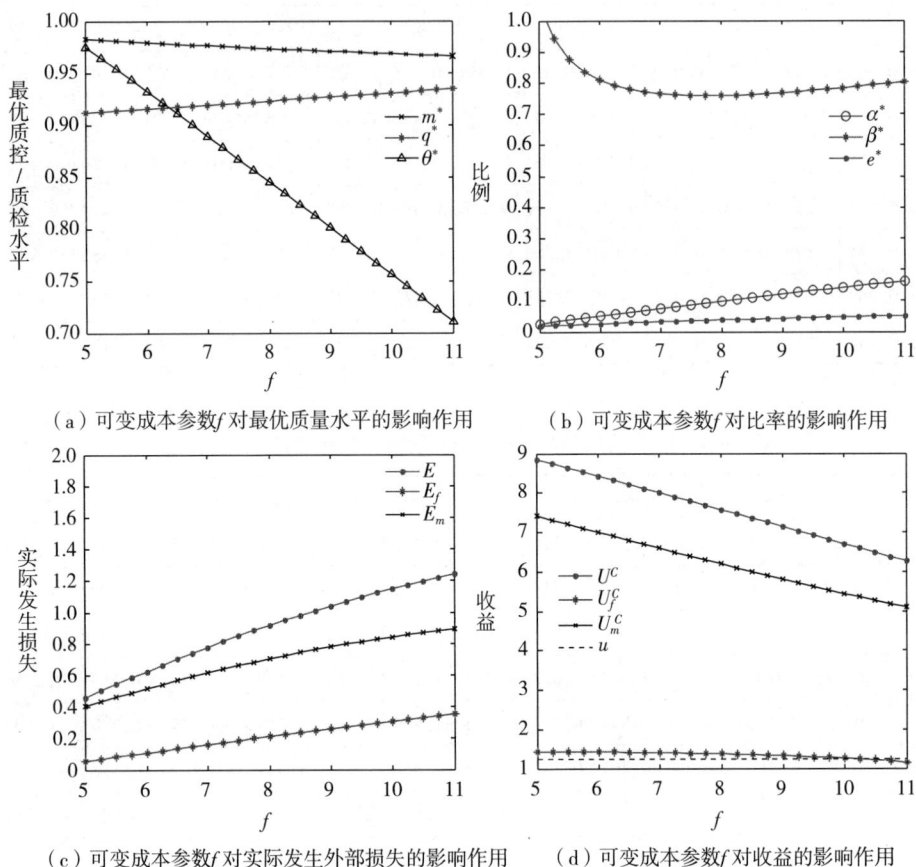

（a）可变成本参数 f 对最优质量水平的影响作用　　　（b）可变成本参数 f 对比率的影响作用

（c）可变成本参数 f 对实际发生外部损失的影响作用　　　（d）可变成本参数 f 对收益的影响作用

图 7 - 2　认证情形下生鲜乳质量控制可变成本对各变量的影响作用

注：图中与供应链系统、生鲜乳供应商、乳制品核心企业相关的变量分别用 ●线、*线、O线、×线和△线表示。

（3）在实际发生的外部损失提高的情况下，企业实际承担的外部损失 E_m 以及生鲜乳供应商实际承担的损失 E_f 都随之提高，其中供应商实际承担的损失从 0.06 增至 0.35（见图 7 - 2（c））。通过比较两者实际承担的外部损失差额 ΔE_{m-f} 可以发现，尽管企业与供应商实际承担的外部损失差额越来越小，但并没有出现供应商承担过多损失的现象。此外，供应商最优损失分担比例 β^* 呈现先减少后增加的变化趋势，当 $f \geq 8$ 时，β^* 随之逐渐增加，最终维持在 0.8 左右（见图 7-2（b））。由表 7-3（b）可知，E_f 对 f 的变化较为敏感，可变成本每提高 1%，供应商实际分担的损失提高 2.1‰，但随着可变成本的增加，其提高幅度越来越小。

（4）供应商最优收益分享比例 α^* 从 0.03 增至 0.16（见图 7-2（b）），供应商实际分享收益 π_f 随之提高至 3 左右。由表 7-3（b）可知，α^* 和 π_f 对 f 的变化敏感，可变成本每提高 1%，供应商最优分享比例平均提高 2.1%，实际分享收益平均提高 2.16%。

（5）乳制品供应链最优收益 U^c 从 8.85 降至 6.26，企业和供应商最优收益 U_m^c、U_f^c 分别降至 5.1、1.16，当 $f > 10$，供应商最优收益低于保留收益 $u = 1.25$（见图 7-2（d））。尽管供应链系统近 80% 的总收益由企业占据，但供应商最优收益所占比例 U_f^c / U^c 提升至 18.6%，即乳制品供应链收益分配的均衡性得到改善。由表 7-3（b）可知，U^c、U_m^c、U_f^c 都呈现出对 f 的变化越来越敏感的趋势，可变成本每提高 1%，系统最优收益平均降低 0.47%，企业最优收益平均降低 0.5%，供应商最优收益平均降低 0.33%。

综合来看，供应商实际分担损失、最优收益分成比例以及实际分享收益对生鲜乳质量控制可变成本的变化非常敏感，产品缺陷率、实际发生的外部损失对可变成本的变化较为敏感，且随着可变成本的增加，最优质检水平、系统以及企业和供应商最优收益对其变化越来越敏感。

生鲜乳质量控制可变成本的增加直接导致乳制品供应链维持高质量控制水平所需的总成本增加，即提高质量水平的边际成本超过边际收益，因而最优产品质量控制水平与质检水平都有所降低。提高生鲜乳质量控制可变成本即代表扩大生产规模，可以在一定程度上增加最优生鲜乳质量控制水平。尽管内部损失随着生鲜乳质量控制水平的提高而减少，但产品质量控制水平以及质检水平的降低导致最终产品缺陷率与实际发生的外部损失提高。供应链系统均衡收益以及成员各自均衡收益因质量控制成本以及实际发生损失的增加而降低，且企业和供应商的收益差距不断减小。在收益分享损失分担契约协调下，尽管供应商均衡收益因损失分担比例以及实际分担的损失的增加而逐渐减少，但供应商收益分享比例以及实际分享收益的不断增加；在该契约协调下，乳企的均衡收益对生鲜乳质量控制成本的变动更加敏感，可变成本的增加会导致企业的均衡收益不断减小。

由此可见，在供应商扩大生产规模时，实施基于生鲜乳质量认证的收益分享损失分担契约，可以使乳企和奶农共同面对生鲜乳质量控制可变成本的提高（扩大生产规模）所增加的成本以及损失风险，从而有效帮助处于弱势地位的上游供应商抵抗扩大生产规模的不利影响，保证其收益水平，缓解乳制品供应链收益分配不平衡的局面。

值得注意的是，上游养殖阶段系统性成本以及风险不会消除，因而扩大养殖规模（提高可变成本）仍会导致供应链系统整体质量控制成本提高，收益降低。尤其当养殖规模较大时，上游养殖户的收益可能会低于其保留收益，最终导致上游养殖户退出养殖行业。

五、产品质量控制可变成本的影响

在保证变量有意义的前提下，设产品质量控制可变成本的取值范围为 $g \in [26.5, 34]$，并保持外部损失 $L = 200$，生鲜乳质量控制可变成本参数 $f = 6$，政府检验强度 $r = 0.12$ 不变，部分结果如表 7 - 4（a）、表 7 - 4（b）、图 7 - 3 所示。其中产品质量控制可变成本弹性系数 $\epsilon_X^g = \dfrac{\text{变量 } X \text{ 的变化率}}{\text{可变成本 } g \text{ 的变化率}}$，表示产品质量控制可变成本参数变化一单位，相关变量随之变动的程度。

表 7 - 4（a）　　认证情形下产品质量控制可变成本与最优质量水平等变量的关系

g	m^*	q^*	θ^*	e^*	E	β^*	E_f	ΔE_{m-f}	α^*	π_f	U^C	U_m^C	U_f^C	U_f^C/U^{NC}
26.5	0.998	0.917	0.933	0.007	0.175	0.820	0.1084	-0.042	0.049	0.909	8.692	7.285	1.406	0.162
27	0.980	0.915	0.932	0.026	0.625	0.807	0.1086	0.408	0.050	0.926	8.429	7.001	1.428	0.169
28	0.944	0.912	0.930	0.062	1.479	0.782	0.1088	1.261	0.053	0.959	7.931	6.462	1.469	0.185
29	0.911	0.908	0.928	0.095	2.275	0.758	0.1089	2.057	0.055	0.991	7.467	5.958	1.509	0.202
30	0.880	0.905	0.926	0.126	3.017	0.734	0.1087	2.800	0.057	1.021	7.035	5.488	1.548	0.220
31	0.852	0.901	0.925	0.155	3.713	0.710	0.1084	3.496	0.059	1.049	6.631	5.047	1.585	0.239
32	0.825	0.897	0.923	0.182	4.365	0.687	0.1079	4.150	0.061	1.075	6.253	4.633	1.620	0.259
33	0.799	0.893	0.921	0.207	4.978	0.665	0.1072	4.764	0.062	1.099	5.898	4.244	1.654	0.280
34	0.775	0.889	0.920	0.231	5.556	0.643	0.1063	5.343	0.064	1.121	5.564	3.878	1.686	0.303

表 7 - 4（b）　　认证情形下产品质量控制可变成本弹性系数

g	$\epsilon_{m}^{g}*$	$\epsilon_{q}^{g}*$	$\epsilon_{\theta}^{g}*$	$\epsilon_{e}^{g}*$	ϵ_{E}^{g}	$\epsilon_{\beta}^{g}*$	ϵ_{Ef}^{g}	$\epsilon_{\alpha}^{g}*$	$\epsilon_{\pi f}^{g}$	ϵ_{Uc}^{g}	ϵ_{Ucm}^{g}	ϵ_{Ucf}^{g}
27	-1.002	-0.104	-0.058	59.44	59.44	-0.84	0.09	1.21	0.99	-1.63	-2.11	0.80
29	-1.004	-0.115	-0.059	10.71	10.71	-0.92	-0.01	1.12	0.90	-1.71	-2.32	0.76
30	-1.005	-0.121	-0.060	7.60	7.60	-0.96	-0.06	1.07	0.85	-1.75	-2.44	0.73
32	-1.007	-0.134	-0.059	4.81	4.81	-1.05	-0.17	0.98	0.75	-1.85	-2.71	0.68
34	-1.009	-0.148	-0.058	3.52	3.52	-1.13	-0.28	0.88	0.65	-1.95	-3.04	0.63
$\overline{\epsilon}^{g}$	-1.005	-0.124	-0.059	15.60	15.60	-0.98	-0.09	1.05	0.83	-1.78	-2.51	0.72

结合图 7 - 3 以及表 7 - 4 的内容可知，随着生乳质量控制可变成本 g 的增加，主要有以下结论：

（1）各环节最优质量控制水平都有所降低，其中最优产品质量控制水平 m^* 降低的幅度最大（见图 7 - 3（a））。由表 7 - 4（b）可知，m^* 对 g 的变化敏感，产品质量控制可变成本提高 1%，最优质量控制水平平均降低 1%。

（2）产品缺陷率 e^* 从 0.7% 显著提高至 23%（见图 7 - 3（b）），从而导致系统实际发生的外部损失 $E = re^*L$ 从 0.175 增至 5.56（见图 7 - 3（c））。由表 7 - 4（b）可知，e^* 以及 E 对 g 的变化十分敏感，尽管随着可变成本的提高，产品缺陷率以及实际发生的外部损失变化幅度减小，但可变成本提高 1%，产品缺陷率以及实际发生的外部损失平均降低 15.6%。

（3）在实际发生的外部损失提高的情况下，企业实际承担的外部损失 E_m 以及生鲜乳供应商实际承担的损失 E_f 变化情况不同。其中，企业实际承担的外部损失和系统实际发生的外部损失变化同步，最终提高至 0.545；而供应商实际承担的损失呈缓慢减少的趋势，大致维持在 0.11，供应商最优损失分担比例 β^* 从 0.8 降至 0.6（见图 7 - 3（b））。通过比较 ΔE_{m-f} 可知，企业与供应商实际承担的外部损失差额越来越大，即企业承担了绝大部分的外部损失。由表 7 - 4（b）可知，β^* 对 g 的变化较为敏感，E_f 对其变化不敏感，可变成本提高 1%，供应商损失分担比例平均降低 0.98%，且随着可变成本的增加，其降低幅度越来越明显。

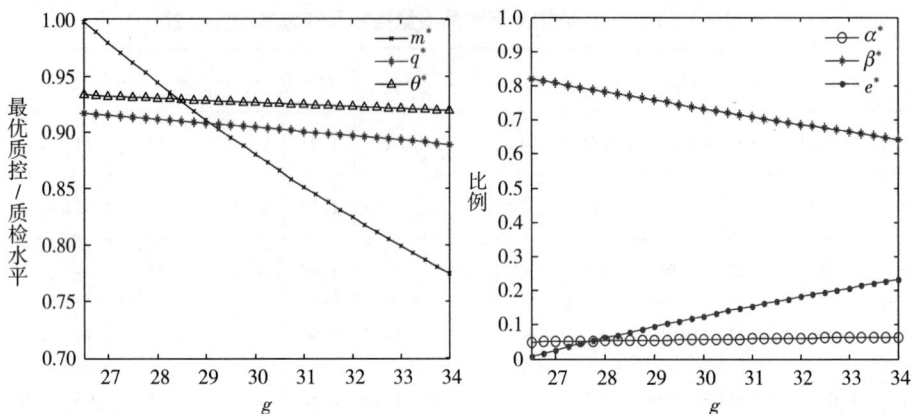

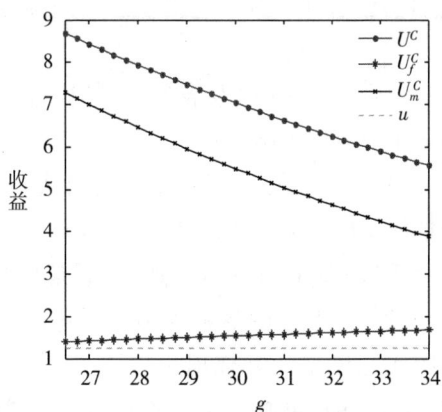

（a）可变成本参数g对最优质量水平的影响作用　（b）可变成本参数g对比率的影响作用

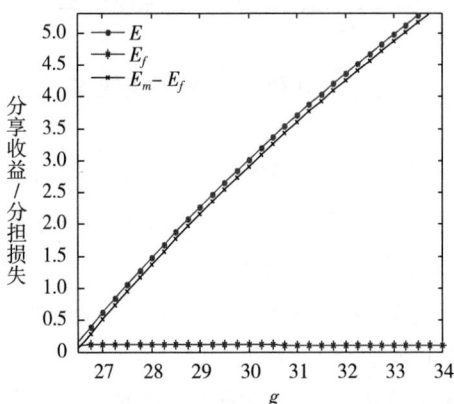

（c）可变成本参数g对实际发生外部损失　（d）可变成本参数g对收益的影响作用

图7－3　认证情形下产品质量控制可变成本对各变量的影响作用

注：图中与供应链系统、生鲜乳供应商、乳制品核心企业相关的变量分别用●线、＊线、O线、×线和△线表示。

（4）供应商最优收益分享比例α^*从0.05增至0.06（见图7－3（b）），供应商实际分享收益π_f随之变化不明显，最终提高至1.1。由表7－4（b）可知，α^*和π_f对g的变化较为敏感，但随着可变成本的增加，两者的变动幅度越来越小。

（5）乳制品供应链最优收益U^c从8.7元/公斤降至5.6，但供应链成员各自收益变化情况不同。其中企业的最优收益U_m^c从7.3显著降至3.9，而供应商最优收益从1.4增加至1.69，双方收益差距不断缩小，且供应商最优收益显著高于其

保留收益 $u = 1.25$（见图 7 - 3（d））。随着企业与供应商最优收益差距不断缩小，供应商最优收益与整体收益的比例 U_f^c/U^c 逐渐提升至 30%，即乳制品供应链收益分配的均衡性得到改善。由表 7 - 4（b）可知，U^c、U_m^c 对 g 的变化敏感，可变成本每提高 1%，系统最优收益平均降低 1.78%，企业最优收益平均降低 2.51%，且随着可变成本的提高，两者的变动幅度越来越大。

由于乳企加工控制阶段的边际成本显著高于乳制品供应链原料生产以及检验阶段的边际质量控制成本，产品质量控制可变成本的增加会导致供应链维持高质量控制水平所需的总成本显著增加，即提高产品质量水平的边际收益小于边际成本，因而各环节最优质量控制水平都随之降低。这时产品缺陷率随之显著提高，实际发生的外部损失显著增加。供应链系统均衡收益在质量控制成本与实际发生的损失赔偿的共同作用下显著降低，但供应链成员均衡收益的变化情况却不相同。

在基于生鲜乳质量信息认证的收益分享损失分担契约的协调下，企业承担的损失随产品质量水平的降低而显著增加，其均衡收益在不断增加的质量控制成本与损失成本的共同作用下显著减小。在该契约协调下，完全独立的第三方责任认定系统对缺陷产品产生问题的原因进行界定，生鲜乳供应商仅针对因生鲜乳质量不合格导致的外部损失部分按照契约约定的相关比例进行分担，责任更加明确。在企业质量控制可变成本不断增加的情况下，企业质量控制水平的降低是造成产品缺陷的主要原因，因而供应商损失分担比例以及实际分担损失都不断减小；在企业质量控制可变成本不断增加的情况下，供应商收益分享比例以及实际分享的收益都不断增加，最终导致供应商均衡收益随可变成本的增加而增加。

由此可见，在企业质量控制可变成本不断增加的情况下，认证情形下收益分享损失分担契约协调也可以减小企业与供应商的收益差距，从而改善乳制品供应链收益分配不均衡的局面。

第六节 基于不同契约的乳制品供应链质量协调结果比较分析

无认证情形下内部损失分担的契约（NCS）以及认证情形下收益分享损失分担的契约（CS）都可以实现对乳制品供应链最优协调，本部分基于参数估计值，从最优质量控制水平、供应链总收益，以及各成员收益等方面，比较分析两种情形下的乳制品供应链质量协调结果。

为比较两种情形下不同契约协调结果的差异，选取外部损失 L，生鲜乳质量控制可变成本 f，产品质量可变成本 g，保证其他参数取值不变，分析以上参数变动时，CS 与 NCS 协调下各变量的差值的变动情况，研究的变量包括：

（1）最优产品质量控制水平差额 $\Delta m^* = m^* - m_{NC}^*$，最优生鲜乳质量控制水平差额 $\Delta q^* = q^* - q_{NC}^*$，最优质量检验水平差额 $\Delta \theta^* = \theta^* - \theta_{NC}^*$。

（2）产品缺陷率差额 $\Delta e^* = e^* - e_{NC}^*$，实际发生的外部损失差额 $\Delta E = E - E^{NC}$，实际发生的内部损失差额 $\Delta I = I - I^{NC}$。

（3）供应商最优损失分担比例差额 $\Delta b = \beta^* - \psi^*$，供应商实际分担损失差额 $\Delta B = E_f - I_f^{NC}$。

（4）乳制品供应链系统最优收益差额 $\Delta U = U^C - U^{NC}$，企业最优收益差额 $\Delta U_m = U_m^C - U_m^{NC}$，生鲜乳供应商最优收益差额 $\Delta U_f = U_f^C - U_f^{NC}$，及供应商占总收益比例的差额 $\Delta \dfrac{U_f}{U} = \dfrac{U_f^C}{U^C} - \dfrac{U_f^{NC}}{U^{NC}}$。

此外，本部分还比较了两种契约下不同参数的平均弹性系数 $\overline{\epsilon}_X^L$，$\overline{\epsilon}_X^f$，$\overline{\epsilon}_X^g$；$\overline{\epsilon}_X^{Ln}$，$\overline{\epsilon}_X^{fn}$，$\overline{\epsilon}_X^{gn}$，进一步分析两种体系下实施不同协调契约的协调结果。

一、外部损失的影响作用

设外部损失成本 L 的取值范围为 $L \in [160, 200]$，并保持生鲜乳质量控制可变成本参数 $f=6$，产品质量控制可变成本参数 $g=27$，政府检验强度 $r=0.12$ 不变，比较结果如表 7-5（a）所示。

表 7-5（a）　外部损失变动下实施 CS 和 NCS 的质量协调结果比较

L	Δm^*	Δq^*	$\Delta \theta^*$	Δe^*	ΔE	ΔI	Δb	ΔB	ΔU	ΔU_m	ΔU_f	$\Delta (U_f/U)$
160	0.099	0.057	0.001	-0.101	-1.945	-0.208	0.142	-0.210	3.105	1.869	1.235	0.109
165	0.099	0.050	0.005	-0.102	-2.014	-0.177	0.142	-0.200	3.189	1.971	1.219	0.107
170	0.099	0.043	0.008	-0.102	-2.076	-0.154	0.147	-0.188	3.274	2.079	1.195	0.104
175	0.099	0.038	0.010	-0.102	-2.134	-0.135	0.156	-0.175	3.358	2.192	1.166	0.101

续表

L	Δm^*	Δq^*	$\Delta \theta^*$	Δe^*	ΔE	ΔI	Δb	ΔB	ΔU	ΔU_m	ΔU_f	$\Delta (U_f/U)$
180	0.099	0.034	0.011	-0.101	-2.189	-0.120	0.168	-0.163	3.442	2.309	1.134	0.097
185	0.099	0.031	0.011	-0.101	-2.243	-0.107	0.182	-0.151	3.526	2.427	1.100	0.092
190	0.099	0.028	0.012	-0.101	-2.296	-0.097	0.197	-0.140	3.610	2.545	1.064	0.087
195	0.098	0.025	0.012	-0.100	-2.349	-0.088	0.213	-0.130	3.693	2.664	1.029	0.081
200	0.098	0.023	0.011	-0.100	-2.402	-0.080	0.229	-0.120	3.776	2.783	0.993	0.076

根据表7-5（a）的内容，可得以下四个主要结论：

（1）和NCS相比，CS可以进一步提高各环节的质量控制水平，即$\Delta m^* > 0$，$\Delta q^* > 0$，$\Delta \theta^* > 0$，其中产品质量控制水平提高近0.1。对比表7-5（b）和表7-5（c）可知，CS协调下最优产品质量控制以及生鲜乳质量控制水平对于外部损失的敏感度减弱，即$\overline{\epsilon}_{m^*}^{L} < \overline{\epsilon}_{m^*}^{Ln}$，$\overline{\epsilon}_{q^*}^{L} < \overline{\epsilon}_{q^*}^{Ln}$。

（2）和NCS相比，CS可以显著降低产品缺陷率、实际发生的外部损失以及实际发生的内部损失，即$\Delta e^* < 0$，$\Delta E < 0$，$\Delta I < 0$，其中产品缺陷率降低十个百分点，实际发生的外部损失平均减少2.2。对比表7-5（b）和表7-5（c）可知，CS协调下产品缺陷率以及实际发生的外部损失对于外部损失的敏感度显著提高，实际发生的内部损失的敏感度降低，即$\overline{\epsilon}_{e^*}^{L} > \overline{\epsilon}_{e^*}^{Ln}$，$\overline{\epsilon}_{E}^{L} > \overline{\epsilon}_{E}^{Ln}$，$\overline{\epsilon}_{I}^{L} < \overline{\epsilon}_{Inc}^{Ln}$。

（3）和NCS相比，尽管在CS协调下，供应商损失分担比例提高，但其实际分担的损失降低，即$\Delta b > 0$，$\Delta B < 0$，但随着外部损失的增加，CS与NCS协调下的供应商实际分担损失的差额逐渐减小。对比表7-5（b）和7-5（c）可知，CS协调下供应商实际分担的损失对于外部损失的敏感度降低，即$\overline{\epsilon}_{Ef}^{L} < \overline{\epsilon}_{Incf}^{Ln}$。

（4）和NCS相比，CS可以显著提高乳制品供应链系统最优收益以及供应链成员各自的最优收益，即$\Delta U > 0$，$\Delta U_m > 0$，$\Delta U_f > 0$，且供应商占总收益的比例也有所提升，即$\Delta \frac{U_f}{U} > 0$；其中系统总收益提高3，企业收益提高2，供应商收益增加1，且随着外部损失的增加，CS与NCS协调下的系统总收益以及企业收益的差额越来越大，但供应商收益差额逐渐减小。对比表7-5（b）和表7-5（c）可知，CS协调下系统总收益以及企业收益对于外部损失的敏感度降低，而供应商的收益对其敏感度略有提高，即$\overline{\epsilon}_{U}^{L} < \overline{\epsilon}_{Unc}^{Ln}$，$\overline{\epsilon}_{Ucm}^{L} < \overline{\epsilon}_{Uncm}^{Ln}$，$\overline{\epsilon}_{Ucf}^{L} > \overline{\epsilon}_{Uncf}^{Ln}$。

表 7 – 5（b）　　NCS 外部损失弹性系数

L	ϵ^{Ln}_{m*}	ϵ^{Ln}_{q*}	$\epsilon^{Ln}_{\theta*}$	ϵ^{Ln}_{e*}	ϵ^{Ln}_{E}	ϵ^{Ln}_{Inc}	$\epsilon^{Ln}_{\psi*}$	ϵ^{Ln}_{Incf}	ϵ^{Ln}_{Unc}	ϵ^{Ln}_{Uncm}	ϵ^{Ln}_{Uncf}
170	1.044	0.546	0.007	-2.874	-1.902	-2.719	1.481	-1.278	-1.010	-1.018	-0.930
180	1.043	0.426	0.075	-3.687	-2.722	-2.485	0.923	-1.583	-0.936	-0.963	-0.671
190	1.038	0.347	0.105	-4.884	-3.928	-2.340	0.619	-1.734	-0.821	-0.853	-0.502
200	1.033	0.290	0.117	-6.893	-5.951	-2.246	0.437	-1.818	-0.661	-0.690	-0.386
$\bar{\epsilon}^{Ln}$	1.040	0.446	0.053	-4.058	-3.095	-2.530	1.064	-1.493	-0.900	-0.919	-0.714

表 7 – 5（c）　　CS 外部损失弹性系数

L	ϵ^{L}_{m*}	ϵ^{L}_{q*}	$\epsilon^{L}_{\theta*}$	ϵ^{L}_{e*}	ϵ^{L}_{E}	ϵ^{L}_{I}	$\epsilon^{L}_{\beta*}$	ϵ^{L}_{Ef}	ϵ^{L}_{Uc}	ϵ^{L}_{Ucm}	ϵ^{L}_{Ucf}
170	0.919	0.300	0.095	-4.437	-3.503	-2.045	1.517	0.206	-0.306	-0.192	-0.775
180	0.920	0.253	0.104	-6.347	-5.437	-1.980	1.363	-0.076	-0.213	-0.050	-0.914
190	0.921	0.218	0.107	-10.36	-9.495	-1.939	1.229	-0.292	-0.105	0.096	-1.015
200	0.922	0.191	0.106	-24.17	-17.46	-1.911	1.111	-0.465	0.018	0.248	-1.089
$\bar{\epsilon}^{L}$	0.918	0.296	0.084	-8.429	-7.474	-2.045	1.465	0.190	-0.239	-0.119	-0.773

　　根据前面的分析可知，在外部损失增加的情况下，NCS 和 CS 都可以促进供应链成员（尤其是核心企业）提高各环节质量控制水平，降低产品缺陷率，从而降低供应链实际发生的损失赔偿。但由于 NCS 缺乏合理的利益分享机制，导致上游养殖户的收益水平远低于其保留收益，因而现实中养殖户卖牛退出养殖业的情况越来越多。

　　CS 从消费者需求出发，提高消费者的支付意愿，从而提高了产品的终端售价；建立责任认定更为明确的损失分担机制；同时加入了合理的收益分配机制。这些特点都增加了供应链提高质量水平的边际收益。当外部损失提高时，边际收益显著提高，供应链成员提高各环节质量控制水平的积极性被充分调动，CS 的激励性更为显著。最终，乳制品供应链各环节质量控制水平进一步提高，产品缺陷率以及实际发生的外部损失赔付进一步降低，供应链整体收益以及各成员收益水平均有所增加。上游养殖户的收益水平因分享的收益以及减小的损失负担而显著提高，并始终高于保留收益。此外，养殖户收益占总收益的比例也有所提高，从而说明在 CS 协调下，乳制品供应链利益分配不均衡的现象得到进一步改善。

　　此外，CS 协调下的乳制品供应链更加稳定：和在 NCS 情况下相对比，上游养殖户生鲜乳质量控制水平以及企业产品质量控制水平对于外部损失的敏感度降低,即外部损失的变动不会导致最优质量控制水平发生太大改变;尽管上游养殖户损失分担比例增加,但养殖户最终实际分担的损失不仅降低且敏感度减弱,即外部损失的变动不会导致养殖户实际承担的损失发生太大改变;整体收益对于外部损失的敏感度降低,即外部损失的变动不会导致整体收益水平发生太大变化。这些都说明 CS 协调下的供应链可以更好地抵御市场风险与波动。

二、生鲜乳质量控制可变成本的影响作用

生鲜乳质量控制可变成本参数的取值范围为 $f \in [5, 11]$,并保持外部损失 $L = 6$,产品质量控制可变成本参数 $g = 27$,政府检验强度 $r = 0.12$ 不变,结果如表 7-6(a)所示。

表 7-6(a) 生鲜乳质量控制可变成本变动下实施 CS 和 NCS 的质量协调结果比较

f	Δm^*	Δq^*	$\Delta \theta^*$	Δe^*	ΔE	ΔI	Δb	ΔB	ΔU	ΔU_m	ΔU_f	$\Delta (U_f/U)$
5.25	0.097	0.024	0.003	-0.098	-2.35	-0.09	0.604	-0.076	3.797	3.167	0.630	0.001
5.5	0.097	0.024	0.006	-0.099	-2.37	-0.09	0.459	-0.091	3.790	3.039	0.751	0.025
6	0.098	0.023	0.011	-0.100	-2.40	-0.08	0.229	-0.120	3.776	2.783	0.993	0.076
7	0.100	0.021	0.024	-0.103	-2.47	-0.06	-0.177	-0.171	3.750	2.278	1.472	0.191
8	0.101	0.018	0.037	-0.105	-2.52	-0.06	-0.602	-0.209	3.727	1.785	1.942	0.329
9	0.102	0.016	0.050	-0.107	-2.56	-0.03	-1.086	-0.235	3.706	1.309	2.397	0.497
10	0.102	0.013	0.064	-0.108	-2.59	-0.02	-1.658	-0.248	3.688	0.859	2.829	0.708
11	0.102	0.010	0.079	-0.108	-2.59	-0.00	-2.348	-0.248	3.674	0.442	3.232	0.984

根据表 7-6(a)的内容,可得以下四个主要结论:

(1)和 NCS 相比,CS 可以进一步提高各环节的质量控制水平,即 $\Delta m^* > 0$,$\Delta q^* > 0$,$\Delta \theta^* > 0$,其中产品质量控制水平提高近 0.1。对比表 7-6(b)和表 7-6(c)可知,CS 协调下各环节质量控制水平对于生鲜乳质量控制可变成本的敏感度减弱,即 $\overline{\epsilon}_{m^*}^f < \overline{\epsilon}_{m^*}^{fn}$,$\overline{\epsilon}_{q^*}^f < \overline{\epsilon}_{q^*}^{fn}$,$\overline{\epsilon}_{\theta^*}^f < \overline{\epsilon}_{\theta^*}^{fn}$。

(2)和 NCS 相比,CS 可以显著降低产品缺陷率、实际发生的外部损失以及实际发生的内部损失,即 $\Delta e^* < 0$,$\Delta E < 0$,$\Delta I < 0$,其中产品缺陷率降低十个百分点,实际发生的外部损失平均减少 2.5。对比表 7-6(b)和表 7-6(c)可知,CS 协调下产品缺陷率以及实际发生的外部损失对于外部损失的敏感度显著

提高，实际发生的内部损失的敏感度降低，即 $\overline{\epsilon}^f_{e*} > \overline{\epsilon}^{fn}_{e*}$，$\overline{\epsilon}^f_E > \overline{\epsilon}^{fn}_E$，$\overline{\epsilon}^f_I < \overline{\epsilon}^{fn}_{Inc}$。

（3）和 NCS 相比，尽管在 CS 协调下，供应商实际分担的损失对于可变成本的敏感度略有提高，即 $\overline{\epsilon}^L_{Ef} > \overline{\epsilon}^{Ln}_{Incf}$，但供应商实际分担的损失降低，即 $\Delta B < 0$，且随着可变成本的增加，CS 与 NCS 协调下的供应商实际分担损失的差额逐渐变大。

（4）和 NCS 相比，CS 可以显著提高乳制品供应链系统最优收益以及供应链成员各自的最优收益，即 $\Delta U > 0$，$\Delta U_m > 0$，$\Delta U_f > 0$，且供应商占总收益的比例也有显著提升，即 $\Delta \dfrac{U_f}{U} > 0$；随着可变成本的增加，CS 与 NCS 协调下的供应商收益的差额越来越大，但企业的收益差额逐渐减小。对比表 7-6（b）和表 7-6（c）可知，CS 协调下系统总收益以及供应商收益对于可变成本的敏感度显著降低，而企业的收益对其敏感度略有提高，即 $\overline{\epsilon}^L_U < \overline{\epsilon}^{Ln}_{Unc}$，$\overline{\epsilon}^L_{Ucf} < \overline{\epsilon}^{Ln}_{Uncf}$，$\overline{\epsilon}^L_{Ucm} > \overline{\epsilon}^{Ln}_{Uncm}$。

表 7-6（b）　　NCS 生鲜乳质量控制可变成本弹性系数

f	ϵ^f_{mnc*}	ϵ^f_{qnc*}	$\epsilon^f_{\theta nc*}$	ϵ^f_{enc*}	ϵ^f_{Enc}	ϵ^f_{Inc}	$\epsilon^f_{\psi*}$	ϵ^f_{Incf}	ϵ^f_{Unc}	ϵ^f_{Uncm}	ϵ^f_{Uncf}
6	-0.032	0.036	-0.334	0.449	0.449	-0.626	3.850	3.119	-0.481	0.137	-5.119
7	-0.034	0.044	-0.428	0.441	0.441	-0.809	3.048	2.148	-0.625	0.151	-55.340
8	-0.034	0.053	-0.538	0.418	0.418	-1.026	2.757	1.639	-0.802	0.162	-8.838
9	-0.033	0.063	-0.669	0.378	0.378	-1.285	2.664	1.281	-1.025	0.170	-4.670
10	-0.029	0.072	-0.823	0.320	0.320	-1.595	2.681	0.977	-1.313	0.175	-3.399
11	-0.023	0.082	-1.009	0.244	0.244	-1.967	2.777	0.683	-1.700	0.177	-2.783
$\overline{\epsilon}^{fn}$	-0.031	0.055	-0.585	0.388	0.388	-1.121	3.147	1.921	-0.903	0.159	-10.398

表 7-6（c）　　CS 生鲜乳质量控制可变成本弹性系数

f	ϵ^f_{m*}	ϵ^f_{q*}	$\epsilon^f_{\theta*}$	ϵ^f_{e*}	ϵ^f_E	ϵ^f_I	$\epsilon^f_{\beta*}$	ϵ^f_{Ef}	ϵ^f_{Uc}	ϵ^f_{Ucm}	ϵ^f_{Ucf}
6	-0.020	0.022	-0.260	1.574	1.574	-0.495	-0.725	3.146	-0.287	-0.332	-0.059
7	-0.021	0.027	-0.325	1.343	1.343	-0.621	-0.190	2.363	-0.356	-0.409	-0.107
8	-0.022	0.032	-0.398	1.172	1.172	-0.765	0.018	1.970	-0.435	-0.487	-0.196
9	-0.023	0.036	-0.480	1.028	1.028	-0.928	0.137	1.717	-0.524	-0.563	-0.350
10	-0.022	0.042	-0.574	0.894	0.894	-1.114	0.221	1.524	-0.625	-0.630	-0.603
11	-0.020	0.047	-0.680	0.761	0.761	-1.326	0.285	1.356	-0.742	-0.678	-1.019
$\overline{\epsilon}^f$	-0.021	0.033	-0.431	1.171	1.171	-0.832	-0.114	2.117	-0.471	-0.500	-0.333

根据前面的分析可知，提高生鲜乳质量控制可变成本参数就代表生鲜乳生产规模（养殖规模）的扩大。随着规模的扩大，NCS 和 CS 都可以促进养殖户提高生鲜乳质量控制水平，但企业产品质量控制水平以及质检水平都有降低，产品缺陷率与供应链实际发生的外部损失增加，从而降低供应链系统总收益。

但在 NCS 协调下，上游养殖户和下游的乳制品核心企业没有形成紧密的利益分享风险分担的共同体。当上游养殖户扩大养殖规模提高生鲜乳质量安全水平时，企业收益基本不受影响，处于弱势地位的养殖户独自承受增加的质量控制成本以及过多的损失风险，严重影响养殖户的收益，拉大企业与养殖户的收入差距，加重上下游收益分配不公平的现象。现实中，很多企业不仅没有和上游养殖户一起承担规模扩大而增加的成本和风险，反而为了降低原料成本而使用更为便宜的进口乳清粉进行生产加工，致使上游养殖户独自面对规模养殖的风险，导致乳制品行业养殖环节举步维艰，陷入发展困境。

CS 通过建立紧密的风险共担以及利益分享关系，提高了位于主导地位的企业所承担的风险损失的比例，增加企业在上游生产规模扩大过程中的责任，让企业主动帮助处于弱势地位的上游供应商，分担扩大生产规模而产生的不利影响，减少两者的收益差距，从而改善生产规模扩大过程中上下游收益分配极度不平衡的局面。通过对比 NCS 以及 CS 下可变成本弹性系数也可以发现，在 CS 协调下，企业收益对于生产规模的敏感度提高，而养殖户对于生产规模的敏感度显著降低。这表示生产规模的改变对企业收益的影响增加，但对养殖户的收益影响作用减小，即 CS 可以增强企业在上游生产规模扩大过程中的参与度，同时减小生产规模扩大对于养殖户的影响，进一步促进我国乳制品行业生鲜乳生产环节的规模化进程。

CS 增加了供应链提高质量水平的边际收益，因而供应链成员有动力提高各环节质量控制水平。即使在生产规模（可变成本）不断扩大的情况下，和 NCS 相比较，乳制品供应链各环节质量水平进一步提高，产品缺陷率以及实际发生的外部损失赔付进一步降低，供应链整体收益以及各成员收益水平均有所增加。上游养殖户的收益水平因分享的收益以及减小的损失负担而显著提高。此外，养殖户收益占总收益的比例也有所提高，从而说明在 CS 协调下，乳制品供应链利益分配不均衡的现象进一步得到改善。

此外，CS 协调下的乳制品供应链更加稳定。和 NCS 情况下相比，各环节质量控制水平对于生产规模（可变成本）的敏感度降低，即生产规模的变动不会导致最优质量控制水平发生太大改变；整体收益以及上游养殖户的收益对于生产规模的敏感度显著降低，企业对于生产规模的敏感度有所提高，即养殖规模的变动不会导致整体收益以及养殖户的收益水平发生太大变化。这些都使 CS 协调下的供应链可以更好地抵御市场风险与波动。

值得注意的是，尽管 CS 可以显著提高供应商的收益，增强供应商抵御市场波动的能力，但上游养殖阶段规模养殖系统性成本以及风险不会消除，扩大养殖规模（提高可变成本）仍会导致供应链系统整体质量控制成本提高，收益降低。尤其当养殖规模较大时，上游养殖户的收益可能会低于其保留收益，最终导致上游养殖户退出养殖行业。因此，在积极推行 CS 的基础上，应配合实施其他政策手段，从根本上解决规模养殖系统性成本过高、风险较大等问题。

三、产品质量控制可变成本的影响作用

设产品质量控制可变成本的取值范围为 $g \in [26.5, 34]$，并保持生鲜乳质量控制可变成本参数 $f = 6$，生鲜乳质量控制可变成本参数 $f = 6$，政府检验强度 $r = 0.12$ 不变，结果如表 7 - 7（a）所示。

表 7 - 7（a）　　产品质量控制可变成本变动下实施 CS 和 NCS 的质量协调结果比较

g	Δm^*	Δq^*	$\Delta \theta^*$	Δe^*	ΔE	ΔI	Δb	ΔB	ΔU	ΔU_m	ΔU_f	$\Delta (U_f/U)$
27	0.098	0.023	0.011	−0.100	−2.402	−0.080	0.229	−0.120	3.776	2.783	0.993	0.076
28	0.095	0.024	0.011	−0.097	−2.322	−0.084	0.208	−0.128	3.653	2.621	1.031	0.083
29	0.092	0.025	0.011	−0.094	−2.247	−0.089	0.189	−0.135	3.537	2.469	1.068	0.090
30	0.089	0.027	0.011	−0.091	−2.177	−0.093	0.170	−0.143	3.430	2.327	1.103	0.097
31	0.086	0.028	0.011	−0.088	−2.111	−0.098	0.152	−0.151	3.329	2.193	1.136	0.103
32	0.083	0.029	0.010	−0.085	−2.049	−0.103	0.136	−0.158	3.234	2.067	1.168	0.109
33	0.081	0.031	0.010	−0.083	−1.990	−0.108	0.120	−0.166	3.146	1.949	1.197	0.114
34	0.079	0.033	0.009	−0.081	−1.935	−0.114	0.106	−0.173	3.062	1.838	1.224	0.119

根据表 7 - 7（a）的内容，可得以下主要结论：

（1）和 NCS 相比，CS 可以进一步提高各环节的质量控制水平，即 $\Delta m^* > 0$，$\Delta q^* > 0$。对比表 7 - 7（b）和表 7 - 7（c）可知，CS 协调下各环节质量控制水平对于产品质量控制可变成本的敏感度减弱，即 $\overline{\epsilon}_{m^*}^g < \overline{\epsilon}_{m^*}^{gn}$，$\overline{\epsilon}_{q^*}^g < \overline{\epsilon}_{q^*}^{gn}$。

（2）和 NCS 相比，CS 可以降低产品缺陷率、实际发生的外部损失以及实际发生的内部损失，即 $\Delta e^* < 0$，$\Delta E < 0$，$\Delta I < 0$。对比表 7 - 7（b）和表 7 - 7（c）可知，

CS 协调下产品缺陷率以及实际发生的外部损失对于外部损失的敏感度显著提高，实际发生的内部损失的敏感度降低，即 $\overline{\epsilon}_{e*}^{g} > \overline{\epsilon}_{e*}^{gn}$，$\overline{\epsilon}_{E}^{g} > \overline{\epsilon}_{E}^{gn}$，$\overline{\epsilon}_{I}^{g} < \overline{\epsilon}_{Inc}^{gn}$。

（3）和 NCS 相比，尽管在 CS 协调下，供应商损失分担比例有所提高，但其实际分担损失降低，即 $\Delta B < 0$，且随可变成本的增加，CS 与 NCS 协调下的供应商实际分担损失的差额逐渐变大。

（4）和 NCS 相比，CS 可以显著提高乳制品供应链系统最优收益以及供应链成员各自的最优收益，即 $\Delta U > 0$，$\Delta U_m > 0$，$\Delta U_f > 0$，且供应商占总收益的比例也有显著提升，即 $\Delta \dfrac{U_f}{U} > 0$；随着可变成本的增加，CS 与 NCS 协调下的供应商收益差额越来越大，整体以及企业的收益差额略有减少。对比表 7 - 7（b）和表 7 - 7（c）可知，CS 协调下系统总收益以及企业收益对于可变成本的敏感度降低，而供应商的收益对其敏感度略有提高，即 $\overline{\epsilon}_U^L < \overline{\epsilon}_{Unc}^{Ln}$，$\overline{\epsilon}_{Ucm}^L < \overline{\epsilon}_{Uncm}^{Ln}$，$\overline{\epsilon}_{Ucf}^L > \overline{\epsilon}_{Uncf}^{Ln}$。

表 7 - 7（b）　　NCS 生鲜乳质量控制可变成本弹性系数

g	ϵ_{mnc*}^{g}	ϵ_{qnc*}^{g}	$\epsilon_{\theta nc*}^{g}$	ϵ_{enc*}^{g}	ϵ_{Enc}^{g}	ϵ_{Inc}^{g}	$\epsilon_{\psi*}^{g}$	ϵ_{Incf}^{g}	ϵ_{Unc}^{g}	ϵ_{Uncm}^{g}	ϵ_{Uncf}^{g}
27	−1.006	−0.142	−0.059	7.662	7.662	1.134	−0.209	0.923	−2.208	−2.449	0.187
29	−1.009	−0.160	−0.056	4.643	4.643	1.165	−0.265	0.898	−2.426	−2.753	0.225
30	−1.010	−0.170	−0.053	3.880	3.880	1.183	−0.297	0.882	−2.552	−2.935	0.245
32	−1.012	−0.191	−0.046	2.920	2.920	1.223	−0.375	0.844	−2.848	−3.386	0.291
34	−1.014	−0.216	−0.036	2.339	2.339	1.270	−0.471	0.794	−3.221	−4.001	0.344
$\overline{\epsilon}^{gn}$	−1.010	−0.175	−0.051	4.176	4.176	1.194	−0.320	0.870	−2.638	−3.079	0.257

表 7 - 7（c）　　CS 生鲜乳质量控制可变成本弹性系数

g	ϵ_{m*}^{g}	ϵ_{q*}^{g}	$\epsilon_{\theta*}^{g}$	ϵ_{e*}^{g}	ϵ_{E}^{g}	ϵ_{I}^{g}	$\epsilon_{\beta*}^{g}$	ϵ_{Ef}^{g}	ϵ_{Uc}^{g}	ϵ_{Ucm}^{g}	ϵ_{Ucf}^{g}
27	−1.002	−0.104	−0.058	59.44	59.44	1.08	−0.84	0.09	−1.63	−2.11	0.80
29	−1.004	−0.115	−0.059	10.71	10.71	1.09	−0.92	−0.01	−1.71	−2.32	0.76
30	−1.005	−0.121	−0.060	7.60	7.60	1.10	−0.96	−0.06	−1.75	−2.44	0.73
32	−1.007	−0.134	−0.059	4.81	4.81	1.12	−1.05	−0.17	−1.85	−2.71	0.68
34	−1.009	−0.148	−0.058	3.52	3.52	1.14	−1.13	−0.28	−1.95	−3.04	0.63
$\overline{\epsilon}^{g}$	−1.005	−0.124	−0.059	15.60	15.60	1.11	−0.98	−0.09	−1.78	−2.51	0.72

根据前面的分析可知，在 NCS 协调下，养殖户仅承担因生鲜乳质量不合格

而产生的部分内部损失。由于内部损失产生的主要原因是生鲜乳的质量控制水平，NCS 的损失分担机制具有一定的公平性。在 CS 协调下，存在完全独立的第三方责任认定系统对缺陷产品产生问题的根本原因进行界定，生鲜乳供应商仅针对因生鲜乳质量不合格导致的外部损失部分按照契约约定的比例进行分担，所以 CS 的损失分担机制责任更加明确。

在企业质量控制可变成本不断增加的情况下，企业质量控制水平的降低是造成产品缺陷的主要原因，而 NCS 以及 CS 的损失分担机制都可以在一定程度上减少企业加工能力的变化对上游养殖户收益的影响，保护养殖户的收益，从而改善乳制品供应链收入分配不均衡的问题。但 NCS 缺乏合理的利益分享机制，上游养殖户的收益水平远低于其保留收益，没有从根本上解决供应链收入分配问题。

CS 增加了供应链提高质量水平的边际收益，因而供应链成员有动力提高各环节质量控制水平。即使在企业质量控制成本不断扩大的情况下，和 NCS 相比，CS 协调下的乳制品供应链各环节质量水平进一步提高，产品缺陷率以及实际发生的外部损失赔付进一步降低，供应链整体收益以及各成员收益均有所增加。上游养殖户收益水平因分享的收益以及减小的损失负担而显著提高，养殖户收益占总收益的比例也显著提高，从而提高了乳制品供应链收益分配的公平性。

此外，在 CS 协调下，企业质量控制水平的降低会增加其实际分担的损失，因此，该契约可以进一步激励企业努力提高生产技术效率，提高加工工艺与加工能力，减少加工环节的道德风险，促进整个行业的健康发展。

由此可知，在 CS 协调下的乳制品供应链更加稳定。和 NCS 情况下相比，最优产品质量控制水平、生鲜乳质量控制水平、养殖户实际承担的损失、整体收益对于加工过程可变成本的敏感度都有所降低。这些都说明在 CS 协调下的供应链可以更好地抵御市场风险与波动。

四、比较结果分析总结

根据上面的对比分析可知，当外部损失增加以及企业加工技术水平（质量控制可变成本）降低时，无认证情形下基于内部损失分担的质量协调契约（NCS）在一定程度上可以缩小企业与上游养殖户之间收益差距，缓解上游之间收益分配不均衡的局面。但当上游生鲜乳生产规模扩大时，内部损失契约会致使养殖户承担过多的损失，从而严重损害养殖户的收益。此外，在无认证情形下内部损失分担契约协调下，上游养殖户均衡收益普遍低于其保留收益。由此可见，无认证体系的内部损失分担契约缺乏合理的利益分享以及风险共担机制，契约的公平性以及稳定性需进一步提高。

与之相比，认证情形下基于收益分享损失分担的质量协调契约（CS）具有更加合理的利益分配与风险分担机制。该契约在切实提高上游养殖户收益水平的同时，让企业分担养殖户因生产规模扩大而增加的成本，从而促进乳制品质量水平的全面提升。总的来说，收益共享损失分担契约具有激励性、公平性以及稳定性三个主要特性。

1. 激励性

CS 从消费者需求出发，生产加工安全合格的产品，并通过包含奶源信息的认证标识降低产品的信任品特性，提高消费者的支付意愿，从而提高了产品的终端售价；建立责任认定更为明确的损失分担机制，使损失分担更加公平；增加合理的利益分配机制，缓解上下游收益分配不均衡的局面。

这些都使 CS 协调下的乳制品供应链提高质量水平的边际收益显著提高，供应链成员提高各环节质量控制水平的积极性被充分调动，和 NCS 相比，乳制品供应链各环节质量控制水平都得到提高。尤其当企业降低加工技术水平时，CS 的损失分担机制使得企业降低质量控制水平后实际分担的损失以及最终的均衡收益会显著减少，因而可以激励企业努力提高生产技术效率，提高加工工艺与加工能力，减少加工环节的道德风险，促进整个行业的健康发展。

2. 公平性

基于 CS 对供应链成员的激励作用，乳制品供应链各环节质量控制水平都得到提高，产品缺陷率与实际发生的内部损失以及外部损失和 NCS 相比有所降低，供应链整体收益以及各成员收益水平均有所增加。在 CS 协调下，上游养殖户可以分享最终产品成功售出后的收益，同时减少实际分担的损失，因而其收益水平和 NCS 相比显著提高（高于保留收益）。此外，养殖户收益占总收益的比例也有所提高。由此可知，CS 可以更好地保护上游养殖户的收益，改善乳制品供应链利益分配不均衡的现象。尤其在上游养殖户为提高质量水平而不得不扩大生产规模时，CS 增加了企业在上游生产规模扩大过程中的责任，减少生产规模扩大对养殖户的不利影响，从而改善生产规模扩大过程中上下游收益分配极度不平衡的局面。

3. 稳定性

和 NCS 相比，在外部损失、生鲜乳生产规模以及企业加工技术水平发生改变时，CS 协调下的最优生鲜乳质量控制水平、最优产品质量控制水平的敏感度减弱，即外部条件变化时，乳制品供应链原料的质量水平以及产品的质量水平不会发生太大改变，从而保证了最终产品质量水平稳定；养殖户实际分担损失的敏感度减弱，即当外部条件变化时，上游养殖户承担的风险损失不会发生太大改变，从而帮助处于弱势地位的养殖户抵御环境的变化；乳制品供应链整体收益的敏感度减弱，即当外部条件变化时，系统的整体收益不会发生太大改变，从而增强供应链整体抵御市场风险波动的能力。

由此可见，当存在双边道德风险时，基于生鲜乳质量信息认证的收益分享损失分担契约通过建立更加合理的损失分担以及收益分配机制，不仅可以充分调动成员积极性，全面提高最终产品的质量水平，还能提高乳制品供应链整体收益以及成员收益，改善乳制品供应链上下游收益分配不均衡的现象。此外，这种契约还可以增强乳制品供应链整体抵御外部条件变化以及市场风险波动的能力，使整个乳制品供应链系统更加稳定。

第七节　本章小结

为激励乳制品供应链主体提高质量控制水平，缓解企业和消费者之间信息不对称的现象，本章运用委托代理理论，建立认证情形下基于收益分享损失分担契约的乳制品供应链质量协调模型；结合调研数据，分析赔偿额度（外部损失）、生产规模（生鲜乳质量控制可变成本）、加工技术水平（产品质量控制可变成本）、政府检验强度等相关参数对乳制品供应链各环节质量控制水平，产品缺陷率与供应链实际发生的损失赔偿，质量协调契约的契约参数，乳制品供应链整体收益以及各成员收益的影响作用；进一步比较内部损失分担契约以及收益分享损失分担契约的协调结果，探讨不同质量契约的选择问题，并得出以下三点结论：

第一，在双边道德风险条件下，当供应链整体实施包含生鲜乳质量信息的认证时，双方协定收益分享比例以及损失分担比例等契约参数后，收益分享损失分担契约可以实现对乳制品供应链质量的最优协调。但如果独立第三方机构对产品产生缺陷的原因判定越不准确，则收益分享以及损失分担的质量协调契约实现对乳制品供应链产品最优协调的可能性越低。

第二，乳制品供应链在收益共享损失分担契约协调下：

（1）当赔偿额度增加时，乳制品供应链各环节质量控制水平提高，产品缺陷率、实际发生的外部损失赔偿与内部损失降低，且供应链整体收益先减后增，养殖户收益占总收益的比例逐渐增加，有效改善上下游之间收益不平衡的情况。

（2）政府检验强度的作用原理与赔偿额度相同，但作为一种事前控制手段，增加政府检验强度不仅可以激励企业以及养殖户提高质量控制水平，也可有效减少消费者在食品安全事件中的潜在损失，其效果更优。现实中，的确可以通过提高赔偿额度以及提高政府检验强度等手段，激励企业以及养殖户提高质量控制水平，但值得注意的是，由于受成本费用等条件的约束，政府检验强度以及赔偿额度的提高空间有限。因此，不能过分依赖外部手段提高质量水平，更重要的是设计有效的激励机制，促使企业以及上游养殖户主动提高质量控制水平，从根本上解决食品质量安全问题。

（3）当企业加工技术水平降低时，各环节质量控制水平下降，产品缺陷率、实际发生的外部损失赔偿以及内部损失都有所增加，供应链整体收益以及企业的收益显著下降。但该契约通过责任认定更加明确的损失分担的机制使得养殖户的收益得到保障。

（4）当生鲜乳生产规模扩大时，生鲜乳质量控制水平提高，产品质量控制水平以及检验水平都降低，缺陷率以及实际发生的外部损失赔偿增加。该契约增加企业在上游生产规模扩大过程中的责任，减少生产规模扩大对养殖户的不利影响，从而改善生产规模扩大过程中上下游收益分配极度不平衡的局面，保障养殖户的收益。

（5）此外，上游养殖户均衡收益普遍高于其保留收益。

第三，通过比较两类质量协调契约可以发现，收益共享损失分担质量协调契约具有激励性、公平性以及稳定性的优势。当存在双边道德风险时，认证情形下收益分享损失分担契约通过建立更加合理的损失分担以及收益分配机制，不仅可以充分调动乳制品供应链成员主动提高产品的质量水平，还能提高乳制品供应链整体收益以及成员收益，改善乳制品供应链上下游收益分配不均衡的现象。此外，这种契约还可以增强乳制品供应链整体抵御外部条件变化以及市场风险波动的能力，使整个乳制品供应链系统更加稳定。

此外，本章考察了乳制品供应链整个链条的质量协调过程，没有涉及认证标准对于乳制品供应链主体的影响作用，因此，基于供应链视角的认证标准的设定，是需要进一步研究的问题。

第八章
研究结论与展望

第一节　研究结论

　　本书以乳制品核心企业主导的，涉及奶牛养殖户（场）、乳制品核心企业和消费者等主体的，包括养殖、生鲜乳生产、检验、产品加工、消费等环节的，生产液态奶产品的乳制品供应链为研究对象，运用实地调研、归因分析、演化博弈理论、委托代理理论、比较分析等方法，从供应链主体之间的行为关系的角度分析乳制品质量安全问题产生的深层原因，系统研究了乳制品供应链养殖—投资环节、生鲜乳生产—检验环节、乳制品加工—消费环节以及乳制品供应链生鲜乳生产、检验、加工、消费环节主体质量行为协调问题。主要内容包括：提出我国乳制品供应链质量行为协调的决策框架；基于决策框架，依次研究不同机制下乳制品供应链养殖—投资环节养殖模式转变的演化博弈模型，双边道德风险下基于不同质量损失分担契约的生鲜乳生产—检验环节的质量控制模型，单边道德风险下基于认证标准的产品加工—消费环节的质量控制模型，无认证情形下基于内部损失分担契约的乳制品供应链质量控制模型以及认证情形下基于收益分享损失分担契约的乳制品供应链质量控制模型，求解实现各环节质量行为协调的条件，且基于调研数据进行实例分析；比较分析无认证以及认证情形下不同契约的质量协调结果，探讨契约的选择，为乳制品核心企业和政府合理设计乳制品供应链不同主体之间质量协调机制提供理论依据和方法，以确保在政府监管与质量协调机制的激励约束下，乳制品供应链各主体改善质量投入水平且消费者提高支付意愿，实现不同主体之间质量行为协调，最终提高乳制品质量安全水平。通过以上研究，得出以下七个结论。

一、乳制品供应链不同环节主体行为关系的不协调严重制约乳制品质量安全水平提高

从检验检疫角度来看，乳制品质量安全问题主要有微生物污染或超标、农兽药残留、非法添加物的使用、体细胞超标等，这些质量安全隐患存在于乳制品供应链的各个环节；结合乳制品抽检结果来看，生鲜乳供应阶段的质量控制水平以及乳制品加工环节的质量控制水平是影响最终产品质量安全的表层原因；消费者的行为不会直接影响乳制品的质量安全，但直接影响优质乳制品的市场需求，因此，需要考虑消费者行为对乳制品质量安全的影响作用。

乳制品质量安全问题产生的深层原因是乳制品供应链各环节主体行为关系协调不一致。在养殖投资环节，奶牛养殖业规模养殖系统性成本过高，奶牛养殖户和乳制品企业出于各自利益最大化的原则产生不愿转变养殖模式和不愿在养殖环节进行投资的行为，从而导致双方行为关系协调不一致，不仅制约规模化养殖模式的发展，而且从根本上制约乳制品质量安全水平的提高；在生鲜乳生产检验环节，小规模养殖模式以及乳企基于奶站或小区层面的平均检验模式造成该环节信息不对称，奶牛养殖户和乳制品企业因缺乏有效的激励约束机制，出于各自利益最大化的原则产生降低质量控制水平和过度检验等行为，从而导致双方行为关系协调不一致，致使乳制品质量安全存在隐患；在乳制品加工消费环节，乳制品质量安全的信任品特性造成该环节信息不对称，乳制品企业和消费者因缺乏有效的激励约束机制、信息传递机制，出于利益最大化和效用最大化原则产生降低质量控制水平和降低支付意愿甚至拒绝购买的行为，从而导致双方行为关系协调不一致，严重影响乳制品质量安全水平的提高；从整个供应链来看，奶牛养殖户、乳制品企业、消费者因缺乏有效的激励约束机制、信息传递机制以及信任机制，产生降低质量控制水平和降低支付意愿甚至拒绝购买的行为，从而导致所有主体行为关系协调不一致，严重影响乳制品质量安全水平的提高与产业的发展。

二、政府补贴可更协调乳制品供应链养殖—投资环节的质量行为

最终实现养殖—投资环节奶农和乳制品企业质量行为协调的演化稳定策略是（规模养殖，投资），但在市场机制下，奶农与乳企行为策略的选择与双方的超额收益密切相关，当双方的超额收益不断变化时，博弈会依次出现（散养，不投资）、（规模养殖，投资）和（散养，不投资）等策略共存的演化稳定状态；当双方超额收益都为正时，在规模化生产模式下生鲜乳收购价格、检测合格生鲜乳比例、奶农进入规模化养殖小区生产成本、乳企投资规模化养殖小区成本对演化稳定策略的变化有不同的影响作用，其中以奶农生产成本与乳企投资成本的影响作用最为显著。当奶农生产成本与乳企投资成本显著降低时，系统演化到（规模养殖，投资）的概率明显增加，即生鲜乳生产模式向规模化转变的可能性显著提高；当奶农与乳企的超额收益都为正时，政府对进入养殖小区的奶农实施补贴政策，当补贴额度大于奶农模式转变成本差额时，博弈只存在（规模养殖，投资）一个演化稳定策略。因此，在政府为奶农提供相关政策补贴的前提下，乳制品核心企业可以通过适当提高生鲜乳收购价格、提升生鲜乳检验水平以及对奶农提供技术支持等方式，实现养殖—投资环节奶农和乳制品企业质量行为的协调。

三、质量损失分担契约可协调乳制品供应链生产—检验环节的质量行为

在双边道德风险下，双方协定相关契约参数后，外部损失分担契约以及内外部损失共同分担契约都可以协调乳制品供应链生鲜乳生产—检验环节质量行为，但内部损失分担契约不能实现最优协调。此时，生鲜乳质量控制边际成本以及消费者额外赔偿额度的增加会提高最优生鲜乳质量控制水平，而质量检验边际成本以及内部损失的增加会降低最优质量控制水平；质量检验边际成本、消费者额外赔偿额度以及内部损失的增加会提高最优质量检验水平，而质量控制边际成本的提高会降低最优质量检验水平。

尽管在两种契约的协调下，乳制品供应链最优收益不变，但内部损失分担系数的增加会降低生鲜乳供应商的收益，同时增加乳制品核心企业的收益，即外部损失分担契约更利于保护上游供应商的收益，而内外损失共同分担契约对企业更

有益。因此，企业在建立生产—检验环节的质量损失分担契约时，应减少奶农分担的内部损失，完善可追溯体系，增加奶农分担的外部损失，提高生鲜乳质量控制水平。

四、合理的认证标准可协调乳制品供应链产品加工—消费环节的质量行为

在单边道德风险下，当企业进行认证与未进行认证的产品溢价大于进行认证的固定成本，且认证标准高于企业未认证时的最优产品质量控制水平并小于最大临界值时，政府以及相关部门执行该认证标准可以使企业主动选择对产品进行认证，为消费者传递质量信息的同时激励企业提高产品质量水平，从而实现了乳制品供应链产品加工—消费环节的质量行为协调。

当乳制品供应链产品加工—消费环节实现质量行为协调时，随着消费者信心的降低（消费者在购买前认为产品非优质的可能性），最优认证标准以及企业主动认证的最优质量控制水平随之提高，但最优收益随之减小；随着消费者对于认证的接受认可程度的增加（消费者认为产品质量优质安全时具有认证标识的概率），最优认证标准以及企业主动认证的最优质量控制水平随之提高，但最优收益随之减小；随着外部损失赔偿的增加，最优认证标准以及企业主动认证的最优质量控制水平随之提高，但企业主动选择认证的最优收益随之减小。

政府以及相关部门在确立最优认证标准时需考虑认证标准临界值以及可行区间的大小，认证标准以及可行区间不仅代表了消费者以及企业的目标，也代表了行业的整体质量水平；且自愿性认证标准应当高于市场最基本的质量安全标准。此外，要考虑消费者对于整个行业的质量水平的估计，消费者对于认证的接受认可程度以及外部损失赔偿的大小。

五、无认证情形下内部损失分担契约可协调乳制品供应链整体的质量行为

在双边道德风险下，当不存在标识生鲜乳质量信息的自愿性认证时，内外部损失分担契约可以实现对乳制品供应链的最优协调。但内部损失分担系数可能出现大于1的情况，即上游养殖户可能承担比实际发生的内部损失更多的责任，从而影响养殖户的收益。

当乳制品供应链实现整体质量行为协调时，随着外部赔偿额度增加，乳制品供应链各环节最优质量控制水平提高，产品缺陷率、实际发生的外部损失赔偿与内部损失降低，供应链整体收益以及成员各自的收益也有所下降，且养殖户和企业之间的收益差距减少，因而外部赔偿额度增加可缓解上下游收益分配不均衡的问题；随着企业加工技术水平的降低，各环节最优质量控制水平降低，产品缺陷率、实际发生的外部损失赔偿以及内部损失都有所增加，供应链整体收益以及企业的收益显著下降；随着生鲜乳生产规模扩大，最优生鲜乳质量控制水平提高，最优产品质量控制水平以及检验水平降低，缺陷率以及实际发生的外部损失赔偿增加，奶牛养殖户损失分担比例以及实际分担的损失显著增加；此外，上游奶牛养殖户最优收益普遍低于其保留收益。

六、认证情形下收益分享损失分担契约可协调乳制品供应链整体的质量行为

在双边道德风险下，当存在标识生鲜乳质量信息的自愿性认证时，双方协定收益分享比例以及损失分担比例等契约参数后，收益分享损失分担契约可以实现对乳制品供应链质量的最优协调。但如果独立第三方检测机构对产品产生缺陷的原因判定不准确，则收益分享以及损失分担的质量协调契约实现对乳制品供应链最优协调的可能性较低。

当乳制品供应链实现整体质量行为协调时，随着赔偿额度增加，乳制品供应链各环节最优质量控制水平提高，产品缺陷率、实际发生的外部损失赔偿与内部损失降低，且供应链整体收益先减后增，养殖户收益占总收益的比例逐渐增加；政府检验强度的作用原理与赔偿额度相同，但作为一种事前控制手段，增加政府检验强度不仅可以激励企业以及养殖户提高质量控制水平，也可有效减少消费者在食品安全事件中的潜在损失，其效果更优；随着企业加工技术水平的降低，各环节最优质量控制水平下降，产品缺陷率、实际发生的外部损失赔偿以及内部损失都有所增加，供应链整体收益以及企业的收益显著下降；随着生鲜乳生产规模的扩大，最优生鲜乳质量控制水平提高，最优产品质量控制水平以及检验水平降低，缺陷率以及实际发生的外部损失赔偿增加；此外，上游奶牛养殖户最优收益普遍高于其保留收益。

七、认证情形下收益共享损失分担契约具有激励性，公平性和稳定性的优势

通过比较两类质量协调契约可以发现，当存在双边道德风险时，认证情形下收益分享损失分担契约具有激励性、稳定性以及公平性三个主要特性：这种契约通过建立更加合理的损失分担以及收益分配机制，不仅可以充分调动乳制品供应链成员主动提高产品的质量水平，还能提高乳制品供应链整体收益以及成员收益，改善乳制品供应链上下游收益分配不均衡的现象。此外，这种契约还可以增强乳制品供应链整体抵御外部条件变化以及市场风险波动的能力，使整个乳制品供应链系统更加稳定。尤其在规模养殖系统性成本过高的背景下，随着养殖规模扩大，无认证情形下内部损失分担契约会使奶牛养殖户独自承受扩大生产规模而增加的质量控制成本以及过多的损失风险，从而严重影响其收益，加重乳制品供应链收益分配不均衡的局面；认证情形下收益共享损失分担契约却增加了企业在上游生产规模扩大过程中的责任，减少生产规模扩大对奶牛养殖户的不利影响，从而改善生产规模扩大过程中上下游收益分配极度不平衡的局面，保障奶牛养殖户的收益。

第二节　政策建议

基于以上研究结论，本书综合提炼出以下政策建议。

一、推动规模化养殖进程

规模化的养殖模式可以提高奶源的质量安全水平，从根本上保障乳制品质量安全。本书基于以上研究结论，为循序渐进推动乳制品供应链上游养殖模式的转变，提出以下五点建议：

（1）适当提高生鲜乳收购价格，但过高的收购价格不仅影响市场竞争的公平性，还会制约养殖模式的转变。因此，建议相关部门、乳企、奶农代表组成"生鲜乳价格协调委员会"，定期协商确定生鲜乳交易参考价格，完善生鲜乳定

价机制；政府对提高生鲜乳收购价格的企业给予收购价格补贴，并采用"双反"等贸易保护措施，保障我国奶农与乳企的利益。此外，考虑到检测合格生鲜乳比例对于养殖模式转变的积极影响，需全面提高我国乳制品的质量检测水平，建立健全第三方检测机制，提高生鲜乳检测合格率，推动养殖模式转变。

（2）降低奶农进入规模化养殖小区的成本。建议政府推行生鲜乳分级管理，根据奶农生产生鲜乳的质量水平，给予不同等级的补贴，质量越高补贴额度越大。一方面，可以减少奶农的费用负担，鼓励他们进行规模化养殖；另一方面，可以激励奶农努力提高生鲜乳质量水平，从而提高生鲜乳检测合格率，降低规模化养殖成本对于奶农策略选择的消极影响，进一步推动养殖模式转变。

（3）降低乳企投资规模化养殖小区的成本。企业应结合自身的实际发展规模，采取自建小型养殖小区、寻求与大型牧场合作等途径，在降低成本且保证奶源供应的基础上，循序渐进地推进规模化的发展进程。此外，政府应鼓励企业自建养殖小区、自建牧场等推动规模化生产模式的行为，包括给予贷款方面的政策优惠，招商引资以增加企业融资渠道，补贴基础设施建设。

（4）增加政府对于奶农的补贴。尽管乳制品行业在我国属于焦点行业，但乳业补贴政策与荷兰、新西兰、美国、日本等国家相比明显偏少。建议政府在扩大补贴对象范围的基础上健全补贴种类，对奶农实施生产成本或收奶价格临时补贴，减少奶农养殖成本，积极促进我国生鲜乳生产模式的转变，全面推动乳制品行业的进一步发展。

（5）乳制品供应链上游养殖模式的转变是一个艰难漫长的过程，要循序渐进，结合乳制品优势区域的资源禀赋因地制宜，倡导养殖小区、家庭牧场等适度规模（陈梅和茅宁，2015）的养殖模式的发展，引导我国乳制品行业上游的奶牛养殖走向安全、卫生、持续的发展模式。

二、建立权威有效的自愿性认证

权威有效的自愿性认证在激励乳制品企业提高质量控制水平的同时可以为消费者传递真实的质量信息，从而保障乳制品质量安全。本书基于以上研究结论，为建立权威有效的自愿性认证制度，提出以下四点建议：

（1）保证认证的权威性。为促进市场良性竞争，鼓励乳制品核心企业实施自愿性认证，该认证制度的认证程序、认证规则、认证标准，以及认证合格企业违规造假行为的惩处措施等都由政府制定并公示，且政府需要出台相应的法律法规确保认证体系的有效性与合法性。

（2）保证认证的有效性。由政府或者政府授意的权威认证机构具体执行认证过程，且政府需要对认证机构的行为进行监管，规范认证过程，严厉打击违规认证行为，提高认证的公信力。

（3）提高消费者对于认证的认知以及信任程度。一方面，规范认证标识的使用，要求获取认证的产品在产品外包装上明确标识，且认证标志应包括生鲜乳质量信息或等级，将质量信息转译为通俗易懂的信号；另一方面，政府可以协同主流媒体，通过各种媒介扩大宣传，增强消费者的辨别能力，提高认证的普及程度。

（4）设置合理的认证标准。一方面，认证标准的制定要考虑市场最基本的质量安全标准；另一方面，要综合考虑消费者与企业的目标，以及乳制品行业的整体质量水平状况；此外，要考虑消费者对于整个行业的质量水平的估计、消费者对于认证的接受认可程度以及外部损失赔偿的大小。随着这些因素的变化，政府应及时调整认证标准的大小，满足行业发展的需要和消费者的期待。当前，我国消费者对于整个乳制品行业的信任水平较低，政府以及权威部门机构应修订生鲜乳以及液态奶等产品的国家标准，推动分级标准体系等政策的实施，激励企业加强质量控制，在有效区分产品质量的基础上，提高整个行业的平均质量水平。

三、建立结合生鲜乳质量认证的利益共享风险共担机制

结合生鲜乳质量认证的利益共享风险共担机制，不仅缓解了乳制品供应链中信息不对称现象，提高了产品的支付溢价，而且通过建立责任认定更为明确的损失分担机制，使损失分担更加公平。此外，合理的利益分配机制，能有效缓解上下游收益分配不平衡的局面，从而促使企业以及上游养殖户主动提高质量控制水平，保障乳制品质量安全。本书基于以上研究结论，为建立结合生鲜乳质量认证的利益共享风险共担机制，提出以下四点建议：

（1）确保认证包含生鲜乳质量信息或等级。认证应包括生鲜乳质量信息或等级，让消费者在选购产品时，了解关于奶源的质量信息。政府或相关部门可以参考乳业发达国家的政策条例，制定涉及菌落总数、乳脂肪含量、乳蛋白含量等多项质量指标的认证标准，将奶源分级，由企业自愿采纳，旨在提高乳制品质量。

（2）通过行业规定或法律条例等形式保证认证权威性。一方面，需要出台相应的法律法规确保认证的权威性；另一方面，以行业规定或法律条例等形式确立相关主体的权责，为推行结合生鲜乳质量认证的利益共享风险共担机制提供法律保障。

（3）健全第三方检测机制，完善可追溯系统。鼓励并支持第三方检测机构的建立与发展，完善质量问题发生后的责任认定机制，提高上游养殖户的外部损失分担比例，减少内部损失分担。

（4）此外，政府应鼓励乳制品企业通过订单收购、建立风险基金、返还利润、参股入股、建立奶联社等多种形式，和上游养殖户形成风险共担、利润共享的共同体，确保养殖户的地位和收益。

四、监管和其他治理手段协同使用

在行业整体质量水平较低且存在信任危机的情况下，政府监管等公开持续的市场干预手段是重建行业集体声誉，提高相关主体质量控制水平的重要策略（莫佳颖等，2016；李想和石磊，2014）。但在行政资源约束以及政策性负担形成的规制俘获的情况下（王永钦等，2014；龚强等，2015），政府检验频率以及赔偿额度的提高空间有限，政府监管效果不稳定（汪鸿昌等，2013；吴元元，2012；谢康等，2016），不可长期使用。在乳制品核心企业实施有效的质量协调契约的基础上，政府想要提高乳制品行业整体的质量水平并解决市场信息不对称的问题，除加强对养殖户和乳制品核心企业的质量行为的监管，可以考虑多种手段协同使用：从推动规模化养殖进程的角度来讲，政府需进一步完善规模养殖补贴政策，减少养殖户质量控制成本，从根本上降低养殖成本，提高养殖效率；从确保信息披露和传播的角度讲，政府可以通过设置满足行业发展需要和消费者期待的自愿性认证标准，制约企业投机行为且为消费者传递质量信息，并通过法律法规以及有效监管保证认证的权威性以及有效性；从质量改进的角度来讲，政府需鼓励企业兼并重组，优化产业结构，逐步淘汰落后产能，提高乳制品供应链加工水平。

第三节　研究展望

一、考虑认证标准的质量控制模型

在收益共享损失分担契约协调的质量控制模型中，认证标准的变化不仅会影响认证通过的概率，也会影响供应链主体的质量控制行为。但由于模型构建较为复杂，本书在第六章的研究中只将认证标准设为定值，并假设消费者非常信任认证标识所传递的信息，且不考虑收入约束。当产品通过该认证标准且获得相关认证后，消费者会为认证产品支付溢价，没有具体讨论认证标准的影响作用。未来可进一步构建包括认证标准的乳制品供应链质量控制模型。

二、考虑消费者收入的加工—消费环节质量控制模型

消费者收入水平会影响消费者的最终收益。本书在第五章的研究中，假设消费者对乳制品的质量安全水平非常重视，或消费者收入水平非常高，即价格的变化对消费者最终收益的影响作用较小，没有构建考虑消费者收入约束的基于认证标准的加工—消费环节质量控制模型，可将其作为未来的研究方向。

三、考虑不同乳制品供应链组织模式的质量行为协调

不同的乳制品供应链组织模式包含不同的行为主体。本书所研究的乳制品供应链组织模式为"规模养殖场 + 乳制品核心企业"，具体包括奶牛养殖户（场）、乳制品核心企业和消费者，没有考虑"奶农 + 合作社 + 企业"或"奶农 + 奶站 + 企业"等乳制品供应链组织模式，没有考虑奶站、奶业合作社、奶联社等其他主体，可将其作为未来研究的方向。

参考文献

〔1〕 Akerlof G A. The Market for Lemons: Quality, Uncertainty and the Market Mechanism 〔J〕. Quarterly Journal of Economics, 1970 (84): 488 – 500.

〔2〕 Auriol E, Schilizzi S G M. Quality Signaling Through Certification in Developing Countries 〔J〕. Journal of Development Economics, 2015 (116): 105 – 121.

〔3〕 Baiman S, Fischer P E, Rajan M V. Performance Measurement and Design in Supply Chains 〔J〕. Management Science, 2001, 47 (1): 173 – 188.

〔4〕 Baksi S, Bose P, Xiang D. Credence Goods, Consumer Misinformation, and Quality 〔R〕. Departmental Working Papers, 2012.

〔5〕 Balachandran K R, Radhakrishnan S. Quality Implications of Warranties in A Supply Chain 〔J〕. Management Science, 2005, 51 (8): 1266 – 1277.

〔6〕 Caldieraro F, Shin D, Stivers A. Voluntary Quality Disclosure under Price-Signaling Competition 〔J〕. Managerial and Decision Economics, 2011, 32 (8): 493 – 504.

〔7〕 Caswell J A, Mojduszka E M. Using Informational Labeling to Influence the Market for Quality in Food Products 〔J〕. American Journal of Agricultural Economics, 1996, 78 (5): 1248 – 1253.

〔8〕 Chen C, Zhang J, Delaurentis T. Quality Control in Food Supply Chain Management: An Analytical Model and Case Study of the Adulterated Milk Incident in China 〔J〕. International Journal of Production Economics, 2014 (152): 188 – 199.

〔9〕 Darby M Karni E. Free Competition and the Optimal Amount of Fraud 〔J〕. Journal of Law and Economics, 1973 (16): 67 – 88.

〔10〕 Dhar T, Foltz J D. Milk by any Other Name... Consumer Benefits from Labeled Milk 〔J〕. American Journal of Agricultural, 2005, 87 (1): 214 – 228.

［11］ Dranove D, Jin G Z. Quality Disclosure and Certification: Theory and Practice ［J］. Journal of Economic Literature, 2011, 48 (4): 935 – 963.

［12］ El Ouardighi F. Supply Quality Management with Optimal Wholesale Price and Revenue Sharing Contracts: A Two-stage Game Approach ［J］. International Journal of Production Economics, 2014 (156): 260 – 268.

［13］ Eibull J W. Evolutionary Game Theory ［M］. Cambridge, MA: The MIT Press, 1995.

［14］ Faye B, Loiseau G. Lactoferrinand Immunoglobin Content in Camelmilk from Kazakhstan ［J］. Dairy Sci, 2006 (90).

［15］ Fernqvist F, Ekelund L. Credence and the Effect on Consumer liking of Food – A Review ［J］. Food Quality and Preference, 2014 (32): 340 – 353.

［16］ Fixson S K. Product Architecture Assessment: A Tool to Link Product, Process, and Supply Chain Design Decisions ［J］. Journal of Operations Management, 2005, 23 (3 – 4): 345 – 369.

［17］ Gerrit Smit. Dairy Processing: Improving Quality ［M］. CRC Press, 2003.

［18］ Giannakas K. Information Asymmetries and Consumption Decisions in Organic Food Product Markets ［J］. Canadian Journal of Agricultural Economics, 2002, 50 (1): 35 – 50.

［19］ Golan E, Kuchler F, Mitchell L, et al. Economics of Food Labeling ［J］. Journal of Cansumer Policy, 2001, 24 (2): 117 – 184.

［20］ Hatanaka M, Bain C, Busch L. Third-party Certification in the Global Agrifood System ［J］. Food Policy, 2005, 30 (3): 354 – 369.

［21］ Hirschauer N, Musshoff O. A Game-theoretic Approach to Behavioral Food Risks: The Case of Grain Producers ［J］. Food Policy, 2007, 32 (2): 246 – 265.

［22］ Hobbs J E. Information, Incentives and Institutions in the Agri-food Sector ［J］. Canadian Journal of Agricultural Economics, 2003, 51 (3): 413 – 429.

［23］ Holland S. Lending Credence: Motivation, Trust, and Organic Certification ［J］. Agricultural and Food Economics, 2016, 4 (1).

［24］ Ivano D N. Reference Material Needs for Quality Assessment of Milk and Dairy Products ［J］. Accred Qual Assur, 2004 (9): 226 – 231.

［25］ Kelepouris T, Pramatari K, Doukidis G. RFID-enabled Traceability in the Food Supply Chain ［J］. Industrial Management & Data Systems, 2007, 107 (2):

183 – 200.

[26] Lankveld J M G. Quality, Safety and Value Optimisation of the Milk Supply Chain in Rapidity Evolving Central and Eastern European Markets (OPTIMILK) [R]. Leerstoelgroep Productontuer Pen en Kwaliteitskunde, 2004.

[27] Lassoued R, Hobbs J E. Consumer Confidence in Credence Attributes: The Role of Brand Trust [J]. Food Policy, 2015 (52): 99 – 107.

[28] Laurian J Unnevehr, Helen H Jensen. The Economic Implications of Using HACCP as a Food Safety Regulatory Standard [J]. Food Policy, 1999, 24 (6): 625 – 635.

[29] Lee H, Hwang J. The Driving Role of Consumers' Perceived Credence Attributes in Organic Food Purchase Decisions: A Comparison of Two Groups of Consumers [J]. Food Quality and Preference, 2016 (54): 141 – 151.

[30] Lizzeri A. Information Revelation and Certification Intermediaries [J]. The RAND Journal of Economics, 1999, 30 (2): 214 – 231.

[31] Loureiro M L, Umberger W J. A Choice Experiment Model for Beef: What US Consumer Responses tell Us About Relative Preferences for Food Safety, Country-of-origin Labeling and Traceability [J]. Food Policy, 2007, 32 (4): 496 – 514.

[32] Ma H, Oxley L, Rae A, et al. The Evolution of Productivity Performance on China's Dairy Farms in the New Millennium [J]. Journal of Dairy Science, 2012, 95 (12): 7074 – 7085.

[33] Mccluskey J J, Grimsrud K M, Ouchi H, et al. Bovine Spongiform Encephalopathy in Japan: Consumers' Food Safety Perceptions and Willingness to Pay for Tested Beef [J]. Australian Journal of Agricultural and Resource Economics, 2005, 49 (2): 197 – 209.

[34] Mccluskey J J. A Game Theoretic Approach to Organic Foods: An Analysis of Asymmetric Information and Policy [J]. Agricultural & Resource Economics Review, 2000, 29 (1): 1 – 9.

[35] Mergenthaler M, Weinberger K, Qaim M. Consumer Valuation of Food Quality and Food Safety Attributes in Vietnam [J]. Applied Economic Perspectives and Policy, 2009, 31 (2): 266 – 283.

[36] Merrill R A, Francer J K. Organizing Federal Food Safety Regulation [J]. Seton Hall L. rev, 2000 (1).

［37］ Nelson P. Information and Consumer Behavior ［J］. Journal of Political Economy, 1970 (78): 311 – 329.

［38］ Noordhuizen J P T M, Metz J H M. Quality Control on Dairy Farms with Emphasis on Public Health, Food Safety, Animal Health and Welfare ［J］. Livestock Production Science, 2005, 94 (1): 51 – 59.

［39］ Ortega David L, H Holly Wang, Nicole J Olynk, Laping Wu, Junfei Bai. Chinese Consumers' Demand for Food Safety Attributes: A Push for Government and Industry Regulation ［J］. American Journal of Agricultural Economics, 2012, 94 (2): 489 – 495.

［40］ Organization A. Guide to Good Dairy Farming Practice ［J］. Fao Animal Production & Health Guidelines, 2004.

［41］ Ponzoni E, Mastromauro F, Gianì S, et al. Traceability of Plant Diet Contents in Raw Cow Milk Samples ［J］. Nutrients, 2009, 1 (2): 251 – 262.

［42］ Pouliot S, Sumner D A. Traceability, Liability and Incentives for Food Safety and Quality ［J］. American Journal of Agricultural Economics, 2008, 90 (1): 15 – 27.

［43］ Qin L. A Effective Way to Improve the Performance of Food Safety Governance Based on Cooperative Game ［J］. Agriculture and Agricultural Science Procedia, 2010 (1): 423 – 428.

［44］ Roberts T, Smallwood D. Data Needs to Address Economic Issues in Food Safety ［J］. American Journal of Agricultural Economics, 1991, 73 (3): 933 – 942.

［45］ Robinson C J, Malhotra M K. Defining the Concept of Supply Chain Quality Management and Its Relevance to Academic and Industrial Practice ［J］. International Journal of Production Economics, 2005, 96 (3): 315 – 337.

［46］ Rothschild M, J E Stiglitz. Equilibrium in Competitive Insurance Markets: An Essay on the Economics of Imperfect Information ［J］. Quarterly Journal of Economics, 1976, 90 (4).

［47］ Spence A. Job Market Signaling ［J］. Quarterly Journal of Economics, 1973, 87 (3).

［48］ Stiglitz J E. Imperfect Information In the Product Market ［J］. Handbook of Industrial Organization, 1989 (1): 769 – 847.

［49］ Teng C C, Brown K, Caro C, et al. A Service Oriented Livestock Management System Using Occasionally Connected Mobile-cloud Architecture ［C］// Systems Conference. IEEE, 2012: 1 - 5.

［50］ Tirole J. The Theory of Industrial Organization ［M］. Published by MIT Press, 1988.

［51］ Todt O, Muñoz E, Plaza M. Food Safety Governance and Social Learning: The Spanish Experience ［J］. Food Control, 2007, 18 (7): 834 - 841.

［52］ Valeeva N I, Huirne R B M, Meuwissen M P M, et al. Modeling Farm-level Strategies For Improving Food Safety in the Dairy Chain ［J］. Agricultural Systems, 2007, 94 (2): 528 - 540.

［53］ Valeeva N I, Meuwissen M P, Lansink A G, et al. Improving Food Safety Within the Dairy Chain: An Application of Conjoint Analysis ［J］. J Dairy Sci, 2005, 88 (4): 1601 - 1612.

［54］ Viscusi W K. A Note on Lemons Markets with Quality Certification ［J］. The Bell Journal of Economics, 1978, 9 (1): 277 - 279.

［55］ Xie S Y. Theory of Evolutionary Game under the Limited Rationality ［J］. Journal of Shanghai University of Finance and Economics, 2001, 3 (5): 3 - 7.

［56］ Yin S, Chen M, Chen Y, et al. Consumer Trust in Organic Milk of Different Brands: The Role of Chinese organic label ［J］. British Food Journal, 2016, 118 (7): 1769 - 1782.

［57］ Zanasi C, Venturi P, Buccolini F, et al. A Organic Parmesan Cheese On-line Tracebility: A feasible ［C］. Proceedings of the Second Scientific Conference of the International Society of Organic Agriculture Research (ISOFAR), 16th IFOAM Organic World Conference, Modena, Italy, 2008 (6): 16 - 20.

［58］ Zhang L, Xu Y, Oosterveer P, et al. Consumer Trust in Different Food Provisioning Schemes: Evidence from Beijing, China ［J］. Journal of Cleaner Production, 2016 (134): 269 - 279.

［59］ 白宝光. 供应链环境下乳制品质量安全管理研究 ［M］. 北京：科学出版社, 2016.

［60］ 白世贞, 刘忠刚. 基于供应链视角的乳制品质量安全问题研究 ［J］. 物流工程与管理, 2013 (12): 105 - 108.

［61］ 包含. 标签信号影响下的信任品市场均衡形态分析 ［D］. 江南大学硕士学位论文, 2015.

［62］陈梅，茅宁．不确定性、质量安全与食用农产品战略性原料投资治理模式选择——基于中国乳制品企业的调查研究［J］．管理世界，2015（6）：125－140.

［63］程琳，郑军．优质蔬菜供应链合作伙伴质量安全行为协调机理研究——基于进化博弈的视角［J］．农产品质量与安全，2014（5）：48－52.

［64］崔艳丽．不同信息结构下供应链质量控制契约研究［D］．南京航空航天大学硕士学位论文，2013.

［65］戴晓武，于佳，李雅丽等．消费者对乳制品 HACCP 认证支付意愿的实证研究［J］．农业经济与管理，2017（1）：74－83，100.

［66］道日娜，乔光华．内蒙古奶业生产组织模式创新与乳品质量安全控制［J］．农业现代化研究，2009（3）：298－301.

［67］道日娜．乳品加工企业与奶农交易关系研究［J］．华中师范大学学报（人文社会科学版），2008（4）：57－62.

［68］道日娜．乳品企业对奶站的激励偏差与最优激励合约——基于多任务委托代理模型的分析［J］．农业现代化研究，2012（4）：435－439.

［69］邸雪枫．国内外乳制品标准、法规体系探讨与分析［J］．中国乳业，2009（8）：54－57.

［70］樊斌，李翠霞．乳制品质量安全隐蔽违规行为监管机制研究［M］．北京：中国农业出版社，2012.

［71］冯华．农业部六项措施确保乳粉安全——奶源可追溯到牧场［N］．人民日报，2014－01－10（2）.

［72］高敏蕙．基于企业视角的乳制品认证制度演进研究［D］．哈尔滨理工大学硕士学位论文，2015.

［73］高晓鸥．乳制品供应链的质量安全管理研究［D］．中国农业科学院硕士学位论文，2010.

［74］郜亮亮，李栋，刘玉满等．中国奶牛不同养殖模式效率的随机前沿分析——来自 7 省 50 县监测数据的证据［J］．中国农村观察，2015（3）：64－73.

［75］龚广予．乳品标准与法规［M］．北京：中国轻工业出版社，2015.

［76］龚强，陈丰．供应链可追溯性对食品安全和上下游企业利润的影响［J］．南开经济研究，2012（6）：30－48.

［77］龚强，成酩．产品差异化下的食品安全最低质量标准［J］．南开经济研究，2014（1）：22－41.

[78] 龚强,雷丽衡,袁燕. 政策性负担、规制俘获与食品安全 [J]. 经济研究, 2015 (8): 4-15.

[79] 龚强,张一林,余建宇. 激励、信息与食品安全规制 [J]. 经济研究, 2013 (3): 135-147.

[80] 巩顺龙,白丽,陈晶晶. 基于结构方程模型的中国消费者食品安全信心研究 [J]. 消费经济, 2012 (2): 53-57.

[81] 郭淼媛. 基于激励与协调的乳制品供应链质量安全管理研究 [D]. 浙江工业大学硕士学位论文, 2013.

[82] 郭文博. 供应链背景下乳制品质量安全管理研究 [D]. 内蒙古工业大学硕士学位论文, 2013.

[83] 韩长赋. 加快振兴中国奶业 [J]. 甘肃畜牧兽医, 2017 (2): 18-19.

[84] 郝妍. 基于相关主体利益博弈的黑龙江省乳制品质量安全保障研究 [D]. 东北农业大学硕士学位论文, 2016.

[85] 何忠伟,刘芳,吴夏梦. 基于 SEM 的国内外乳制品择定模式研究——基于北京 506 个消费者样本的调研 [J]. 农业技术经济, 2016 (3): 24-35.

[86] 黄凯南. 演化博弈与演化经济学 [J]. 经济研究, 2009 (2): 132-145.

[87] 洪江涛,陈俊芳. 供应商产品质量改进的契约模型 [J]. 系统工程与电子技术, 2007 (10): 1655-1658.

[88] 洪江涛,陈俊芳. 供应商产品质量控制的激励机制研究 [J]. 管理评论, 2007 (3): 49-52.

[89] 胡本勇,王性玉. 考虑努力因素的供应链收益共享演化契约 [J]. 管理工程学报, 2010 (2): 135-138.

[90] 胡军,张镓,芮明杰. 线性需求条件下考虑质量控制的供应链协调契约模型 [J]. 系统工程理论与实践, 2013, 33 (3): 601-609.

[91] 贾愚,刘东. 供应链契约模式与食品质量安全:以原奶为例 [J]. 商业经济与管理, 2009 (6): 13-20.

[92] 姜冰,李翠霞. 基于宏观数据的乳制品质量安全事件的影响及归因分析 [J]. 农业现代化研究, 2016 (1): 64-70.

[93] 姜冰,李翠霞. 消费者乳制品质量安全信任违背的引致性因素分析——基于不同受信主体的视角 [J]. 中国流通经济, 2016 (5): 44-52.

[94] 姜冰,李翠霞. 乳制品质量危机背景下供应链安全管控机制研究

［J］．农业现代化研究，2013（6）：698－702.

［95］姜冰．乳制品质量安全危机视阈下消费者信任修复研究［D］．东北农业大学博士学位论文，2015.

［96］解东川．基于演化博弈的"农超对接"供应链稳定性与协调研究［D］．电子科技大学博士学位论文，2015.

［97］金成哲，金龙勋．消费者食品安全性意识与认证食品的支付意愿［J］．延边大学农学学报，2011（4）：294－299.

［98］孔祥智，钟真．奶站质量控制的经济学解释［J］．农业经济问题，2009（9）：24－29.

［99］孔祥智等．中国奶业经济组织模式研究［M］．北京：中国农业科学技术出版社，2009.

［100］雷宇．声誉机制的信任基础：危机与重建［J］．管理评论，2016（8）：225－237.

［101］李翠霞，葛娅男．我国原料乳生产模式演化路径研究——基于利益主体关系视角［J］．农业经济问题，2012（7）：33－38.

［102］李翠霞，姜冰．情景与品质视角下的乳制品质量安全信任评价——基于12个省份消费者乳制品消费调研数据［J］．农业经济问题，2015（3）：75－82.

［103］李栋．美、新、荷奶业发展模式及特点研究［J］．世界农业，2013（5）：111－114.

［104］李栋．中国奶牛养殖模式及其效率研究［D］．中国农业科学院博士学位论文，2013.

［105］李晶．内蒙古乳产业龙头企业与奶农利益联结机制博弈研究［D］．四川农业大学硕士学位论文，2012.

［106］李想．信任品质量的一个信号显示模型：以食品安全为例［J］．世界经济文汇，2011（1）：87－108.

［107］李想，石磊．行业信任危机的一个经济学解释：以食品安全为例［J］．经济研究，2014（1）：169－181.

［108］李想，石磊．质量的产能约束、信息不对称与大销量倾向：以食品安全为例［J］．南开经济研究，2011（2）：42－67.

［109］李新春，陈斌．企业群体性败德行为与管制失效——对产品质量安全与监管的制度分析［J］．经济研究，2013（10）：98－111.

［110］李雪墨．消费者对食品质量信息有强烈知晓需求［N］．中国医药报，2016 – 04 – 14．

［111］李玉峰，刘敏，平瑛．食品安全事件后消费者购买意向波动研究：基于恐惧管理双重防御的视角［J］．管理评论，2015（6）：186 – 196．

［112］凌静．危机事件中消费者信任受损及修复机制研究［D］．南京大学硕士学位论文，2012．

［113］刘恩辉．博弈论视角下的供应链质量管理研究［D］．江南大学硕士学位论文，2010．

［114］刘呈庆，孙曰瑶，龙文军等．竞争、管理与规制：乳制品企业三聚氰胺污染影响因素的实证分析［J］．管理世界，2009（12）：67 – 78．

［115］刘小兰．批发市场交易模式下农产品质量安全研究［D］．昆明理工大学硕士学位论文，2014．

［116］刘云志，樊治平．不公平厌恶下 VMI 供应链的批发价格契约与协调［J］．中国管理科学，2016（4）：63 – 73．

［117］刘增金，乔娟，沈鑫琪．偏好异质性约束下食品追溯标签信任对消费者支付意愿的影响——以猪肉产品为例［J］．农业现代化研究，2015（5）：834 – 841．

［118］刘真真．基于原料乳质量安全的黑龙江省奶农生产行为研究［D］．东北农业大学硕士学位论文，2012．

［119］柳思维，朱艳春．国产消费品安全事故对消费需求的影响分析［J］．北京工商大学学报（社会科学版），2013（2）：12 – 19．

［120］陆晓博．基于不同消费者类型的最低质量标准规制的社会效应研究［D］．江南大学硕士学位论文，2016．

［121］路璐．考虑消费者和企业行为偏好的信任品第三方认证有效性研究［D］．江南大学硕士学位论文，2015．

［122］马恒运，王济民，刘威等．我国原料奶生产 TFP 增长方式与效率改进——基于 SDF 与 Malmquist 方法的比较［J］．农业技术经济，2011（8）：18 – 25．

［123］莫家颖，余建宇，龚强等．集体声誉、认证制度与有机食品行业发展［J］．浙江社会科学，2016（3）：4 – 17．

［124］蒲徐进．我国"公司 + 农户"型农产品供应链理论模型和运作研究［M］．北京：中国社会科学出版社，2014：139 – 175

［125］钱贵霞，郭晓川，邬建国等．中国奶业危机产生的根源及对策分析［J］．农业经济问题，2010（3）：30－36．

［126］钱贵霞，解晶．中国乳制品质量安全的供应链问题分析［J］．中国乳业，2009（10）：62－66．

［127］乔光华，郝娟娟．我国乳业的食品安全：背景、问题和对策［J］．农业技术经济，2004（4）：70－74．

［128］青平，陶蕊，严潇潇．农产品伤害危机后消费者信任修复策略研究——基于乳制品行业的实证分析［J］．农业经济问题，2012（10）：84－92．

［129］卿树涛．消费者支付意愿与安全食品供给［D］．西南财经大学博士学位论文，2013．

［130］全世文，曾寅初，刘媛媛等．食品安全事件后的消费者购买行为恢复——以三聚氰胺事件为例［J］．农业技术经济，2011（7）：4－15．

［131］全世文，曾寅初，刘媛媛．消费者对国内外品牌奶制品的感知风险与风险态度——基于三聚氰胺事件后的消费者调查［J］．中国农村观察，2011（2）：2－15．

［132］全世文，曾寅初．我国食品安全监管者的信息瞒报与合谋现象分析——基于委托代理模型的解释与实践验证［J］．管理评论，2016（2）：210－218．

［133］申成霖，张新鑫．消费者策略行为和成员损失规避下的供应链协调［J］．软科学，2016（4）：114－119．

［134］申强，杨为民，刘笑冰等．基于两种策略的四级供应链质量控制优化研究［J］．中国管理科学，2016（10）：52－59．

［135］申强，侯云先，杨为民．双边道德风险下供应链质量协调契约研究［J］．中国管理科学，2014（3）：90－95．

［136］申强，侯云先．奶农与企业原料奶质量控制行为进化博弈分析［J］．农业技术经济，2011（8）：26－33．

［137］沈笛．乳制品供应链质量管理研究［D］．东北财经大学硕士学位论文，2012．

［138］沈伟平，徐国忠，张克春．影响牛奶质量安全的因素及对策［J］．上海畜牧兽医通讯，2009（2）：86－87．

［139］施婧楠．我国消费者食品安全信心研究——来自乳制品领域的调研［D］．吉林大学硕士学位论文，2014．

［140］宋亮. 2015年中国乳业回顾与展望［J］. 中国乳业，2016（1）：18－24.

［141］孙世民，彭玉珊. 论优质猪肉供应链中养殖与屠宰加工环节的质量安全行为协调［J］. 农业经济问题，2012（3）：77－83.

［142］孙晓媛. 乳制品供应链可视可控可追溯服务模式研究［D］. 北京交通大学硕士学位论文，2015.

［143］孙星，包魁. 国外乳制品行业质量管理经验及对我国的启示［J］. 中国乳业，2009（5）：44－49.

［144］唐美. 考虑质量风险的供应链质量保证契约研究［D］. 南京航空航天大学硕士学位论文，2011.

［145］汪鸿昌，肖静华，谢康等. 食品安全治理——基于信息技术与制度安排相结合的研究［J］. 中国工业经济，2013（3）：98－110.

［146］汪普庆，周德翼，吕志轩. 农产品供应链的组织模式与食品安全［J］. 农业经济问题，2009（3）：8－12.

［147］王常伟，顾海英. 基于委托代理理论的食品安全激励机制分析［J］. 软科学，2013（8）：65－68.

［148］王常伟，顾海英. 逆向选择、信号发送与我国绿色食品认证机制的效果分析［J］. 软科学，2012（10）：54－58.

［149］王常伟. 基于生产经营主体激励视角的食品安全问题研究——信息不对称条件下的理论与实证分析［D］. 上海交通大学博士学位论文，2014.

［150］王海，沈秋光，邹明晖等. 各国乳品的生乳标准分析比对［J］. 乳业科学与技术，2011（6）：293－295.

［151］王加启，郑楠，李松励等. 优质乳工程：理论与实践［J］. 中国乳业，2016（10）：2－9.

［152］王加启. 我国牛奶质量安全的现状问题和对策［J］. 中国奶牛，2009（11）.

［153］王磊，李翠霞. 乳制品伤害危机下的品牌记忆对婴幼儿奶粉品牌偏好的影响研究［J］. 黑龙江畜牧兽医，2016（12）：23－25.

［154］王世群，李文明. 奶业支持政策：美国的经验与启示［J］. 农业经济，2010（10）：28－30.

［155］王爽. 我国乳品业供应链运营模式研究［D］. 天津大学硕士学位论文，2008.

［156］王威，穆琳．不同标签信息下消费者对有机牛奶的补偿意愿研究［J］．生态经济，2014（3）：154－157.

［157］王威，杨敏杰．"信任品"的信任危机与加强乳制品质量安全的政策建议［J］．农业现代化研究，2009（3）：302－305.

［158］王威，杨敏杰．奶农与乳品加工企业的利益分配问题——一个契约视角的分析［J］．科技与管理，2009（3）：67－69.

［159］王威，朱洪涛．无认证、强制认证和自愿认证：中国乳制品认证制度的博弈分析［J］．中国乳品工业，2016（1）：22－24.

［160］王文娟．中国生鲜乳生产的经济效益和效率研究［D］．北京林业大学博士学位论文，2015.

［161］王晓凤，张文胜．我国乳制品质量安全问题发生机理及对策分析［J］．农业经济，2012（6）：23－24.

［162］王小楠．消费者对安全认证食品信任的影响因素研究［D］．曲阜师范大学硕士学位论文，2016.

［163］王旭，方虹，张芳等．基于因子分析的乳制品消费者质量安全信任研究［J］．数学的实践与认识，2016（16）：69－77.

［164］王永钦，刘思远，杜巨澜．信任品市场的竞争效应与传染效应：理论和基于中国食品行业的事件研究［J］．经济研究，2014（2）：141－154.

［165］王云梓．影响我国乳制品供应链体系中原奶安全因素研究［D］．武汉轻工大学硕士学位论文，2013.

［166］王志刚，毛燕娜．城市消费者对 HACCP 认证的认知程度、接受程度、支付意愿及其影响因素分析——以北京市海淀区超市购物的消费者为研究对象［J］．中国农村观察，2006（5）：2－12.

［167］王中亮，石薇．信息不对称视角下的食品安全风险信息交流机制研究——基于参与主体之间的博弈分析［J］．上海经济研究，2014（5）：66－74.

［168］吴强，张园园，孙世民．奶农与乳品加工企业质量控制策略演化分析——基于双种群进化博弈理论视角［J］．湖南农业大学学报（社会科学版），2016（3）：20－26.

［169］吴元元．食品安全信用档案制度之建构——从信息经济学的角度切入［J］．法商研究，2013（4）：11－20.

［170］吴元元．信息基础、声誉机制与执法优化——食品安全治理的新视野［J］．中国社会科学，2012（6）：115－133.

［171］夏兆敏，孙世民．优质猪肉供应链质量行为协调的演进机制：熵理论的视角［J］．农业经济问题，2013（9）：92－97.

［172］肖静华，谢康，于洪彦．基于食品药品供应链质量协同的社会共治实现机制［J］．产业经济评论，2014（5）：5－15.

［173］肖兴志，王雅洁．企业自建牧场模式能否真正降低乳制品安全风险［J］．中国工业经济，2011（12）：133－142.

［174］谢康，赖金天，肖静华．食品安全社会共治下供应链质量协同特征与制度需求［J］．管理评论，2015（2）：158－167.

［175］谢康，肖静华，杨楠堃等．社会震慑信号与价值重构——食品安全社会共治的制度分析［J］．经济学动态，2015（10）：4－16.

［176］谢康，杨楠堃，陈原等．行业协会参与食品安全社会共治的条件和策略［J］．宏观质量研究，2016（2）：80－91.

［177］谢识予．经济博弈论（第三版）［M］．上海：复旦大学出版社，2007.

［178］辛国昌，张立中．不同规模奶牛养殖的成本和收益比较［J］．财会月刊，2011（14）：44－46.

［179］徐红英．基于契约理论的乳制品供应链协调优化研究［D］．河南农业大学硕士学位论文，2012.

［180］徐晓婷．基于收益共享契约的双渠道供应链协调研究［D］．鲁东大学硕士学位论文，2016.

［181］许民利，李舒颖．产量和需求随机下基于收益共享契约的供应链决策［J］．控制与决策，2016（8）：1435－1440.

［182］许民利．食品供应链中质量投入的演化博弈分析［J］．中国管理科学，2012，20（5）：131－141.

［183］荀娜．基于结构方程模型的消费者食品安全信心评价研究［D］．吉林大学硕士学位论文，2011.

［184］严建援，甄杰，张甄妮．双边道德风险下 SaaS 供应链质量担保契约设计［J］．软科学，2015（7）：118－124.

［185］杨建青．中国奶业原料奶生产组织模式及效率研究［D］．中国农业科学院博士学位论文，2009.

［186］杨俊涛．基于供应链管理的河北省奶制品质量安全控制问题研究［D］．河北农业大学硕士学位论文，2010.

［187］杨炫．食品质量信号对消费者购买决策的影响［D］．西南财经大学硕士学位论文，2014.

［188］杨亚，范体军，张磊．新鲜度信息不对称下生鲜农产品供应链协调［J］．中国管理科学，2016（9）：147－155.

［189］叶枫，郭淼媛．质量控制下的乳制品供应链协调［J］．经营与管理，2013（10）.

［190］尹春洋．中国奶牛规模养殖的成本效益分析［J］．中国畜牧杂志，2013（16）：4－6.

［191］尹巍巍，张可明，宋伯慧等．乳品供应链质量安全控制的博弈分析［J］．软科学，2009（11）：64－68.

［192］游永海．乳制品双渠道供应链协调机制研究［D］．北京交通大学硕士学位论文，2014.

［193］于海龙．基于质量安全的乳业产业链优化研究［D］．中国农业大学博士学位论文，2014.

［194］岳柳青，刘咏梅，朱桂菊．零售商主导的生鲜双渠道供应链协调契约研究［J］．软科学，2016（8）：123－128.

［195］张国兴，高晚霞，管欣．基于第三方监督的食品安全监管演化博弈模型［J］．系统工程学报，2015（4）：153－164.

［196］张娜．基于内部损失/外部损失分担的乳制品供应链质量控制［D］．北京交通大学硕士学位论文，2015.

［197］张维迎．博弈论与信息经济学［M］．上海：格致出版社，上海人民出版社，2012.

［198］张煜，汪寿阳．食品供应链质量安全管理模式研究——三鹿奶粉事件案例分析［J］．管理评论，2010（10）：67－74.

［199］赵君彦，李艳琴．奶业产业化行为主体博弈分析及模式构建［J］．中外企业家，2011（20）：60－61.

［200］赵添花．不同信息共享程度下供应链协同研究综述［J］．物流工程与管理，2015（9）：127－128.

［201］赵艳波．黑龙江省乳制品供应链协调机制研究［D］．黑龙江八一农垦大学硕士学位论文，2008.

［202］赵元凤．消费者安全乳品支付意愿研究［J］．中国流通经济，2011（10）：82－87.

[203] 钟真，孔祥智．产业组织模式对农产品质量安全的影响：来自奶业的例证 [J]．管理世界，2012（1）：79 - 92.

[204] 钟真，孔祥智．中间商对生鲜乳供应链的影响研究 [J]．中国软科学，2010（6）：68 - 79.

[205] 钟真．生产组织方式、市场交易类型与生鲜乳质量安全——基于全面质量安全观的实证分析 [J]．农业技术经济，2011（1）：13 - 23.

[206] 钟真．生产组织方式、市场交易类型与生鲜乳质量安全："后三聚氰胺时代"中国奶业发展模式审视 [M]．北京：中国农业出版社，2013.

[207] 周开国，杨海生，伍颖华．食品安全监督机制研究——媒体、资本市场与政府协同治理 [J]．经济研究，2016（9）：58 - 72.

[208] 周薇．基于激励理论的农产品供应链协调机制设计 [D]．浙江工业大学硕士学位论文，2014.

[209] 朱俊峰，陈凝子，王文智．后"三鹿"时期河北省农村居民对质量认证乳品的消费意愿分析 [J]．经济经纬，2011（1）：63 - 67.

[210] 朱立龙，夏同水，许可．非对称信息条件下两级供应链产品质量控制策略研究 [J]．中国人口·资源与环境，2014（5）：170 - 176.

[211] 朱立龙，尤建新．非对称信息供应链道德风险策略研究 [J]．计算机集成制造系统，2010（11）：2503 - 2509.

[212] 朱立龙，于涛，夏同水．两级供应链产品质量控制契约模型分析 [J]．中国管理科学，2013（1）：71 - 79.

[213] 朱立龙，于涛，夏同水．两种激励条件下三级供应链产品质量控制策略研究 [J]．中国管理科学，2012（5）：112 - 121.

[214] 庄品，王宁生．供应链协调机制研究 [J]．工业技术经济，2004（3）：71 - 73.

[215] 周涛．我国城市蔬菜供应链一体化 [M]．北京：经济管理出版社，2018.